T0209133

WiWi klipp & klar

Reihe herausgegeben von

Peter Schuster
Fakultät Wirtschaftswissenschaften
Hochschule Schmalkalden
Schmalkalden, Deutschland

WiWi klipp & klar steht für verständliche Einführungen und prägnante Darstellungen aller wirtschaftswissenschaftlichen Bereiche. Jeder Band ist didaktisch aufbereitet und behandelt ein Teilgebiet der Betriebs- oder Volkswirtschaftslehre, indem alle wichtigen Kenntnisse aufgezeigt werden, die in Studium und Berufspraxis benötigt werden.

Vertiefungsfragen und Verweise auf weiterführende Literatur helfen insbesondere bei der Prüfungsvorbereitung im Studium und zum Anregen und Auffinden weiterer Informationen. Alle Autoren der Reihe sind fundierte und akademisch geschulte Kenner ihres Gebietes und liefern innovative Darstellungen – WiWi klipp & klar.

Weitere Bände in dieser Reihe: http://www.springer.com/series/15236

Ralf Kesten

Finanzwirtschaft klipp & klar

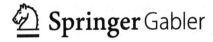

Ralf Kesten
FH Westküste
Heide, Deutschland

Anregungen oder Kritik bitte gern per E-Mail an kesten@fh-westkueste.de

ISSN 2569-2194   ISSN 2569-2216 (electronic)
WiWi klipp & klar
ISBN 978-3-658-29827-2   ISBN 978-3-658-29828-9 (eBook)
https://doi.org/10.1007/978-3-658-29828-9

Die Deutsche Nationalbibliothek verzeichnet diese Publikation in der Deutschen Nationalbibliografie; detaillierte bibliografische Daten sind im Internet über http://dnb.d-nb.de abrufbar.

Springer Gabler

Springer Gabler ist ein Imprint der eingetragenen Gesellschaft Springer Fachmedien Wiesbaden GmbH und ist ein Teil von Springer Nature.
Die Anschrift der Gesellschaft ist: Abraham-Lincoln-Str. 46, 65189 Wiesbaden, Germany

Inhaltsverzeichnis

Lernziele
- Definition von Investition und Finanzierung kennenlernen
- Begriff und Abgrenzung von Außen- und Innenfinanzierung verstehen
- Bestandteile des finanziellen Gleichgewichts erklären
- Bedeutung der Fristentransformation begreifen

1.1 Investition und Finanzierung

In dieser Arbeit werden Unternehmen als Institutionen interpretiert, die vornehmlich Ziele verfolgen, die sich aus dem Handlungsmotiv des Einkommensstrebens ableiten lassen. Vereinfacht gesagt stellen Unternehmen „Zahlungsproduktionsmaschinen" dar: Ihre Kernaufgabe ist es, für die mit dem Unternehmen finanziell verknüpften Interessengruppen (insb. Kapitalgeber, Arbeitnehmer und Fiskus bzw. Staat) Einkommensströme zu erwirtschaften. In der Betriebswirtschaftslehre hat sich für diese eher ganzheitliche Sicht der Begriff „Wertschöpfung" (value added) etabliert (vgl. Abb. 1.1): Unter Nutzung von Leistungen anderer Unternehmen auf vorgelagerten Wirtschaftsstufen (sog. Vorleistungen wie Material- oder Warenaufwand, aber auch verbrauchte Potenzialfaktorleistungen von Be-

triebsmitteln, deren finanzielles Äquivalent als Abschreibungen bezeichnet wird) entsteht auf der betrachteten Wirtschaftsstufe eines Unternehmens die Wertschöpfung als Saldo aus der eigenen Leistung (insb. Umsatzerlöse) und den Vorleistungen (sog. Entstehungsrechnung). Diese stiftet den Interessengruppen ein Einkommen und wird auf die Anspruchsgruppen als Kapital-, Arbeits- sowie Staatseinkommen in jeder Wirtschaftsperiode verteilt (sog. Verteilungsrechnung).

Während die Gruppen „Arbeitnehmer", „Fiskus" sowie „Fremdkapitalgeber" ihre Einkommensansprüche auf Basis von Vertragsbeziehungen durchsetzen, befriedigen sich die finanziellen Eigentümer (Shareholder, Gesellschafter, Eigenkapitalgeber) aus der dann noch verbleibenden Wertschöpfung (sog. „Gewinn" bzw. Jahresüberschuss JÜ als Restgröße). Daher besteht für Eigenkapitalgeber ein besonderes Risiko aus der Unternehmenstätigkeit, weshalb sie die Weisungsbefugnis im Unternehmen ausüben und ein besonderes Interesse am Erhalt der Einkommensquelle „Unternehmen" besitzen. Im Idealfall soll ihr Gewinn als Einzahlungsüberschuss (Cashflow) vorliegen und mindestens ein Niveau aufweisen, das einem Einkommen aus vergleichbaren alternativen Geldanlagemöglichkeiten der Eigenkapitalgeber für ihr investiertes Vermögen entspricht. Die Weisungsbefugnis nutzen Eigentümer unter anderem zur Strukturgestaltung im Unternehmensbereich, mit der attraktiv erscheinende Strategien auf den

© Springer Fachmedien Wiesbaden GmbH, ein Teil von Springer Nature 2020
R. Kesten, *Finanzwirtschaft klipp & klar*, WiWi klipp & klar,
https://doi.org/10.1007/978-3-658-29828-9_1

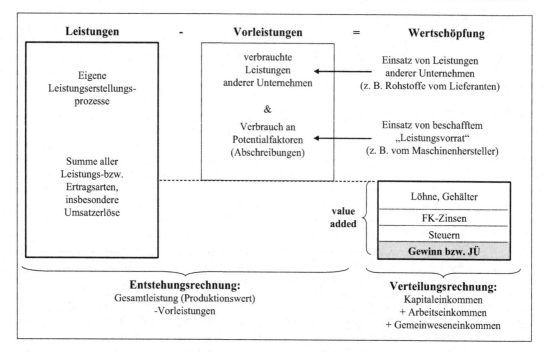

Abb. 1.1 Die Kennzahl Wertschöpfung als ganzheitliche Erfolgsgröße einer Periode

Absatz- und Beschaffungsmärkten verwirklicht werden. Diese Strukturgestaltung löst vielfältige Investitions- und Finanzierungsmaßnahmen aus, die angesichts des Gewinns- bzw. Einkommensstrebens oftmals auf ihre monetären Konsequenzen aus Eigentümersicht reduziert werden, was die betriebswirtschaftliche Begriffsbildung von Investition und Finanzierung geprägt hat:

- Investitionen werden durch einen Zahlungsstrom charakterisiert, der in der Regel mit Auszahlungsüberschüssen beginnt, auf die in späteren Zeitpunkten (hoffentlich) Einzahlungsüberschüsse folgen.
- Finanzierungen werden durch einen Zahlungsstrom charakterisiert, der in der Regel mit Einzahlungsüberschüssen beginnt, auf die in späteren Folgeperioden Auszahlungsüberschüsse folgen.

Beiden Definitionen liegt folgende Sichtweise zugrunde: Die Auszahlung für eine Investitionsmaßnahme (bspw. Kauf einer Maschine) löst einen zusätzlichen Bedarf an Finanzmitteln (Geld) aus, der durch Auswahl einer geeigneten Finanzierungsform (bspw. Darlehen oder Bareinlage der Eigentümer) zu decken ist. Durch die im Zeitablauf dann entstehenden Einzahlungsüberschüsse aus der Investition (bspw. operativer Cashflow aus der Vermarktung der mit der Maschine hergestellten Produkte) können die Finanzierungspartner entlohnt werden (im Falle einer Kreditaufnahme lassen sich die operativen Cashflows zur Begleichung von Zins- und Tilgungsansprüche der Geldgeber verwenden). Investitions- und Finanzierungsprozesse lösen damit in der Regel entgegengesetzte Zahlungsströme aus, weshalb man sie als „zwei Seiten einer Medaille" begreifen kann.

Allerdings sind es nicht nur die finanziellen Konsequenzen, durch die sich eine Finanzierungsmaßnahme charakterisieren lässt. In der Unternehmenspraxis sind sowohl aus Sicht möglicher Geldgeber als auch aus Sicht eines Gelder nachfragenden Unternehmens mindestens die folgenden Aspekte zusätzlich entscheidungsrelevant:

- Vertragsbedingungen,
- Sicherheiten sowie
- Informationsrechte der Geld- bzw. Kapitalgeber.

Vertragsbedingungen

In einem Finanzierungsvertrag wird festgelegt, zu welchen Bedingungen ein Unternehmen von einem Kapitalgeber Finanzmittel beschaffen kann. Der Vertrag kann bspw. fest terminierte verbindliche Zahlungen an die Geldgeber vorsehen (bspw. klassischer Bankkredit) oder so gestaltet sein, dass nur unter bestimmten festgelegten Bedingungen Zahlungen von den Geldgebern zu leisten sind (z. B. Mittelbeschaffung über Ausgabe neuer Aktien bei Vorliegen eines positiven Jahresüberschusses oder zweckgebundene Finanzmittelverwendung).

Sicherheiten

Die Zukunft und damit auch die künftig erzielbaren Einzahlungsüberschüsse von Unternehmen sind in der Regel unsicher. Geldgeber können deshalb im Zeitpunkt der Geldvergabe nicht immer davon ausgehen, dass das Unternehmen seinen Zahlungsverpflichtungen (bspw. im Falle einer Kreditfinanzierung) stets nachkommen kann oder immer zu Gewinnausschüttungen fähig sein wird (bspw. in Form von Dividenden an die Aktionäre einer AG als Eigenkapitalgeber). Geldgeber verlangen deshalb ggf. Sicherheiten (bspw. ein Pfandrecht, eine Bürgschaft oder das Einhalten einer bestimmten Geschäftsstrategie), um bei Zahlungsunfähigkeit des Unternehmens ihre Forderungen gegen das Unternehmen aus der Verwertung der gestellten Sicherheiten befriedigen zu können und/oder um die Eintrittswahrscheinlichkeit einer ungünstigen Unternehmensentwicklung zu reduzieren, von der insbesondere die „Restbetragsansprüche" der Eigentümer negativ betroffen wären, da sie letztlich das Unternehmensrisiko tragen. Insbesondere zur Reduktion von finanziellen Risiken aus der operativen Unternehmertätigkeit sowie aus einzelnen Finanzierungsmaßnahmen haben sich in den letzten Jahrzehnten sog. Finanzinnovationen bzw. Finanzierungsderivate als eine mögliche Sicherungsmaßnahme etabliert. So

unterliegt bspw. ein exportorientiertes Unternehmen, welches umfangreiche Zielverkäufe in Fremdwährungsräume tätigt, grundsätzlich einem sog. Wechselkursrisiko. Dieses Risiko kann es durch ergänzende Finanzierungsmaßnahmen (Derivate) begrenzen bzw. eliminieren (bspw. durch Erwerb einer sog. Verkaufsoption für die betreffende fremde Währung, bei der zum Lieferzeitpunkt der Ware bereits der aktuelle Wechselkurs „eingefroren" und damit eine nachteilige Wechselkursveränderung zum Zeitpunkt der Bezahlung der Ware neutralisiert wird). Aus Sicht des Kapital nachfragenden Unternehmens ist es wichtig zu wissen, ob und welche Sicherheiten bzw. Sicherungsmaßnahmen existieren, da dies u. a. Auswirkungen auf die Auswahl von Finanzierungsmöglichkeiten und die Gestaltung der Finanzierungskonditionen hat.

Informationsrechte der Kapitalgeber

Finanzierungsverträge sind i. d. R. mehrperiodig gestaltete Verträge. Zwischen dem Zeitpunkt der Kapitalüberlassung und dem der Kapitalrückzahlung kann viel geschehen, weshalb Geldgeber Informationen über die vergangene, gegenwärtige und insb. zukünftige Unternehmensentwicklung wünschen. Sowohl die Art als auch der Umfang der Informationswünsche sind u. a. abhängig von

- der Höhe des Kapitalbetrages,
- dem Haftungsumfang,
- den eigenen Mitwirkungsmöglichkeiten im Unternehmen sowie
- den Möglichkeiten des Wiederausstiegs.

Dass neben dem reinen Zahlungsaspekt zusätzlich die Vertragsbedingungen, Fragen zur Sicherung sowie zur Befriedigung von Informationsinteressen der Geldgeber im Rahmen von Finanzierungsmaßnahmen zu beachten sind, ist letztlich eine Folge der Tatsache, dass potenzielle Geldgeber Unternehmensfinanzierungen als (Finanz-)Investitionen betrachten, die sie selbst in die Position eines Unternehmers versetzt: Das Handlungsmotiv eines Kapitalgebers liegt oftmals genauso im Einkommensstreben begründet, wie dies beim Kapital suchenden Unternehmen vielfach der Fall ist. Aus diesem Grund bedienen sich nicht nur Kapitalnehmer, sondern auch Kapitalgeber den Verfahren der Investitionsrechnung, mittels derer die Vorteilhaftigkeit eines Vorhabens abgeschätzt wird.

Unter Berücksichtigung dieser ergänzenden Aspekte kann ein erweiterter Inhalt des Investitions- und Finanzierungsbegriffs festgelegt werden:

- Investition und Finanzierung ist die Summe aller Maßnahmen der Mittelbeschaffung, -verwendung und -rückzahlung.
- Dies beinhaltet Entscheidungen über die Auswahl einer wirtschaftlichen Mittelverwendung, über die Gestaltung der Beziehungen zwischen dem Kapital aufnehmenden Unternehmen und den Kapitalgebern sowie über die Gestaltung der Beziehungen zwischen investierendem Unternehmen und seiner relevanten Umwelt.
- Die Gestaltung der Beziehungen konzentriert sich auf Höhe, Zeitpunkte und Sicherheit der Zahlungsfolgen aus Investitions- und Finanzierungsmaßnahmen.

1.2 Zahlungsbeziehungen zwischen dem Unternehmen und seiner Umwelt

Unternehmen sind eingebettet zwischen Finanzierungsmärkten, Märkten des Nicht-Finanzsektors (Arbeits-, Güter- und andere Märkte) sowie dem Fiskus. Die in Abb. 1.2 wiedergegebenen Zahlungsbeziehungen (dargestellt durch die ein- und ausgehenden Pfeile) zeigen zugleich, wodurch ein Finanzierungsbedarf ausgelöst wird und wie er gedeckt werden kann.

Folgende Zahlungsbeziehungen wollen wir differenzieren:

1. Einzahlung von Nichtfinanzierungsmärkten (bspw. Produkterlös)
2. Auszahlung des Unternehmens an Nichtfinanzierungsmärkte (bspw. Gehaltszahlungen, Investitionsauszahlungen für den Kauf von Maschinen usw.)
3. Einzahlungen von Kreditgebern bzw. Gläubigern (Fremd- bzw. Kreditfinanzierung)
4. Einzahlung von bisherigen Eigentümern des Unternehmens (Einlagen- oder Eigenfinanzierung)

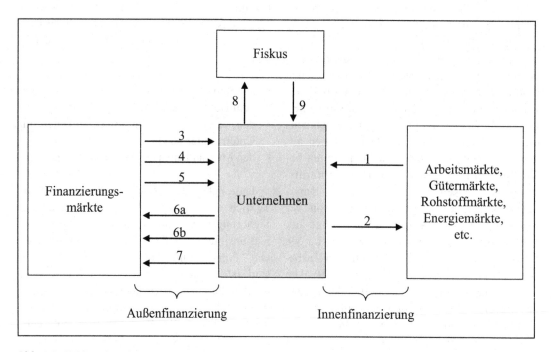

Abb. 1.2 Zahlungsbeziehungen zwischen dem Unternehmen und seiner Umwelt

5. Einzahlungen von neuen Eigentümern (Beteiligungsfinanzierung)
6. Auszahlungen an die Gläubiger (6a: Zinsen; 6b: Tilgungen)
7. Auszahlungen an die Eigentümer bzw. die Eigenkapitalgeber (Dividenden bzw. Entnahmen)
8. Auszahlungen an den Fiskus (Steuern)
9. Einzahlungen vom Fiskus (Steuererstattungen, Subventionen wie Zulagen oder Zuschüsse)

Die Zahlungsbeziehungen zwischen Unternehmen und Finanzmärkten können als **Außenfinanzierung** bzw. externe Finanzierung bezeichnet werden: Außenfinanzierung umfasst im Kern die Zuführung von Finanzmitteln von außerhalb der Unternehmung. Bspw. beschreibt die Aufnahme eines Darlehens eine Kreditfinanzierung, bei der Gläubiger Gelder zusätzlich bereitstellen. Ebenso stellt das Einbringen von zusätzlichem Barvermögen aus dem Privatbereich eines (alten und/oder neuen) Eigenkapitalgebers eine Außenfinanzierungsmaßnahme dar. In der Praxis existiert eine große Bandbreite an Einzelmaßnahmen, die sich mit dieser Finanzierungskategorie verbinden lässt.

Die Zahlungsbeziehungen zwischen Unternehmen und den Nichtfinanzierungsmärkten betreffen einen Bereich von Finanzierungsmaßnahmen, der mit interner Finanzierung bzw. **Innenfinanzierung** charakterisiert wird: Innenfinanzierung ist eine Mittelgenerierung „aus eigener Kraft heraus": Finanzmittel werden durch die Unternehmensaktivitäten bzw. die operativen Leistungserstellungsprozesse (Beschaffung, Produktion und Absatz) selbst gewonnen bzw. freigesetzt. Was an Einzahlungsüberschüssen aus den Leistungserstellungsprozessen des Unternehmens im Unternehmen verbleiben kann, hängt

• zunächst vom Erfolg beim Betreiben dieser Leistungsprozesse, gemessen anhand der Zahlungen bzw. operativ bedingten Cashflows, die dabei erzielt werden, ab sowie

• von Bilanzierungsvorschriften, die definieren, was vom erzielten Ergebnis des Leistungsprozesses insbesondere an die Eigentümer ausgeschüttet werden darf bzw. was einzubehalten ist.

Ausschüttungsbegrenzende Regelungen sind notwendig für Unternehmen, die nur mit ihrem Vermögen für Gesellschaftsschulden haften, wie bspw. eine GmbH oder AG. Denn Ausschüttungen (Dividenden, Entnahmen) bedeuten einen Mittelabfluss aus dem Unternehmen an die Eigentümer und damit eine Reduktion des Vermögens und damit der Haftungsmasse aus Sicht der Gläubiger (Kreditgeber). Deshalb darf bspw. eine AG regelmäßig nur den sog. Bilanzgewinn ausschütten. Dieser ergibt sich (vereinfacht), indem der erzielte Periodenerfolg der Eigentümer (Jahresüberschuss) um Einstellungen in die Gewinnrücklagen, deren Vermögensäquivalente im Unternehmen verbleiben, gekürzt wird. Ein zusätzlicher Geldzufluss entsteht im Unternehmen dadurch nicht. Vielmehr wird ein erzielter Überschuss einbehalten und steht, wenn er als Einzahlungsüberschuss vorliegt, für die Realisierung von bspw. Investitionsfinanzierungen zur Verfügung.

Neben der Gläubigerorientierung verfolgen die Bilanzierungsvorschriften auch die Aufrechterhaltung eines Going-concerns von Unternehmen: Es sollen nach Möglichkeit bewusst Finanzmittel im Unternehmen verbleiben, um bspw. Ersatzinvestitionen im Bereich der Sachanlagen (Betriebsmittel) vornehmen zu können. So sind z. B. Maschinen nicht ewig nutzbar und könnten durch verbesserte Anlagen ersetzt werden. Folglich würde es sich empfehlen, die im Leistungserstellungsprozess gewonnenen Gelder vor einem Abfließen an die Anspruchsgruppen „Eigentümer" und „Fiskus" zu bewahren, damit die operativ generierten Finanzmittel für einen Maschinenkauf verwendet werden können und das Unternehmen nicht auf eine (weitere) externe Finanzierungsmaßnahme mit seinen Folgen (wie bspw. Zinszahlungen) angewiesen ist. Diese interne Mittelbindung im Unternehmen unterstützt der Gesetzgeber u. a. durch Abschreibungsvorschriften, die den handels- bzw. steuerrechtlichen Gewinnausweis reduzieren.

Einstellung von Gewinnrücklagen und Ansatz von Abschreibungen für mehrperiodig nutzbare, aber sich abnutzende Betriebsmittel sind zwei Beispiele, die charakteristisch für die Innenfinanzierung von Unternehmen sind. Da sie von bereits verdienten operativen Einzahlungsüberschüssen ausgehen (das Geld kommt von den Kunden!) und ein Abfließen in den Privatbereich von Eigentümern verhindern sollen, sind Innenfinanzierungsmaßnahmen überwiegend als „Auszahlungsverhinderungsmaßnahmen" zu charakterisieren.

1.3 Finanzielles Gleichgewicht und Fristentransformation

Finanzielles Gleichgewicht

Um die Einkommensziele aller Anspruchsgruppen zu realisieren, versucht ein Unternehmen die operativen Leistungserstellungsprozesse bestmöglich zu gestalten. Als strenge Nebenbedingung hat ein Unternehmen dabei die jederzeitige Zahlungsfähigkeit zu beachten. In der Wirtschaftspraxis wird dies als Liquiditätsbedingung bezeichnet: Liquidität beschreibt im Kern die Fähigkeit eines Unternehmens, jederzeit termingerecht seine aktuell bestehenden als auch seine künftigen Zahlungsverpflichtungen uneingeschränkt und ohne schuldhaftes Zögern erfüllen zu können.[1] Eine anhaltende Zahlungsunfähigkeit würde das Einhalten von vertraglichen Verpflichtungen unmöglich werden lassen und würde folgerichtig zur Eröffnung eines Insolvenzverfahrens führen, so dass die Verfügungsmacht über die noch vorhandenen Vermögensgegenstände in die Verantwortung eines Insolvenzverwalters übergehen würde. Dessen Aufgabe besteht in der Verwertung und Zuteilung der bei der Verwertung erzielten Liquidationswerte für die Vermögensgegenstände an die anspruchsberechtigten Gläubiger des Unternehmens, wobei die Gläubiger entsprechend einer Verwertungsreihenfolge berücksichtigt werden. Sollten die Liquidationserlöse im Ernstfall nicht alle Gläubigeransprüche abdecken, gilt das Unternehmen sowohl als zahlungsunfähig als auch als überschuldet. Da die Sicherung des Rechtsverkehrs, insb. das Vertrauen der Gläubiger, durch Zahlungsunfähigkeit nachhaltig gefährdet erscheint, ist Illiquidität nach Möglichkeit zu vermeiden, was dann gelingt, wenn Unternehmen in jeder Wirtschaftsperiode ein sog. „finanzielles Gleichgewicht" anstreben (vgl. Abb. 1.3).

Wie Abb. 1.3 verdeutlicht, lässt sich ein finanzielles Gleichgewicht im engeren sowie eines im weiteren Sinne differenzieren. Finanzielles Gleichgewicht im engeren Sinn besteht, wenn ein Unternehmen das aktuelle sowie das zukünftige Postulat der Liquidität beachtet.

Unter **aktueller Liquidität** versteht man die Fähigkeit, zu einem bestimmten Zeitpunkt seinen Auszahlungsverpflichtungen nachkommen zu können („Zeitpunkt-Liquidität"). In diesem Sinne hat die Frage nach Liquidität den Charakter einer „Ja-Nein-Eigenschaft". Wenn bspw. am 30.01. eines Jahres eine Zahlungsverpflichtung zu erfüllen ist, ist entweder ausreichend Bar- und/oder Buchgeld vorhanden („Ja!") oder eben nicht („Nein!"). Diese im Extremfall tagesgenau zu erfüllende Eigenschaft eines Unternehmens lässt sich ggf. durch Einleiten von Ad-hoc-Maßnahmen realisieren (bspw. Ausnutzung einer gewährten Kreditlinie bei der Hausbank oder Auflösung eines Guthabens auf einem Tagesgeldkonto).

Im Rahmen der **zukünftigen Liquidität** fragt man nach den in einer Periode voraussichtlich entstehenden Einzahlungsüberschüssen zuzüglich eines ggf. vorhandenen Geldanfangsbestandes im Unternehmen zum Periodenbeginn. Dabei muss sich zum Periodenende mindestens ein Zahlungssaldo von Null ergeben, damit die auch als Periodenliquidität zu bezeichnende Eigenschaft als voll erfüllt angesehen werden kann. Bei der zukünftigen Liquiditätsanalyse ist daher das gegenwärtige, aber auch künftige operative Ge-

---

[1] Neben der Zahlungsunfähigkeit ist die sog. Überschuldung bei Unternehmen mit beschränkter Haftungsmasse (Haftung nur mit dem Geschäftsvermögen) ein Anlass für einen Insolvenzantrag. Überschuldung liegt vor, wenn die Summe der veräußerungsfähigen Vermögensgegenstände die Summe der Schulden nicht mehr abzudecken vermag. Aus Sicht der Eigentümer liegt dann „negatives Reinvermögen" vor.

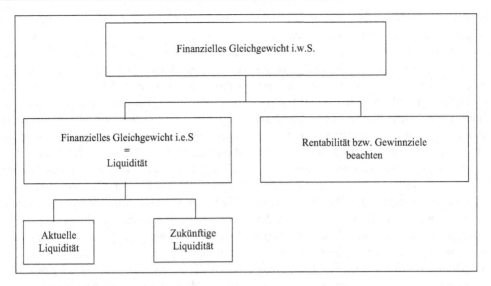

Abb. 1.3 Finanzielles Gleichgewicht

schäftsmodell des Unternehmens mit in die Betrachtung einzubeziehen und zu hinterfragen, ob die geplanten bzw. erwarteten Geschäftstätigkeiten einen nicht negativen Zahlungsmittelbestand nach Abzug aller Auszahlungsverpflichtungen erwarten lassen. Hierbei bedarf es der sachlogischen Auswertung und Verzahnung von Gewinn- und Verlustrechnung, Bilanz und der eigens dafür entwickelten Kapital- oder Geldflussrechnung (sog. Cash-flow-Statements). Geldflussrechnungen beinhalten insb. die operativen Einzahlungsüberschüsse (oftmals als EBITDA abgekürzt[2]), die geplanten Auszahlungen für Investitionen, fällig werdende Zins- und Tilgungszahlungen für Kredite, zu erwartende Steuerzahlungen des Unternehmens sowie Gewinnausschüttungsanforderungen oder auch Einlagenbeschlüsse seitens der Eigentümer, die den Zahlungssaldo im Unternehmensbereich beeinflussen. Man könnte daher auch von einer integrierten Finanz- oder Jahres-

abschlussplanung sprechen, der in der Unternehmenspraxis eine hohe Bedeutung zukommt: Einmal zur Früherkennung von Illiquiditätsphasen im Lebenszyklus eines Unternehmens; zum anderen zur zielgerichteten Planung bzw. Steuerung des Jahresüberschusses oder einer sachlich damit eng verknüpften Zwischengewinngröße wie bspw. das EBIT.[3] Die Planungsreichweite von integrierten Finanzplanungen variiert je nach Unternehmenskultur individuell: Sie kann sich über sechs Prognosemonate mit recht detaillierter Berechnung bis hin zu fünf (freilich weniger detailliert geplanten) Wirtschaftsjahren erstrecken. Andere Konzepte zur Erfassung der künftigen Liquiditätslage, bspw. das Betrachten und Vergleichen von historischen Bestandsdaten aus Bilanzen (vielfach als strukturelle Liquidität bezeichnet), sind als eher ungeeignet einzustufen.

Die Analyse der künftigen Zahlungspotenz ist für Kapitalgeber umso wichtiger, je länger die Kapitalbeziehung eingegangen werden soll. Im Einzelfall reagieren die Unternehmen mit dem Vorlegen sog. „Business Pläne", die, neben Fi-

---

[2] EBITDA steht für Earnings Before Interests, Taxes, Depreciation and Amortisation. Die Kennzahl stellt eine Zwischengewinngröße im Rahmen der Gewinn- und Verlustrechnung dar und informiert, vereinfacht gesagt, über das Innenfinanzierungsvolumen im Unternehmen bevor die Ansprüche der Kreditgeber, des Fiskus sowie der Eigentümer abgezogen und Investitionsauszahlungen zur Aufrechterhaltung oder Erweiterung des Going-concern getätigt sind.

---

[3] EBIT: Earnings Before Interests and Taxes. Gegenüber dem EBITDA, verstanden als Zahlungsüberschuss aus dem operativen Geschäft, sind hier implizit bereits Ersatzinvestitionen in Höhe der Abschreibungen berücksichtigt. EBIT ist für Finanzanalysten im Rahmen der Unternehmensbewertung eine bedeutende Orientierungsgröße.

nanzdaten, eine Reihe von Angaben zur weiteren Unternehmensstrategie enthalten und das Vertrauen in die Kapitalbeziehung stärken sollen.

Es liegt auf der Hand, das die Einhaltung des finanziellen Gleichgewichtes im engeren Sinn umso leichter zu realisieren ist, wenn das Management bspw. einen relativ hohen Geldbestand als „eiserne Liquiditätsreserve" vorgibt und maximal das Parken auf einem Tagesgeldkonto gestattet. Eine derartige Finanzpolitik kann langfristig die Einkommensziele bzw. das Gewinnstreben der Eigentümer beeinträchtigen. Vor diesem Hintergrund erscheint es daher sinnvoll, neben der Liquiditätseinhaltung, zusätzlich das **Einkommensstreben** bzw. die **Rentabilitätsziele** mit in das Verständnis von einem finanziellen Gleichgewicht einzubeziehen: Im weiteren Sinne liegt dieses Gleichgewicht lediglich dann vor, wenn ausschließlich nur so viele Geldmittel im Unternehmensbereich verbleiben, wie zur Aufrechterhaltung der aktuellen und künftigen Zahlungsfähigkeit sowie zum Realisieren vorteilhafter Investitionsgelegenheiten aus Eigentümersicht unbedingt erforderlich ist. Verbleibt nach Erfüllung dieser Anforderungen noch ein positiver sog. Free Cashflow, sollte in dessen Höhe eine Gewinnausschüttung erfolgen, um den Eigenkapitalgebern die Chance einer sinnvolleren Wiederanlage bzw. anderweitigen Verwendung der ihnen letztlich qua Rechtsposition zustehenden Beträge zu ermöglichen.

Fristigkeit und Fristentransformation
Investitions- und Finanzierungsmaßnahmen lösen zumeist Konsequenzen aus, die sich über mehrere Perioden erstrecken, weshalb die sog. Fristigkeit im investiven Einzelfall von erheblicher Bedeutung sein kann. Unter Fristigkeit versteht man allgemein die Zeitspanne, in der dem Unternehmen auf dem Wege der Außenfinanzierung finanzielle Mittel überlassen werden (auch: Überlassungsdauer). Dabei ist die zeitliche Struktur manchmal von Bedeutung, in der die Finanzmittel zurückzuzahlen sind (zeitliche Tilgungsstruktur). Wird das Kapital bspw. für eine umfangreiche Investitionsmaßnahme verwendet, die erst mit erheblich zeitlicher Verzögerung po-

sitive Einzahlungsüberschüsse generiert (bspw. beim Bau eines Kraftwerkes oder Aufbau einer neuen Produktionsstätte), so kann eine frühzeitig einsetzende Kapitalrückzahlung die Aufrechterhaltung des finanziellen Gleichgewichtes zumindest temporär gefährden. Dies kann auch dann der Fall sein, wenn die Kapitalüberlassungsdauer kürzer als die voraussichtliche „Wiedergeldwerdungsdauer" (Pay-off-Termin oder Amortisationszeitpunkt) einer betrachteten Investitionsmaßnahme ist. Beide Fristigkeitsformen (Überlassungs- sowie Wiedergeldwerdungsdauer) sollten daher im Idealfall optimal aufeinander abgestimmt werden (sog. **fristenkongruente Finanzierung**). Dieser recht alte Finanzierungsgrundsatz, der seinen Ausdruck in diversen Bilanzierungsregeln findet,[4] erscheint immer dann angebracht, wenn es um die Lösung von Fragen im Rahmen einer sog. Projektfinanzierung geht. Stellt die betrachtete Investitionsmaßnahme aber lediglich einen (kleinen) Teilausschnitt des übrigen Unternehmensprozesses dar, sind objektbezogene fristenkongruente Finanzierungen entbehrlich. Es kommt dann vielmehr auf die möglichst exakte Erfassung aller Zahlungskonsequenzen im Gesamtunternehmen an, was durch den Einsatz des Instrumentes einer integrierten Finanzplanung möglich wird.

Aus Sicht potenzieller Kapitalgeber kann man anstelle einer Überlassungs- von einer Bindungsdauer sprechen: Hat sich ein Kapitalgeber zur Überlassung bereit erklärt, ist er bzw. sein hingegebenes Vermögen zeitlich gebunden. Da die Fristigkeitswünsche zwischen Kapital nachfragendem Unternehmen und potenziellen Kapitalgebern erheblich voneinander abweichen können, kann die notwendige Harmonisierung der Fristigkeitsvorstellungen ein praktisch ernstes Finanzierungsproblem darstellen. Im Einzelfall können die Suche nach geeigneten Finanzpartnern sowie die anstehenden Verhandlungen sehr zeitaufwendig und damit kostenintensiv werden. Im Extremfall würde an dieser Frage eine Finan-

---

[4]Zu den populärsten Regeln zählen die Goldene Bilanz- bzw. Finanzierungsregel. Ihre Ergänzung finden diese Regeln durch sog. bilanzielle Liquiditätsgrade.

zierung scheitern. Zur Lösung dieser Problematik existieren zwei Ansätze:

In den erforderlichen Harmonisierungsprozess der Fristigkeiten treten Banken bzw. Finanzintermediäre als Vermittler. Sie übernehmen die Aufgabe der sog. Fristentransformation: Fristentransformation bedeutet, sowohl die gewünschte Überlassungsdauer auf der Nachfragerseite als auch die präferierte Bindungsdauer auf der Anbieterseite von Kapitalbeträgen durch sukzessiven Austausch von Kapitalgebern zu arrangieren. Beispielsweise ist es im Rahmen eines langfristigen Schuldscheindarlehens die Aufgabe eines Finanzintermediärs (auch: Finanzmakler), dem Unternehmen ein hohes Fremdkapitalvolumen in der gewünschten Überlassungsdauer zu beschaffen. Da es sich um einen Großkredit handelt, werden mehrere Fremdkapitalgeber (insb. Banken und/oder Versicherungsgesellschaften) an der Finanzierung beteiligt. Jede beteiligte Partei bevorzugt ggf. eine andere Bindungsdauer, die vertraglich festgelegt wird. Es ist nun die Aufgabe des Finanzmaklers, nach Ablauf der ersten Bindungsdauer eines beteiligten Kreditgebers an dessen Stelle einen neuen Kreditpartner zu finden, damit die dem Kredit aufnehmenden Unternehmen garantierte Überlassungsdauer realisiert wird. Für diese (ggf. mehrmals zu wiederholende) Fristentransformation im Rahmen einer langfristigen Kreditbeziehung erhält er vom Unternehmen eine angemessene Transformationsgebühr.

Die flexibelste Möglichkeit zur Fristentransformation stellt jedoch die Nutzung von standardisierten Finanzierungsmärkten (Börsen) dar. Werden Finanzierungsmaßnahmen in an der Börse handelbare Wertpapiere gekleidet („verbrieft"), können Kapitalanbieter börsentäglich durch Verkauf zum aktuellen Börsenkurs ihre finanzielle Beteiligung an einem Großkredit oder an einer Eigenkapitalerhöhungsmaßnahme im Rahmen einer AG beenden. Die Börse stellt, ähnlich einem klassischen Marktplatz, einen Sekundärmarkt dar, auf dem „gebrauchte Wertpapiere" gehandelt werden. Auf diesem Marktplatz tauschen lediglich die Anbieter und Nachfrager nach Wertpapieren ihre Zahlungen aus. Das zum Zeit-punkt der Kapitalbeschaffung zusätzlich mit Geldmitteln versorgte Unternehmen ist an diesem Handelsprozess nicht beteiligt und kann mit den beschafften Geldern entsprechend den in den Wertpapieremissionsbedingungen festgelegten Überlassungsfristen arbeiten.

Beispiel zur Fristentransformation

Ein Industrieunternehmen möchte einen Großkredit über 100 Mio. GE aufnehmen. Damit sich eine Vielzahl von Kapitalgebern an der Kreditfinanzierung beteiligen können, zerlegt es den Großkredit in 1 Mio. sog. Teilschuldverschreibungen mit einem Nennwert von je 100 GE. Private und institutionelle Anleger haben nun die Möglichkeit, sich als Finanzinvestoren zu beteiligen, indem sie Teilschuldverschreibungen erwerben und dabei mindestens 100 GE investieren. Angesichts des geringen Mindestbetrages können sehr viele Kapitalgeber vom Unternehmen erreicht werden. Die praktische Abwicklung erfolgt über die jeweilige Hausbank der Anleger. Die Teilschuldverschreibungen werden nach der Emission (also nach erfolgter Beurkundung der Geldüberlassung bzw. nach Zahlung der Beträge an das Unternehmen) als Wertpapiere an der Börse gehandelt. Jede Schuldverschreibung gewährt eine feste (sichere) Verzinsung. Die Kreditlaufzeit betrage 10 Jahre. Ein Geldanleger, der bis zum Ende der Laufzeit seine Schuldverschreibung behält, bekommt den Nennwert zurück. Sollte der Anleger allerdings bspw. nach 2 Jahren über seinen investierten Geldbetrag verfügen wollen, kann er nicht direkt auf das Unternehmen zurückgreifen und eine vorzeitige Rückzahlung verlangen. Damit ist dem Unternehmen die gewünschte Überlassungsdauer garantiert. Der Anleger kann aber sein Kreditengagement vorzeitig beenden, indem er seine Wertpapiere an der Börse zum aktuellen Kurs verkauft. Von dieser Möglichkeit wird er ggf. auch dann Gebrauch machen, wenn er einen Kursanstieg seiner Teilschuldverschreibung feststellt, was ihm neben der festen Verzinsung zusätzlich einen Kursgewinn bescheren

würde. Damit eine breite Beteiligung von Anlegern sowie eine jederzeitige Handelbarkeit
von Wertpapieren im Interesse der Investoren
gewährleistet ist, müssen die Rechte und
Pflichten aus solchen verbrieften Finanzierungsmaßnahmen in einem hohen Maße standardisiert sein. Aufgrund erheblicher Emissi-
ons- bzw. Begebungskosten von Wertpapieren
sowie der erforderlichen Stellung von Sicherheiten steht nicht jedem Unternehmen diese
Form der Fristentransformation zur Verfügung.
Für eine erfolgreiche Wertpapieremission ist
zudem das Image bzw. der Bekanntheitsgrad
an den Finanzierungsmärkten eine praktisch
bedeutsame Einflussgröße, die ein Unternehmen über das Instrument des Investor Relations allerdings (zumindest teilweise) aktiv gestalten kann.

1.4   Wiederholungsfragen

1. Wie lassen sich Investition und Finanzierung
   definieren? Lösung Abschn. 1.1.
2. Wie entsteht Wertschöpfung und wie verteilt
   sie sich? Lösung Abb. 1.1 in Abschn. 1.1.
3. Was versteht man unter Außenfinanzierung? Was
   unter Innenfinanzierung? Lösung Abschn. 1.2.
4. Aus welchen Komponenten besteht das finanzielle Gleichgewicht? Lösung Abschn. 1.3.
5. Was versteht man unter Fristigkeit und Fristentransformation? Lösung Abschn. 1.3.

1.5   Aufgaben

Aufgabe 1
Nennen Sie fünf Beispiele für Zahlungsvorgänge,
die sich der Außenfinanzierung zuordnen lassen.

Aufgabe 2
Erläutern Sie kurz die Bedeutung der zukünftigen Liquidität für das finanzielle Gleichgewicht
eines Unternehmens.

Aufgabe 3
Beschreiben Sie das Problem der Fristentransfor-
mation für einen Finanzmakler, wenn dieser mit
einem Unternehmen einen Großkredit über 20
Jahre vereinbart und dabei selbst auf potenzielle
Geldgeber angewiesen ist.

1.6   Lösungen

Aufgabe 1
Einzahlung durch Kreditaufnahme bei einer
Hausbank, Zahlung von Zinsen als Folge der
Kreditaufnahme bei der Hausbank, Einlage von
Privatvermögen des Eigentümers in Form einer
Bareinlage, Gewinnausschüttung in Form von
Buch- bzw. Giralgeld an den Eigentümer, Zah-
lung einer Investitionszulage (Subvention) vom
Staat.

Aufgabe 2
Die sog. zukünftige Liquidität knüpft an die Fähigkeit eines Unternehmens an, in künftigen Perioden Einzahlungsüberschüsse aus dem operativen Geschäftsmodell zu generieren. Im Rahmen
einer integrierten Jahresabschlussplanung wird
die Geschäftstätigkeit insbesondere dahingehend
beurteilt, inwieweit es Gewinnausschüttungen
für die Eigentümer, die Bedienung bestehender
Kreditverpflichtungen sowie die Finanzierung
von lohnenden Investitionsmaßnahmen erlaubt.
Im Mittelpunkt steht folglich die Analyse des
operativen Cashflows. Die Zahlungsfolgen aus
operativer Geschäftstätigkeit, aus Investitions-
sowie aus Finanzierungstätigkeit werden in einem Cashflow-Statement dokumentiert und stellt
für Eigen- wie Fremdkapitalgeber eine wichtige
Informationsquelle dar.

Aufgabe 3
Organisiert ein Finanzmakler für ein Unternehmen einen Großkredit mit einer gewünschten
Überlassungsdauer von 20 Jahren, so wird sich
der Makler an mehrere Kreditgeber (bspw. Versicherungen, Banken, vermögende Privatperso-

nen) wenden müssen um die hohe Kreditsumme für das Unternehmen zustande zu bringen. Allerdings wird jede Kreditgeberpartei eine andere, meist geringere Bindungsdauer präferieren und eine andere Vergütung, also einen anderen Kreditzinssatz, für die Kreditvergabe verlangen. Der Makler muss diese beiden Aspekte bei seinem Kreditangebot für das Unternehmen berücksichtigen. Aus den Unterschieden zwischen Bindungs- und Überlassungsdauer resultiert das sog. Fristentransformationsproblem: Wenn eine Kreditpartei vor Ablauf der 20 Jahre das geliehene Geld vorzeitig zurückverlangen kann, muss der Makler für die dann ausscheidende Partei einen neuen Anschlusskreditgeber finden, damit der Großkredit in der verbleibenden Restlaufzeit unverändert Bestand hat. Zudem kann sich zwischenzeitlich das Kreditzinsniveau ändern: Verlangt der Anschlusskreditgeber bspw. einen höheren Zinssatz für die Geldüberlassung, reduziert sich beim Makler die Gewinnmarge am organisierten Großkredit. Aus Sicht des Maklers

wäre es daher wünschenswert, wenn er dieses sog. Zinsänderungsrisiko auf das Unternehmen abwälzen kann. Ob dies gelingt, ist eine Frage der individuellen Vertragsgestaltung zwischen Finanzmakler und Unternehmen.

Literatur

Brealey, R. A., Myers, S. C., & Marcus, A. J. (2018). *Fundamentals of Corporate Finance* (9. Aufl.). New York.
Drukarczyk, J. (2003). *Finanzierung* (9. Aufl.). Stuttgart: UTB.
Franke, G., & Hax, H. (2004). *Finanzwirtschaft des Unternehmens und Kapitalmarkt* (5. Aufl.). Berlin: Springer.
Perridon, L., Steiner, M., & Rathgeber, A. (2017). *Finanzwirtschaft der Unternehmung* (17. Aufl.). München: Vahlen.
Schneider, D. (1981). *Geschichte betriebswirtschaftlicher Theorie*. München/Wien: Oldenburg.
Schneider, D. (1990). Unternehmensethik und Gewinnprinzip in der Betriebswirtschaftslehre. *Zeitschrift für betriebswirtschaftliche Forschung, 42*, 869–891.

Investitionsrechnung zur Abschätzung vorteilhafter Finanzmittelverwendung

Lernziele
- Bestandteile der relevanten Zahlungsfolgen und Anhaltspunkte für ihre Prognose kennenlernen
- Kennzahlen der dynamischen Investitionsrechnung definieren und berechnen
- Annahmen der Kennzahlen nachvollziehen und hinsichtlich ihres Einflusses auf die Entscheidungsfindung beurteilen

2.1 Prognose der Zahlungsfolgen

Investitionen sind Ausdruck von unternehmerischer Strukturgestaltung (Abb. 2.1). Sie stellen zusätzliche Handlungen in Unternehmen dar, die zunächst mit (teils erheblichen) Auszahlungen verknüpft sind, denen in Folgeperioden (hoffentlich) Einzahlungsüberschüsse oder Ersparnisse in Form von Auszahlungsminderungen gegenüber dem aktuellen Status quo folgen. Rechentechnisch sind daher die Cashflow-Veränderungen dank investiver Maßnahmen über den sog. Planungshorizont zu prognostizieren. Der Planungshorizont, der in der Praxis einige Jahre bis hin zu mehreren Jahrzehnten umfassen kann, orientiert sich vielfach an der gewünschten Anlage- bzw. Haltedauer der Investoren. Lassen sich diese (wie bspw. in börsennotierten Firmen) nicht hinrei-

chend festlegen, orientiert sich die Praxis an technischen oder vertraglichen Nutzungszeiträumen, an begrenzten Verfügbarkeiten wichtiger Rohstoffe auf den Beschaffungsmärkten sowie am kundenspezifischen Nachfrageverhalten (erwarteter Produktlebenszyklus). Bei regelmäßiger Investitionstätigkeit (bspw. beim sog. Anlagenersatz in der Industrie) und um internen Diskussionen über anzusetzende Rechenzeiträume aus dem Weg zu gehen, werden in den Firmen auch standardisierte Zeiträume (bspw. 5 oder 10 Jahre) durch eine Richtlinie vorgegeben.

Investitionsanalysen basieren idealerweise auf einer Lebenszyklusbetrachtung, in welcher die investitionsbedingten (operativen) Ein- und Auszahlungen und deren zeitliche Verteilung möglichst realitätsnah abzubilden sind. Neben der Festlegung eines Planungshorizontes kommt damit der Prognose der erwarteten Zahlungsfolgen aus Sicht der Eigentümer eine hohe Bedeutung zu, die zumeist aus den folgenden Komponenten bestehen:

a. Schätzung der Investitionsauszahlungen,
b. Schätzung der laufenden Rückflüsse (operative Cashflows) bzw. der laufenden Rückflussveränderungen aus Konzernsicht,
c. Schätzung von Liquidationserlösen.

Bei der Abschätzung der erforderlichen Investitionsauszahlungen (a) ist insbesondere zu differenzieren, ob es sich um ein Projekt handelt, bei

© Springer Fachmedien Wiesbaden GmbH, ein Teil von Springer Nature 2020
R. Kesten, *Finanzwirtschaft klipp & klar*, WiWi klipp & klar,
https://doi.org/10.1007/978-3-658-29828-9_2

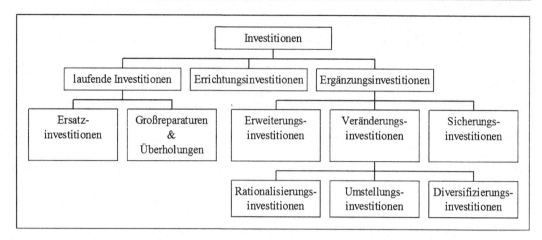

Abb. 2.1 Investitionen als Ausdruck von Strukturgestaltung in Unternehmen

dem ein Unternehmen bereits über Erfahrungen verfügt oder ob es sich für ein Unternehmen um „investives Neuland" handelt. Erfahrungen liegen vor, wenn in der Vergangenheit bereits identische und/oder ähnliche Problemstellungen mittels investiver Maßnahmen gelöst wurden. In diesem Fall dürfte das Prognoseproblem weniger gravierend für ein Unternehmen sein. Je nach Art des Projektes fallen die Investitionsauszahlungen, zu interpretieren als „finanzielles Opfer", lediglich in einem Zeitpunkt am Anfang des Planungszeitraumes (t = 0) an. Sie können sich aber auch über mehrere Perioden erstrecken, wie dies bspw. bei Bauprojekten oder längerfristigen Entwicklungsarbeiten der Fall sein kann. Durch mehrere Perioden umfassende Auszahlungsverpflichtungen wird das Prognoseproblem tendenziell verstärkt.

Als besonders erfolgskritisch beurteilt die Praxis die Prognose der laufenden Rückflussveränderungen (b), die sich dank der Investition im Unternehmen ergeben sollen. Investitionsprojekte sind mehr als bspw. der Kauf einer neuen Fertigungsanlage oder das Errichten einer Gewerbeimmobilie. Sie stellen eine zusätzliche unternehmerische Handlung auf Basis einer Firmenstrategie dar, mit der das künftige Geschäftsmodell (mehr oder weniger) modifiziert wird, was zu neuen Ein- und Auszahlungsstrukturen führt (bspw. kann es zur Erschließung neuer Kundengruppen und neuer Produktange-

bote kommen). Bei der Analyse der Rückflüsse hat stets ein Vergleich „ohne versus mit Investition" zu erfolgen. Dabei ist in letzter Konsequenz stets auf die Rückflussveränderungen aus Konzernsicht abzustellen und eine Annahme zu treffen, ob die Rückflussveränderungen an die Eigentümer des Unternehmens (Eigenkapitalgeber, Shareholder) weitergeleitet werden sollen. International wird bevorzugt von der Annahme einer Vollausschüttung an die Eigentümer ausgegangen. Um die operativen Rückflüsse zu prognostizieren, sind im Einzelfall die durch eine Investition bewirkten Veränderungen in der internen Prozesslandschaft sowie in der Absatz- und Beschaffungsstruktur als vorgelagerte Werttreiber bzw. Erfolgsfaktoren mit zu untersuchen. Zu den laufenden Rückflussveränderungen lassen sich auch die Bewegungen im sog. Working Capital zählen. Unter Working Capital versteht man die Differenz aus Umlaufvermögen und kurzfristigen Schulden (insb. Vorräte, selbst erstellte Erzeugnisbestände, Forderungen sowie Verbindlichkeiten aus Lieferungen und Leistungen). Wird bspw. ein steigender Umsatz erwartet, erhöht sich vielfach auch die finanzielle Mittelbindung im Working Capital (u. a. als Folge einer höheren Vorratshaltung und aus der Zunahme der Kundenforderungen, die sich durch unveränderte oder gar verschlechternde Zahlungssitten der Kunden ergibt).

Bei vielen Investitionsprojekten ist am Ende des Planungshorizontes (t = T) noch eine Verwertung des Projektes möglich. Bspw. kann ein Taxiunternehmer, der sich in fünf Jahren zur Ruhe setzen möchte, seinen bisherigen Fuhrparkbestand am Gebrauchtmarkt veräußern. Es entsteht in t = T ein Liquidationserlös (c). Freilich kann er auch sein Unternehmen vorzeitig liquidieren oder an einen Interessenten verkaufen. Von letzterer Möglichkeit wird der Unternehmer dann gebrauch machen, wenn sich dadurch ein höherer Liquidationserlös ergibt als durch Einzelveräußerung seiner Fahrzeugflotte. Liquidationserlöse sind nicht immer mit einem Einzahlungsüberschuss verbunden. Handelt es sich bspw. um eine Spezialmaschine, die am Ende eines Produktlebenszyklus nicht mehr benötigt wird, kann die Verschrottung bzw. Entsorgung auch zu einem Auszahlungsüberschuss führen. Negative Liquidationserlöse liegen auch vor, falls verwohnte Immobilien abzureißen, Industrieabfälle zu entsorgen oder Abfalldeponien aufgrund gesetzlicher Vorschriften zu rekultivieren sind. Die Abschätzung von erzielbaren Liquidationserlösen fällt vielfach schwer, da diese erst am Ende des Planungszeitraumes anfallen. Entschärft wird das Prognoseproblem dann, wenn die zu liquidierenden Objekte auf einem Sekundärmarkt gehandelt werden. Es besteht dann die Möglichkeit, entsprechende Vergleichsobjekte zu identifizieren und die vorliegenden Preisinformationen zur Datenprognose zu verwenden. Gelingt es, für jede Nutzungsperiode eine Prognose des erzielbaren Liquidationserlöses zu erstellen, kann zudem die Frage der „optimalen Projektdauer" problematisiert werden.

Da eine Investition zunächst mit dem Einsatz von teils hohen Geldbeträgen verknüpft ist, müssen diese Beträge beschafft werden. Sofern in der Ausgangslage keine Geldbestände im Unternehmen vorhanden sind, hat eine Außenfinanzierung zu erfolgen: Eigentümer oder Kreditgeber bringen Finanzmittel mit in das Unternehmen, damit die Investition finanziert werden kann. Beide Investorengruppen müssen überzeugt sein, dass die Geldüberlassung für sie von Vorteil ist. Für einen Kreditgeber bedeutet das, das er möglichst sicher

sein Geld zurückhaben möchte und für die zeitlich begrenzte Geldüberlassung sichere Zinszahlungen wünscht. Um das investive Risiko für den Kreditgeber zu minimieren, besteht dieser vielfach auf Kreditsicherheiten und fixiert all dies in einem Kreditvertrag. Aus Sicht von Eigentümern wird eine Investitionshandlung vorteilhaft, wenn diese einen Vermögenszuwachs erwarten lässt, den Eigentümer auch bei risikovergleichbaren alternativen Investments erzielen könnten. Falls aus der bisherigen Unternehmenstätigkeit hohe Geldbestände im Unternehmen vorhanden sind, kann die Finanzierung der Investition auch durch Ausschüttungsverzicht der Eigentümer erfolgen. Ob Eigentümer Geld von außen zur Verfügung stellen oder eine geringere Gewinnausschüttung zwecks Investitionsfinanzierung erhalten, hat im Kern für sie die gleichen Folgen: Wird Geld eingelegt oder auf Entnahmen verzichtet, werden Opportunitätskosten ausgelöst. Ohne Investition hätten die Eigentümer entweder mehr Geldbestände im Privatbereich oder höhere Entnahmen, die sie am Kapitalmarkt risikovergleichbar wiederangelegt hätten. Dank der Investition entgehen ihnen also Erträge aus einer alternativen Geldanlage (sog. Opportunität). Diese Opportunitätskosten werden durch einen sog. Kalkulationszinssatz k in der Investitionsrechnung berücksichtigt. Zudem erfasst dieser Zinssatz die sog. Zeitpräferenz des Geldes: Ein heutiger (künftiger) Geldbetrag ist morgen (heute) durch die Anlagemöglichkeit am Kapitalmarkt mehr (weniger) wert.

Im Falle von investiver Datensicherheit bzw. fehlendem operativen Risiko ist der relevante Kalkulationszinssatz k in der Regel jener, der für eine sichere bzw. risikofreie Geldanlage i am Kapitalmarkt erzielt werden kann. In Deutschland wird in der Regel die Umlaufrendite öffentlicher Anleihen, also eine Kreditfinanzierung, mit einer Restlaufzeit herangezogen, die dem investiven Planungshorizont entspricht. Es gilt also k = i. In einer Welt mit angenommener Datensicherheit gibt es keinen guten Grund zwischen Eigen- und Fremdfinanzierung zu unterscheiden, da kein Investor ein Risiko trägt. Der Kalkulationszinssatz entspricht folglich auch einem Kreditzinssatz bei gleicher Investitionslaufzeit. Wenn die Geldanlagezinssätze den Kreditzinssätzen entsprechen, spricht man von der Annahme eines vollkommenen Kapitalmarktes.

Wird die Annahme von Datensicherheit aufgegeben, werden die künftigen Rückflüsse aus einem Investitionsprojekt als Erwartungswerte interpretiert. Es wird also angenommen, dass sie das Resultat von mit Eintrittswahrscheinlichkeiten gewichteten Zahlungsfolgen aus verschiedenen Szenarien (bspw. Analyse diverser Konjunkturentwicklungen) sind. Die Höhe des Kalkulationszinssatzes hängt nun von der Risikoeinstellung des Entscheiders E ab:

- Ist E risikoneutral, wird als alternative Geldanlage weiterhin ein risikofreier Zinssatz i verwendet, da der Entscheider positive und negative Abweichungen von den Erwartungswerten der investiven Rückflüsse ignoriert. Es gilt weiterhin k = i.
- Ist E risikoscheu, gewichtet er die Gefahr negativer Abweichungen von den positiven Erwartungswerten der Rückflüsse stärker in seinem Entscheidungskalkül. Der risikofreie Zinssatz i wird dann um einen Risikozuschlag z erhöht. Zur Abschätzung dieses Zuschlags nutzt man beobachtbare Risikoprämien am Kapitalmarkt durch Vergleich von durchschnittlichen Renditen an Aktien- und Anleihemärkten. Dabei sollten diejenigen Aktien herangezogen werden, die hinsichtlich des operativen Geschäftsrisikos eine große Nähe zum betrachteten Investitionsprojekt aufweisen. Es gilt nun also k = i + z. Der vollkommene Kapitalmarkt wird nun ersetzt durch mehrere Marktsegmente mit unterschiedlichen Risikoniveaus für die Investoren (bspw. riskanter Markt für Eigenkapitalrechte versus sicherer Markt für Fremdkapitalrechte).

Zur monetären Beurteilung der mehrperiodigen Wirkungen von Investitionsmaßnahmen stellen Kennzahlen der sog. dynamischen Investitionsrechnung eine wertvolle Entscheidungshilfe dar, mittels derer eine vorteilhafte Finanzmittelverwendung abgeschätzt wird. Dynamische Kennzahlen beruhen auf finanzmathematischen Grundlagen und können sowohl die zeitliche Verteilung von anfallenden Zahlungen als auch Zinseszinseffekte recht zutreffend erfassen. In größeren Firmen stellen sie den State-of-the-Art moderner Wirtschaftlichkeitsanalyse dar. Die wichtigsten Kennzahlen werden in den folgenden Abschnitten auf der Grundlage folgender Fallgestaltung behandelt.

Fallgestaltung

Betrachtet wird die einmalige und zeitlich begrenzte Errichtungsinvestition „Strandbistro" von Eigentümer E. Dieser kann am breiten Strand von Sankt Peter-Ording zwischen 2 potenziellen Standorten wählen, für die er von der Gemeinde eine Standkonzession erhalten kann: Am FKK-Strand erlaubt die Gemeinde einen Betrieb für 3 Jahre (Projekt A) oder alternativ am Hundestrand einen Betrieb für 4 Jahre (Projekt B). Längere Betriebsdauern werden von der Gemeinde nicht gewährt. Zudem ist E ein gleichzeitiges Betreiben beider Standorte zwecks Sicherstellung einer kulinarischen Vielfalt untersagt. Aus Sicht von E liegt damit eine „Entweder-Oder-Entscheidung" für zwei sich gegenseitig ausschließende und nur einmal durchführbare Investitionsprojekte vor. Die im Anschaffungszeitpunkt t = 0 (bspw. am 01.01.01) fällige Investitionsauszahlung für die Betriebs- und Geschäftsausstattung (20.000,- EUR) ist in beiden Standortvarianten identisch. Allerdings verlangt die Gemeinde in t = 0 für den Bistrobetrieb an den beiden Strandabschnitten eine unterschiedlich hohe Konzessionsgebühr: Für Projekt A werden 18.000,- EUR fällig, für Projekt B 22.000,- EUR. Beide Investitionsvarianten kann E mit eigenen privaten Ersparnissen (Bar- und Buchgeld) finanzieren. Alternativ könnte E sein Geld in risikovergleichbare Wertpapiere am Kapitalmarkt investieren und dabei eine durchschnittliche Verzinsung k von 10 % p. a. (Kalkulationszinssatz) erwirtschaften. Tab. 2.1 zeigt die weiteren Daten zum Sachverhalt. Steuern werden nicht berücksichtigt. Zudem gilt die Annahme eines vollkommenen Kapitalmarktes, sodass E entweder von der Annahme von Datensicherheit ausgeht oder er die künftigen Rückflüsse als Erwartungswerte ermittelt hat und risikoneutral eingestellt ist.

Tab. 2.1 Beispieldaten zur Fallgestaltung

Zeitpunkte t	0	1	2	3	4
Datum	01.01.01	31.12.01	31.12.02	31.12.03	31.12.04
Projekt A					
Investitionsauszahlungen	38.000	-	-	-	-
Laufender operativer Cashflow	-	12.000	24.000	24.000	-
Liquidationserlös	-	-	-	5000	
Projekt B					
Investitionsauszahlungen	44.000	-	-	-	-
Laufender operativer Cashflow	-	10.000	18.000	20.000	26.000
Liquidationserlös	-	-	-	-	5000
Weitere Annahmen					
Planungshorizont T	4 Perioden				
Kalkulationszinssatz k	-	10 %	10 %	10 %	10 %

2.2 Endwertdifferenz (Net Future Value)

2.2.1 Definition und Anwendung auf die Fallgestaltung

Eine positive (negative) Endwertdifferenz besagt, um wie viel reicher (ärmer) Eigentümer E zum Ende seines Planungshorizontes t = T gegenüber alternativer Geldanlage (sog. Opportunität) wird. Die Endwertdifferenz (NFV_T) ist also ein „Mehrwert" welcher sich ergibt, indem man den Endwert der Opportunität (FV_T^{Opp}) vom Endwert des Investitionsprojektes (FV_T^{Inv}) subtrahiert. Ein Endwert wird international als Future Value bezeichnet, eine Endwertdifferenz als Net Future Value. Formal gilt:

$$NFV_T = FV_T^{Inv} - FV_T^{Opp} \qquad (2.1)$$

Ein Investitionsprojekt gilt als absolut vorteilhaft, wenn die Endwertdifferenz (2.1) positiv ist. Bei einer Endwertdifferenz von exakt Null, sind Investition und Opportunität aus monetärer Sicht gleichwertig. Entsprechend wäre ein Entscheidungsträger indifferent. Bei einer negativen Endwertdifferenz wird die Opportunität realisiert bzw. das zu analysierende Investitionsprojekt abgelehnt.

Für die Berechnung des Endwertes der Opportunität müssen wir den von E in t = 0 zu investierenden Geldbetrag auf das Ende seines Planungshorizontes mit dem laufzeitkonstanten Kalkulationszinssatz (k = 0,1) aufzinsen. Bei der Aufzinsung werden die entstehenden Zinserträge

wieder bis t = T = 4 mit angelegt. Da E zwei Projekte miteinander vergleicht, muss E auch beide Projekte finanzieren können. Folglich muss E in seinem Privatvermögen über 44.000,- EUR eigene Gelder verfügen. Formel (2.2) zeigt die Berechnung:

$$FV_T^{Opp} = 44.000 \cdot (1+0,1)^4 = 64.420,40 \qquad (2.2)$$

Sollten die Projekte A und B zu einem höheren Endwert als (2.2) führen, wären beide als absolut vorteilhaft einzustufen. Die Endwertberechnung von Projekt B zeigt Tab. 2.2 und lässt sich wie folgt erläutern: In t = 0 setzt E seine eigenen Mittel ein, so dass sich ein Saldo nach Investitionsfinanzierung in Höhe von Null ergibt. Am Ende der ersten Periode (t = 1) erzielt das Projekt B einen finanziellen Überschuss von 10.000,-. Dieser wird, analog zur Opportunität, zu 10 % wieder angelegt, wodurch er in t = 2 über 11.000,- verfügt. Zu diesen kommen die laufenden Rückflüsse der zweiten Periode aus dem Projekt hinzu. Es entsteht der Zwischensaldo per t = 2 in Höhe von 29.000,-. Dieser Prozess aus Wiederanlage und hinzukommenden Rückflüssen aus dem Projekt führt am Ende der vierten Periode zu einem Endwert des Projektes B in Höhe von 84.090,-.

Die Endwertberechnung für Projekt A erfolgt rechentechnisch analog, allerdings ist auf zwei Besonderheiten hinzuweisen:

In t = 0 setzt E erneut 44.000,- EUR an eigenen Mitteln ein, das Projekt benötigt aber nur 38.000,-. Es verbleibt demnach ein „Rest-

Tab. 2.2 Endwertberechnung von Projekt B

Zeitpunkt t	0	1	2	3	4
Investitionsauszahlung	−44.000	-	-	-	–
Laufender operativer Cashflow	-	10.000	18.000	20.000	26.000
Liquidationserlös	-	-	-	-	5000
Saldo originärer Zahlungen	**−44.000**	**10.000**	**18.000**	**20.000**	**31.000**
+ Einsatz eigener Mittel	44.000	-	-	-	–
Saldo nach Investitionsfinanzierung	**0**	**10.000**	**18.000**	**20.000**	**31.000**
Wiederanlage der Zahlungen aus t = 1 und Verzinsung nach t = 2 zu 10 %	-	−10.000	11.000	-	–
Zwischensaldo per t = 2	-		**29.000**	-	–
Wiederanlage des Zwischensaldos aus t = 2 und Verzinsung nach t = 3 zu 10 %	-	-	−29.000	31.900	–
Zwischensaldo per t = 3	-	-	-	**51.900**	–
Wiederanlage des Zwischensaldos aus t = 3 und Verzinsung nach t = 4 zu 10 %	-	-	-	−51.900	57.090
Endwert per t = 4	-	-	-	-	**88.090**

Geldsack" von 6000,-. Dieser wird analog zur Opportunität zu 10 % von t = 0 nach t = 1 wieder angelegt. Man kann von einer Ergänzungsinvestition sprechen, die notwendig wird, damit alle Investitionsalternativen bei gleichem Geldeinsatz in t = 0 fair mit einander verglichen werden (sog. Kapitaleinsatzäquivalenz).

Das Projekt A weist gegenüber B eine kürzere Nutzungsdauer auf. Endwerte müssen sich aber bei allen Alternativen stets auf gleiche Zeitpunkte beziehen, damit ein relativer Vorteilhaftigkeitsvergleich erfolgen kann (sog. Planungshorizontäquivalenz). Daher ist nach Ablauf von Periode t = 3 eine Annahme darüber festzulegen, wie sich der Endwert per t = 3 (77.906,- in Tab. 2.3) hin zu t = T = 4 weiterentwickelt (Festlegung einer sog. zeitlichen Ergänzungsinvestition). Sofern keine besonderen Informationen hierzu vorliegen, wird erneut der Zinssatz für die Opportunität herangezogen. Mit dieser Annahme erhält man abschließend für Projekt A einen auf T = 4 bezogenen und damit mit B vergleichbaren Endwert in Höhe von 85.696,60.

Da der Endwert von B den von A übersteigt, ist B als relativ vorteilhaft zu bezeichnen: B ist relativ zu A, aber auch relativ zur Opportunität vorteilhaft und sollte daher realisiert werden.

Eine entsprechende Aussage zur relativen Vorteilhaftigkeit lässt sich machen, indem man auf Basis der Endwertdifferenzen von Projekt A (2.3) und B (2.4) argumentiert:

$$NFV_T\left(A\right) = FV_T^{Inv} - FV_T^{Opp}$$
$$= 85.696,60 - 64.420,40 = +21.276,20 \quad (2.3)$$

$$NFV_T\left(B\right) = FV_T^{Inv} - FV_T^{Opp}$$
$$= 88.090,00 - 64.420,40 = +23.669,60 \quad (2.4)$$

Da die positive Endwertdifferenz von B diejenige von A übersteigt, ist B relativ vorteilhaft.

Zusammenfassung

Ein Investitionsprojekt gilt aus Sicht eines Eigentümers als absolut vorteilhaft, falls sein Endwert (Future Value) größer ist als der einer vergleichbaren alternativen Geldanlage (Opportunität) bzw. über eine positive Endwertdifferenz (Net Future Value) verfügt. Stehen dem Entscheider, neben der Opportunität, mehrere sich gegenseitig ausschließende Investitionsprojekte zur Wahl, sollte er jenes realisieren, dessen positive Endwertdifferenz (Net Future Value) die aller anderen Projekte übersteigt. Ein solches Projekt gilt dann als relativ vorteilhaft. Beim absoluten und relativen Vorteilhaftigkeitsvergleich mittels Endwertdifferenzen ist bei allen zur Wahl stehenden Projekten (einschließlich der Opportunität) auf identischen Geldeinsatz von E in t = 0 und auf den gleichen Planungshorizont T zu achten.

Tab. 2.3 Endwertberechnung von Projekt A

Zeitpunkt t	0	1	2	3	4
Investitionsauszahlung	−38.000	-	-	-	-
Laufender operativer Cashflow	-	12.000	24.000	24.000	-
Liquidationserlös	-	-	-	5000	-
Saldo originärer Zahlungen	**−38.000**	**12.000**	**24.000**	**29.000**	**-**
+ Einsatz eigener Mittel	44.000	-	-	-	-
Saldo nach Investitionsfinanzierung	**6000**	**12.000**	**24.000**	**29.000**	**-**
Wiederanlage des Zahlungssaldos in t = 0 und Verzinsung nach t = 1 mit 10 %	−6.000	6600	-	-	-
Zwischensaldo per t = 1	**0**	**18.600**	**-**	**-**	**-**
Wiederanlage der Zwischensaldos aus t = 1 und Verzinsung nach t = 2 zu 10 %	-	−18.600	20.460	-	-
Zwischensaldo per t = 2	**-**		**44.460**	**-**	**-**
Wiederanlage des Zwischensaldos aus t = 2 und Verzinsung nach t = 3 zu 10 %	-	-	−44.460	48.906	-
Zwischensaldo per t = 3	**-**	**-**	**-**	**77.906**	**-**
Wiederanlage des Zwischensaldos aus t = 3 und Verzinsung nach t = 4 zu 10 %	-	-	-	−77.906	85.696,60
Endwert per t = 4	**-**	**-**	**-**	**-**	**85.696,60**

2.2.2 Endwertdifferenz bei fremdfinanziertem Investitionsprojekt

Verfügt Eigentümer E in t = 0 über keine eigenen Mittel für Investitionszwecke, wäre eines der geplanten Projekte fremd zu finanzieren. Unter der Annahme eines vollkommenen Kapitalmarktes und Sicherheit der Daten würde eine Kreditaufnahme exakt zum risikofreien Zinssatz i = 10 % möglich sein. Betrachten wir dazu das Projekt A und unterstellen, dass E den in t = 0 aufgenommenen Kredit komplett am Ende der Konzessionsdauer von A, also nach 3 Perioden, tilgt (Endfälligkeits- oder Tilgungsaussetzungsdarlehen; zu Finanzierungsformen, vgl. Kap. 3). Da E keine laufenden Tilgungen leistet, muss er während der Projektdauer stets 10 % Zinsen auf den Betrag der Kreditaufnahme leisten (vgl. Tab. 2.4).

E setzt, wie Tab. 2.4 zeigt, keine eigenen Geldmittel ein. Folglich ist der Endwert der Opportunität Null. Damit stellt der in Tab. 2.4 bestimmte Endwert (21.276,20) zugleich die Endwertdifferenz von Projekt A dar. Da die Kreditaufnahme gemäß der Annahme des vollkommenen Kapitalmarktes zum gleichen Zinssatz wie die alternative Geldanlage von E in Abschn. 2.2.1 erfolgt, erhalten wir den glei-

chen Net Future Value (vgl. Formel (2.3) in Abschn. 2.2.1). Daher können wir sagen: die Art der Finanzierung (Einsatz eigener Mittel oder Kreditaufnahme) wirkt sich auf die Kennzahl Endwertdifferenz nicht aus, solange wir von einem vollkommenen Kapitalmarkt mit einem Einheitszinssatz ausgehen.

Die Annahme eines vollkommenen Kapitalmarktes deckt sich nicht mit unseren praktischen Beobachtungen: Kreditaufnahmen sind in der Regel teurer als vergleichbar sichere Geldanlagen („Kreditzinssatz größer Guthabenzinssatz"). Zudem steigen Zinssätze in der Regel mit zunehmender Laufzeit der Geldanlage bzw. Kreditaufnahme, wie sog. Zinsstrukturkurven empirisch belegen. Allerdings haben die Kennzahlen der Investitionsrechnung in der Praxis ganz überwiegend die Aufgabe, aus einer Menge von Investitionsalternativen die (hoffentlich) lukrativeren Projekte zu erkennen. Und zwar zu einem frühen Zeitpunkt, wo die konkrete Finanzierung der Investition noch gänzlich unbekannt ist. Es geht also eher um eine Rangfolgebildung (analog einer Hitliste). Dazu benötigt man in der Praxis meist nicht die exakte Höhe der finanziellen Vorteilhaftigkeit. Annahmen, die das Rechnen sinnvoll vereinfachen, sind daher eher zu begrüßen. Und genau das leistet die Annahme vollkomme-

Tab. 2.4 Projekt A zu 100 % mit einem Endfälligkeitsdarlehen fremdfinanziert (i = 10 %)

Zeitpunkt t	0	1	2	3	4
Investitionsauszahlung	−38.000	-	-	-	-
Laufender operativer Cashflow	-	12.000	24.000	24.000	-
Liquidationserlös	-	-	-	5000	-
Saldo originärer Zahlungen	**−38.000**	**12.000**	**24.000**	**29.000**	**-**
+ Einsatz eigener Mittel	0	-	-	-	-
+ Kreditaufnahme/-Kredittilgung	+38.000			−38.000	
- Zinszahlungen	-	−3800	−3800	−3800	
Saldo nach Investitionsfinanzierung	**0**	**8.200**	**20.200**	**−12.800**	**-**
Wiederanlage der Zwischensaldos aus t = 1 und Verzinsung nach t = 2 zu 10 %	-	−8200	9020	-	-
Zwischensaldo per t = 2	**-**		**29.220**	**-**	**-**
Wiederanlage des Zwischensaldos aus t = 2 und Verzinsung nach t = 3 zu 10 %	-	-	−29.220	32.142	-
Zwischensaldo per t = 3	**-**	**-**	**-**	**19.342**	**-**
Wiederanlage des Zwischensaldos aus t = 3 und Verzinsung nach t = 4 zu 10 %	-	-	-	−19.342	21.276,20
Endwert per t = 4	**-**	**-**	**-**	**-**	**21.276,20**

ner Kapitalmärkte bzw. das Rechnen mit einem einheitlichen Kalkulationszinssatz.

Endwertberechnungen bilden die monetäre Zielsetzung „Vermögensmehrung zu einem künftigen Termin" ab und können daher als besonders realitätsnah eingestuft werden. Denn viele Menschen wollen wissen, über welches Geldvermögen sie in Zukunft voraussichtlich verfügen können (bspw. für die private Altersvorsorge oder zwecks Realisierung größerer Anschaffungen). Entsprechend ist diese Kennzahl für viele praktische Problemstellungen prädestiniert. Wirft man aber einen Blick in die Wirtschaftlichkeitsrichtlinien börsennotierter Unternehmen, dominiert dort nicht das Berechnen von Future Values. Vielmehr finden wir dort das Kalkulieren von Present Values, was uns zur Vorstellung der international wichtigsten Kennzahl der Investitionsrechnung führt: dem Kapitalwert (Net Present Value).

2.3 Kapitalwert (Net Present Value)

2.3.1 Definition und Anwendung auf die Fallgestaltung

In der Unternehmenspraxis werden nicht immer Endwertüberlegungen angestellt. Es ist mittler-

weile weit verbreitet, sich die monetären Wirkungen aus der Opportunität und möglichen Investitionsprojekten auf den Entscheidungszeitpunkt (t = 0) vorzustellen. Dies gelingt, indem die Endwerte auf t = 0 abgezinst bzw. diskontiert werden. Es entstehen dann Gegenwartswerte (sog. Present Values). Für die Berechnung des Present Values der Opportunität (PV_0^{Opp}) gilt:

$$PV_0^{Opp} = FV_T^{Opp} \cdot \left(1+k\right)^{-T} \qquad (2.5)$$
$$= 64.420,40 \cdot 1,1^{-4} = 44.000$$

Analog können die Present Values der beiden Projekte A und B bestimmt werden:

$$PV_0^{Inv}\left(A\right) = FV_T^{Inv}\left(A\right) \cdot \left(1+k\right)^{-T}$$
$$= 85.696,60 \cdot 1,1^{-4} = 58.531,93 \qquad (2.6)$$

$$PV_0^{Inv}\left(B\right) = FV_T^{Inv}\left(B\right) \cdot \left(1+k\right)^{-T}$$
$$= 88.090 \cdot 1,1^{-4} = 60.166,66 \qquad (2.7)$$

Die in (2.6) und (2.7) bestimmten Present Values lassen sich als Projektwerte per t = 0 bezeichnen, wobei man unter heutigem Wert die diskontierte Summe aller künftigen finanziellen Genüsse aus einem Projekt versteht. Anders gesagt: Das Potenzial künftiger abgezinster Zahlungen an Eigentümer E stellt den ökonomischen Gebrauchswert von Projekten dar. Der Present Value der Opportunität (2.5) ist mit der Investitionsauszahlung des zur Wahl stehenden Projektes B identisch.

Wird von jedem Projektwert der Present Value der Opportunität subtrahiert, erhalten wir den Mehrwert eines jeden Projektes gegenüber einer alternativen Geldanlage per t = 0, also den Net Present Value (NPV_0^{Inv}) je Projekt:

$$NPV_0^{Inv} = PV_0^{Inv} - PV_0^{Opp} \qquad (2.8)$$

Der Net Present Value wird in Deutschland Kapitalwert genannt. Ein Kapitalwert bzw. Net Present Value zeigt also den heutigen Mehrwert bzw. Geldvermögenszuwachs eines Investitionsprojektes gegenüber einer Opportunität aus Sicht eines Eigentümers.

Entsprechend ist ein Projekt nach (2.8) absolut vorteilhaft, falls sein Net Present Value größer Null ist. Für den Net Present Value der Opportunität gilt, dass dieser stets Null ist.

Vergleicht man mehrere sich gegenseitig ausschließende Projekte, sollte jenes Projekt realisiert werden, dessen positiver Net Present Value größer als der aller anderen zur Wahl stehenden Projekte ist (relative Vorteilhaftigkeit). Für die beiden Projekte A und B lauten die Kapitalwerte:

$$NPV_0^{Inv}(A) \\ = 58.531,93 - 44.000 = +14.531,93 \qquad (2.9)$$
$$NPV_0^{Inv}(B) \\ = 60.166,66 - 44.000 = +16.166,66 \qquad (2.10)$$

Um (2.9) bzw. (2.10) zu bestimmen, hätten wir alternativ auch gleich die Endwertdifferenzen aus Abschn. 2.2.1 um 4 Perioden diskontieren können:

$$NPV_0^{Inv}(A) = NFV_T(A) \cdot (1+k)^{-T} \\ = +21.276,20 \cdot 1,1^{-4} = +14.531,93 \qquad (2.11)$$

$$NPV_0^{Inv}(B) = NFV_T(B) \cdot (1+k)^{-T} \\ = +23.669,60 \cdot 1,1^{-4} = +16.166,66 \qquad (2.12)$$

Kapitalwerte sind also letztlich auf t = 0 abgezinste Endwertdifferenzen.

In den meisten Lehrbüchern wird der Kapitalwert wie folgt definiert:

$$NPV_0^{Inv} = -I_0 + \sum_{t=1}^{T} CF_t \cdot (1+k)^{-t} \\ + L_T \cdot (1+k)^{-T}, \qquad (2.13)$$
wobei hier T jetzt die Projektlaufzeit ist.

In (2.13) könnte man die in t = 0 zu entrichtende Investitionsauszahlung (I_0) als das einzugehende „finanzielle Opfer" bezeichnen, durch das ein Investor erst in den Genuss der künftigen Rückflüsse gelangt. Die künftigen Rückflüsse setzen sich aus dem operativen Cashflow (CF) sowie aus dem am Ende der Projektlaufzeit T erzielbaren Liquidationserlös (L_T) zusammen, die diskontiert erneut den Present Value ergeben.

Wenden wir (2.13) auf Projekt B an, erhalten wir:

$$NPV_0^{Inv}(B) = -44.000 + 10.000 \cdot 1,1^{-1} \\ +18.000 \cdot 1,1^{-2} + 20.000 \cdot 1,1^{-3} \\ +31.000 \cdot 1,1^{-4} = +16.166,66 \qquad (2.14)$$

Wie wir sehen, erhalten wir den gleichen Kapitalwert wie mit Formel (2.12). Nun setzen wir die Daten für Projekt A in Formel (2.13):

$$NPV_0^{Inv}(A) = -38.000 + 12.000 \cdot 1,1^{-1} \\ +24.000 \cdot 1,1^{-2} + 29.000 \cdot 1,1^{-3} = +14.531,93 \qquad (2.15)$$

Offensichtlich ist das Vorgehen in (2.9) mit dem von (2.15) identisch, obwohl wir hier nur eine Investitionsauszahlung von 38.000,- und eine Nutzungsdauer von 3 Perioden verwenden. Dies ist zu erläutern: Nachdem Investor E sein Geld in A investiert hat, verfügt er noch über einen Restbetrag in Höhe von 6000,-. Da er diese zu 10 % in die gleiche Geldanlage anlegt, die auch die Opportunität darstellt, erzielt er damit stets den gleichen Endwert wie mit der Opportunität. Die Endwertdifferenz und damit auch der Net Present Value dieser Ergänzungsinvestition ist daher stets Null. Analog kann für die Überbrückung der Nutzungsdauerunterschiede zwischen Projekt A und Projekt B argumentiert werden: Nach 3 Perioden ist die Konzession für A abgelaufen. Um einen korrekten relativen Vorteilhaftigkeitsvergleich mit B herzustellen, muss eine Annahme zur weiteren Ertragserzielung von t = 3 hin zu t = 4 getroffen werden. Erneut wird unterstellt, dass der Endwert von Projekt A von Periode 3 nach 4 sich durch eine Geldanlage zu 10 % erhöht. Da sich diese Wertentwicklung wieder mit der der Opportunität deckt, haben wir für diese zeitliche Ergänzungsinvestition ebenfalls stets eine Endwertdifferenz bzw. einen Net Present Value in Höhe von Null. Daher kann man sagen: Die hier vorliegenden Kapitaleinsatz- und Nutzungsdauerunterschiede wirken sich, solange wir stets die gleichen Zinssätze verwenden, nicht auf den Kapitalwert aus. Der Kapitalwert sämtlicher Ergänzungsinvestitionen ist stets Null und damit irrelevant.

Zusammenfassung

Weist ein Projekt einen positiven Kapitalwert (Net Present Value) auf, gilt es als absolut vorteilhaft. Falls es bei mehreren zur Wahl stehenden Projekten den höchsten positiven Kapitalwert ausweist, gilt dieses Projekt zudem als relativ vorteilhaft und sollte aus monetärer Sicht der Eigentümer auch realisiert werden.

2.3.2 Praktische Vor- und Nachteile der Kapitalwertmethode

Vergleicht man die Berechnung von Kapitalwerten mit der von Endwertdifferenzen muss man zugeben, dass die Kapitalwertberechnungen schneller gelingen. Denn hier sind keine gesonderten Ergänzungsinvestitionen explizit zu berücksichtigen. Daher verwundert es nicht, dass die Praxis bevorzugt auf Kalkulationen von Net Present Values zurückgreift, so dass man diese durchaus als die Grundlage aller dynamischen Wirtschaftlichkeitsrechnungen bezeichnen darf. Allerdings ist die Kapitalwertmethode sachunkundigen Praktikern schwerer hinsichtlich ihres Aussagegehaltes zu vermitteln. Hier hat der Endwertvergleich aus Abschn. 2.2 einen didaktischen Vorteil. Inhaltlich aber kann man nur zu dem Schluss kommen: Beide Wege sind völlig äquivalent, so dass es am Ende eine reine Geschmacksfrage bzw. eine Frage der vorherrschenden Unternehmenskultur ist, welcher Rechenansatz im Regelfall zur Problemlösung genutzt wird.

Allerdings gibt es durchaus Situationen, wo die Bestimmung von Present Values nicht nur re-

chentechnisch, sondern auch didaktisch von Vorteil erscheint: Im Rahmen von Unternehmensbewertungen muss ein potenzieller Firmenkäufer dem Verkäufer heute in t = 0 einen Kaufpreis bzw. eine Wertvorstellung nennen. Hierfür benötigt er einen Present Value. Ein Future Value (bspw. was die Firma in 5 Jahren wert sein könnte) würde nicht helfen. Zudem wird in vielen Fällen von der Annahme eines „ewigen Going-concerns", also einer unendlich gedachten Unternehmensfortführung, ausgegangen. Endwertberechnungen würden, positive Cashflows unterstellt, stets zu unendlich hohen Werten in der gedachten Unendlichkeit führen. Wertunterschiede wären dann mittels Future Value-Methodik nicht mehr erkennbar.

Die Kapitalwertmethode gleicht, wie oben am Projekt A erläutert, Kapitaleinsatz- und Nutzungsdauerunterschiede zwischen Projektalternativen so aus, dass sich keine Auswirkung auf den Net Present Value von Projekten ergibt. Dies kann als Vorteil, aber im Einzelfall auch als gravierender Nachteil gesehen werden, denn die Kapitalwertneutralität von Ergänzungsinvestitionen provoziert Anwendungsfehler: Während die Überbrückung einer Nutzungsdauerdifferenz von lediglich einer Periode zum Kalkulationszinssatz k völlig vernünftig erscheint, wäre die gleiche Annahme für einen Nutzungsdauerunterschied von bspw. 10 Jahren zwischen zwei Projekten praktisch absurd. Denn bei dem kürzer laufenden Projekt würde man nach Ablauf von dessen Nutzungsdauer pauschal annehmen, dass man 10 Jahre lang keine bessere unternehmerische Idee zur Umsetzung findet als eine einfache Geldanlage am Kapitalmarkt. Ähnlich ließe sich für den Fall sehr hoher Unterschiede beim Geldeinsatz in t = 0 zwischen mehreren Projektalternativen argumentieren. Für eine derartige Firmenpolitik braucht es kein besonderes Management. Streng genommen können die Eigentümer von Firmen Geldanlagen am Kapitalmarkt jederzeit selbst durchführen und daher ganz auf aktives Management verzichten. Hohe Kapitaleinsatz- und Nutzungsdauerunterschiede zwischen Projektalternativen sind vielmehr ein Signal, dass in der Praxis Alternativen verglichen werden sollen, die schwerlich das gleiche Investitionsproblem zu lösen vermögen.

2.3.3 Zwei weitere Interpretationsmöglichkeiten für den Kapitalwert

Um dem Kapitalwert seine Abstraktheit zu nehmen, bestehen zwei weitere Möglichkeiten zu seiner Veranschaulichung. Zunächst die entnahmeorientierte Interpretation: Kapitalwert als eine Zusatzentnahme in t = 0. Wie Tab. 2.5 zeigt, wird der Kapitalwert von Projekt A sofort entnommen. Am Ende verbleibt dem Eigentümer aber immer noch der Endwert der Opportunität. Der Kapitalwert als Zusatzentnahme zeigt ihm also den Mehrwert von A gegenüber alternativer Geldanlage an, der sofort verkonsumiert werden kann.

Alternativ kann man eine kapitalmarktorientierte Interpretation liefern: Hiernach signalisiert ein Kapitalwert, um wie viel man in t = 0 weniger bezahlt für die Möglichkeit der Investitionsdurchführung als für ein alternatives Wertpapier, das die gleichen künftigen Rückflüsse verspricht wie das betrachtete Investitionsprojekt. Denn wenn man den fairen Marktpreis für ein Wertpapier bestimmen möchte, schaut man sich die künftigen Rückflüsse an und bestimmt von diesen den Present Value. Wenn man weniger als diesen Present Value bezahlen muss, hat man einen Vorteil erzielt. Diesen Vorteil zeigt der Kapitalwert an. Die Present Values beider Projekte wurden bereits in (2.6) und (2.7) bestimmt; alternativ könnte man, gezeigt für Projekt B, mittels (2.13) rechnen:

Tab. 2.5 Kapitalwert als zusätzliche Entnahme in t = 0

Zeitpunkt t	0	1	2	3	4
Investitionsauszahlung	−38.000	-	-	-	-
Laufender operativer Cashflow	-	12.000	24.000	24.000	-
Liquidationserlös	-	-	-	5000	-
Saldo originärer Zahlungen	**−38.000**	**12.000**	**24.000**	**29.000**	**-**
+ Einsatz eigener Mittel	44.000	-	-	-	-
Saldo nach Investitionsfinanzierung	**6000**	**12.000**	**24.000**	**29.000**	**-**
- Entnahme in Höhe Kapitalwert von A	−14.531,93				
Saldo nach Investitionsfinanzierung und nach Entnahme	**−8531,93**				
Kreditaufnahme in t = 0 und Verzinsung nach t = 1 mit 10 % sowie Kredittilgung in t = 1	8531,93	−9385,12	-	-	-
Zwischensaldo per t = 1	**0**	**2614,88**	**-**	**-**	**-**
Wiederanlage der Zwischensaldos aus t = 1 und Verzinsung nach t = 2 zu 10 %	-	−2614,88	2876,36	-	-
Zwischensaldo per t = 2	**-**		**26.876,36**	**-**	**-**
Wiederanlage des Zwischensaldos aus t = 2 und Verzinsung nach t = 3 zu 10 %	-	-	−26.876,36	29.564	-
Zwischensaldo per t = 3	**-**	**-**	**-**	**58.564**	**-**
Wiederanlage des Zwischensaldos aus t = 3 und Verzinsung nach t = 4 zu 10 %	-	-	-	−58.564	64.420,40
Endwert per t = 4	**-**	**-**	**-**	**-**	**64.420,40**

$$PV_0^{Inv}(B) = \sum_{t=1}^{T} CF_t \cdot (1+k)^{-t} + L_T \cdot (1+k)^{-T}$$
$$= +10.000 \cdot 1,1^{-1} + 18.000 \cdot 1,1^{-2} + 20.000 \cdot 1,1^{-3} \qquad (2.16)$$
$$+31.000 \cdot 1,1^{-4} = 60.166,66$$

Das Ergebnis in (2.16) wird nun als fairer Marktpreis in t = 0 für ein mit B vergleichbares Wertpapier interpretiert. Da Eigentümer E aber in t = 0 für B lediglich eine Investitionsauszahlung von 44.000,- entrichten muss, hat er einen Vorteil bzw. eine Ersparnis bei gleichem künftigen Nutzen von (60.166,66 − 44.000 =) + 16.116,66. Hintergrund dieser Idee ist, dass an Kapitalmärkten von nahezu vollständiger Konkurrenz und hoher Informationseffizienz auszugehen ist. Dadurch lassen sich im Handel mit Wertpapieren kaum positive Kapitalwerte erzielen: Investoren verdienen so viel wie aus alternativ vergleichbaren Wertpapierinvestitionen, aber nicht mehr. Weicht man auf Sachinvestitionen (wie bspw. Immobilien) aus, haben einzelne Investoren (bspw. Bauunternehmer, Makler oder Lokalpolitiker in Bauausschüssen) durchaus Informations- und Know-how-Vorsprünge gegenüber anderen und können günstiger ertragsähnliche Sachinvestitionsprojekte realisieren. Und genau dies ist hier der Fall, denn beide Projekte wurden mit einer Opportunität verglichen, die eine alternative Wertpapierinvestition darstellt.

2.4   Annuität (Annuity)

2.4.1 Definition und Anwendung auf die Fallgestaltung

Bei der Annuitätenmethode wird, folgt man der vorherrschenden Darstellung in der Literatur, eine jährlich gleichbleibende zusätzliche Entnahme bzw. Gewinnausschüttung für den Investor E über den zugrunde liegenden Planungshorizont t = T ermittelt. Zu unterscheiden ist dabei der Fall der Eigen- sowie der Fremdfinanzierung eines Investitionsprojektes:

Falls ein Projekt, wie in der Fallgestaltung in Abschn. 2.1 unterstellt, eigenfinanziert wird, erreicht der Investor nach den Entnahmen mit den im Projekt noch verbleibenden Rückflüssen ex-

akt den Endwert der Opportunität. Hierdurch würde der sog. Grundsatz der Substanzerhaltung realisiert, bei dem es um die Fähigkeit geht, das Unternehmen, sofern gewünscht, mit qualitativ vergleichbaren Betriebsmitteln weiter fortführen zu können. Insbesondere verschleißende Investitionsgüter wie Maschinen würden aus der Innenfinanzierung heraus wiederbeschafft. Ganz allgemein könnte man auch von einer Wiederholbarkeit eines Investitionsprojektes sprechen, für dessen erneute Investitionsauszahlung ein thesaurierter Endwert in Höhe des Opportunitätsendwertes bereitgestellt werden kann.

Falls ein Projekt fremdfinanziert wird, wie zuvor in Abschn. 2.2.2 anhand von Projekt A kurz erörtert, stellt die Annuität die nach Abzug aller Zahlungen an die Fremdkapitalgeber verbleibende laufzeitkonstante Entnahme bzw. Gewinnausschüttung an den Eigentümer E dar, die ihm das Projekt zusätzlich maximal ermöglicht. Eine Wiederholung der Investition wäre nicht ohne eine erneute Außenfinanzierungsmaßnahme realisierbar.

Um die Annuitäten (Ann) für die beiden Projekte A und B zu bestimmen, wird der Net Present Value (NPV) jeder Alternative über den Planungshorizont T von Eigentümer E unter Nutzung des sog. Annuitäten- bzw. Wiedergewinnungsfaktors WGF gleichmäßig verteilt. Allgemein gilt:

$$Ann = NPV_0^{Inv} \cdot WGF = NPV_0^{Inv} \cdot \frac{k \cdot (1+k)^T}{(1+k)^T - 1} \quad (2.17)$$

Wenden wir (2.17) auf Projekt B und A an, erhalten wir die folgenden Annuitäten:

$$Ann(B) = NPV_0^{Inv}(B) \cdot \frac{k \cdot (1+k)^T}{(1+k)^T - 1}$$
$$= 16.166,66 \cdot \frac{0,1 \cdot (1,1)^4}{(1,1)^4 - 1} = 5.100,11 \quad (2.18)$$

$$Ann(A) = NPV_0^{Inv}(A) \cdot \frac{k \cdot (1+k)^T}{(1+k)^T - 1}$$
$$= 14.531,93 \cdot \frac{0,1 \cdot (1,1)^4}{(1,1)^4 - 1} = 4.584,40 \quad (2.19)$$

Entsprechend (2.18) bzw. (2.19) kann der Eigentümer E beim Projekt B bzw. A über die 4 Jahre jeweils am Periodenende eine zusätzliche Privatentnahme in Höhe von 5100,11 bzw. 4584,40 tätigen. Da beide Annuitäten positiv sind, sind beide Projekte absolut vorteilhaft. Da die Annuität von B die von A übersteigt, gilt B als relativ vorteilhaft und sollte entsprechend realisiert werden.

Werden diese Annuitäten entnommen, verfügt E in T = 4 exakt über den Endwert seiner Opportunität (64.420,40). Um dies zu zeigen, wird in Tab. 2.6 anhand des Projektes A die Entwicklung des Endvermögens unter Beachtung der berechneten Zusatzentnahmen dargestellt. Ein analoges Vorgehen für Projekt B würde in T = 4 zum gleichen Endwert führen.

Tab. 2.6 belegt: Der Investor E hat nur so viel Gelder jedes Jahr aus dem Projekt A entnommen, dass er mit dem Endvermögen nach vier Jahren wirtschaftlich in der gleichen Position ist, wie er sich im Falle einer alternativen Geldanlage zu 10 % p. a. befinden würde. Zudem wäre E durchaus in der Lage, erneut in ein ähnliches Projekt zu investieren und damit, wenn er dies wünscht, den

Going-concern zu sichern. Folglich hat E Substanzerhaltung betrieben.

Zusammenfassung

Weist ein Projekt eine positive Annuität (Annuity) auf, gilt es als absolut vorteilhaft. Falls es bei mehreren zur Wahl stehenden Projekten die höchste positive Annuität ausweist, gilt dieses Projekt zudem als relativ vorteilhaft und sollte aus monetärer Sicht der Eigentümer auch realisiert werden.

2.4.2 Annuitätenberechnung bei sich wiederholenden Investitionen

Auch mit der Kennzahl Annuität wird erneut die relative Vorteilhaftigkeit von Projekt B gegenüber A festgestellt. Dies sollte nicht verwundern, denn bei allen bisherigen Wirtschaftlichkeitskennzahlen wurden (ex- oder implizit) identische

Tab. 2.6 Endvermögen beim Projekt A unter Beachtung von Zusatzentnahmen gleich Endwert der Opportuntität

Zeitpunkt t	0	1	2	3	4
Investitionsauszahlung	−38.000	-	-	-	-
Laufender operativer Cashflow	-	12.000	24.000	24.000	-
Liquidationserlös	-	-	-	5000	-
Saldo originärer Zahlungen	**−38.000**	**12.000**	**24.000**	**29.000**	**-**
+ Einsatz eigener Mittel	44.000	-	-	-	-
- Entnahmen aus dem Projekt	-	−4584,40	−4584,40	−4584,40	−4584,40
Saldo nach Investitionsfinanzierung und Entnahmen	**6000**	**7415,60**	**19.415,60**	**24.415,60**	**−4584,40**
Wiederanlage des Zahlungssaldos in t = 0 und Verzinsung nach t = 1 mit 10 %	−6000	6600	-	-	-
Zwischensaldo per t = 1	**0**	**14.015,60**	**-**	**-**	**-**
Wiederanlage der Zwischensaldos aus t = 1 und Verzinsung nach t = 2 zu 10 %	-	−14.015,60	15.417,16	-	-
Zwischensaldo per t = 2	**-**	**-**	**34.832,76**	**-**	**-**
Wiederanlage des Zwischensaldos aus t = 2 und Verzinsung nach t = 3 zu 10 %	-	-	−34.832,76	38.316,04	-
Zwischensaldo per t = 3	**-**	**-**	**-**	**62.731,64**	**-**
Wiederanlage des Zwischensaldos aus t = 3 und Verzinsung nach t = 4 zu 10 %	-	-	-	−62.731,64	69.004,80
Endwert per t = 4	**-**	**-**	**-**	**-**	**64.420,40**

Annahmen gemacht. Identische Annahmen führen daher zu identischen Handlungsempfehlungen. Eine Annahme der Fallgestaltung ist die einmalige Durchführung der Investitionsprojekte, was sich aus der politischen Vorgabe der Gemeinde ergibt.

In der Praxis gibt es allerdings eine Reihe von Investitionsvorgängen, die sich mehr oder weniger regelmäßig wiederholen (bspw. der klassische Anlagenersatz in Industriefirmen). Für den Fall sich wiederholender Investitionen kann es im Einzelfall vorkommen, dass sich die Aussage zur relativen Vorteilhaftigkeit zugunsten eines anderen Projektes verändert, wie die Abwandlung der Fallgestaltung nun zeigt: Angenommen, die Gemeinde von Sankt Peter-Ording wäre einer wiederholten Konzessionsvergabe an E nicht abgeneigt und dessen Planungshorizont T betrage nun 12 Perioden. Zudem sei unterstellt, dass die Geschäftsausstattung für das Strandbistro am Standort A alle 3 Perioden und am Standort B alle 4 Perioden wiederbeschafft werden müsste und sich die Prognose der originären Zahlungsfolgen auch künftig nicht verändert (Fall der identisch wiederholten Investition). Entlang eines gedachten Zeitstrahls von t = 0 bis T = 12 würde E dreimal den Kapitalwert für Projekt B und viermal den Kapitalwert von A erzielen. Werden Projekte (nahezu) identisch wiederholt spricht man in der Praxis auch von einer Investitionskette. Daher ist ein damit korrespondierender „Kettenkapitalwert" zu berechnen. Für Projekt B folgt dann:

$$NPV_0^{Inv}(3xB) = 16.166,66 + 16.166,66 \cdot 1,1^{-4}$$
$$+16.166,66 \cdot 1,1^{-8} = 34.750,58 \qquad (2.20)$$

Da E zum Ende der Nutzungsdauer t = 4 des ersten B-Projektes gleich das zweite B-Projekt folgen lässt, muss der identische Kapitalwert für das zweite Projekt noch um vier Perioden auf t = 0 abgezinst werden. Analog bezieht sich der Kapitalwert des dritten B-Projektes auf den Endtermin des zweiten Projektes (t = 8) und ist noch in die Gegenwart zu diskontieren. Der Kettenkapitalwert für die B-Serie beträgt dann laut (2.20) 34.750,58. Alternativ hätte man diesen Wert auch unter Nutzung der Annuität von B bestimmen können, denn die Annuität verteilt bei B den Kapitalwert als gleichmäßigen Betrag über die je-

weilige Projektlaufzeit von 4 Perioden. Folglich hat man lediglich die Annuität aus (2.18) in Höhe von 5100,11 über 12 Perioden zu diskontieren. Da diese eine im Zeitablauf konstante Zahlung darstellt, kann das Abzinsen durch einen sog. Rentenbarwertfaktor RBF vereinfacht werden. Dieser Faktor stellt den Kehrwert des Wiedergewinnungsfaktors WGF dar, wobei nun T = 12 gilt. Die alternative Berechnung des Kettenkapitalwertes von B hat dann folgendes Aussehen:

$$NPV_0^{Inv}(3xB) = Ann(B) \cdot RBF$$
$$= Ann(B) \cdot \frac{(1+k)^T - 1}{i \cdot (1+k)^T}$$
$$= 5100,11 \cdot \frac{(1,1)^{12} - 1}{0,1 \cdot (1,1)^{12}} = 34.750,58 \qquad (2.21)$$

Betrachtet man nun das viermal durchzuführende Projekt A, erhält man folgenden Kettenkapitalwert:

$$NPV_0^{Inv}(4xA) = 14.531,93$$
$$+14.531,93 \cdot 1,1^{-3} + 14.531,93 \cdot 1,1^{-6}$$
$$+14.531,93 \cdot 1,1^{-9} = 39.815,84 \qquad (2.22)$$

Jetzt hat sich die relative Vorteilhaftigkeit gedreht: Über einen Planungshorizont von 12 Perioden und mit den weiteren oben geänderten Annahmen erweist sich nun die Investitionsserie von Projekt A als attraktiver, da diese zu einem höheren positiven Kettenkapitalwert führt. Dies lässt sich auch durch das Diskontieren von A-Projekt-Annuitäten zeigen, wobei gegenüber (2.19) eine Modifikation bezüglich der Wiedergewinnungszeit vorzunehmen ist: Ein einzelnes A-Projekt hat eine projektindividuelle Nutzungsdauer von 3 Perioden, weshalb es ja auch über den neuen Planungshorizont T viermal durchgeführt werden muss. Die Annuität von A im Rahmen der individuellen Nutzungsdauer von 3 Perioden beträgt:

$$Ann(A)_{neu} = NPV_0^{Inv}(A) \cdot \frac{k \cdot (1+k)^T}{(1+k)^T - 1}$$
$$= 14.531,93 \cdot \frac{0,1 \cdot (1,1)^3}{(1,1)^3 - 1} = 5843,51 \qquad (2.23)$$

Durch Vergleich von (2.23) mit (2.18) zeigt sich, dass die neue periodenbezogene Annuität von A im Falle der Investitionswiederholung der von B überlegen ist und demnach auch bei gleichem neuen Planungshorizont der Kettenkapitalwert höher ausfallen muss, wie sich nun abschließend zeigt:

$$NPV_0^{Inv}\left(4xA\right) = Ann\left(A\right)_{neu} \cdot \frac{\left(1+k\right)^T - 1}{i \cdot \left(1+k\right)^T}$$

$$= 5843,51 \cdot \frac{\left(1,1\right)^{12} - 1}{0,1 \cdot \left(1,1\right)^{12}} = 39.815,84 \qquad (2.24)$$

2.4.3 Maximale Annuität bei einmaligen Investitionsvorgängen

Bei einmaliger Investitionstätigkeit wird zumeist die Annuität als jährliche Zusatzentnahme berechnet, was im Falle der Eigenfinanzierung nicht immer eine vernünftige Annahme darstellt. So wird es in der Praxis Investoren geben, die nicht nur den Kapitalwert, sondern den gesamten Projektwert (Present Value) regelmäßig zu entnehmen wünschen. Wenn man sich bspw. vorstellt, dass das Strandbistro als Unternehmung auf Zeit von einem Studenten zur Finanzierung seines privaten Lebensunterhalts betrieben wird und dieser Student nach seinem Studium auf andere Art sein Geld verdienen wird, will er nach vier Perioden kein Endvermögen in seinem Bistro halten. Vielmehr strebt er nach maximal möglicher jährlicher Entnahme. Bei dem Projekt B würde das am besten ermöglicht, da der Present Value über die 4 Studienjahre zu den höchsten Gewinnausschüttungen p. a. führen würde:

$$Ann\left(B\right)_{max} = PV_0^{Inv}\left(B\right) \cdot WGF$$

$$= 60.166,66 \cdot \frac{0,1 \cdot \left(1,1\right)^4}{\left(1,1\right)^4 - 1} = 18.980,82 \qquad (2.25)$$

Würde ein Student also zum Ende einer jeden Periode rund 18.980,- entnehmen, wäre das Endvermögen im Projekt B am Ende der vier Perioden vollständig aufgebraucht – vorausgesetzt, die bei der Rechnung gemachten Annahmen, insbesondere die zur Wiederanlage überschüssiger Rückflüsse zum Zinssatz von 10 %, erweisen sich als weitgehend realistisch. Werden solche Wiederanlageprämissen abgelehnt, sind sie durch andere Annahmen zu ersetzen und führen dann zu veränderten Wirtschaftlichkeitskennzahlen und ggf. zu neuen Handlungsempfehlungen.

2.5 Amortisationszeitpunkt (Payback Period)

2.5.1 Definition und Anwendung auf die Fallgestaltung

Der dynamische Amortisationszeitpunkt eines Projektes ermittelt jenen Zeitpunkt, zu dem die bis dahin erzielten Rückflüsse die in t = 0 anfallende Investitionsauszahlung einschließlich ihrer Verzinsung erstmals wieder erwirtschaften (daher auch Wiedergeldwerdungsdauer genannt). Anders gesagt: Die Amortisation eines Projektes ergibt sich, wenn der sukzessiv über die Nutzungsdauer kumulierte Present Value abzüglich Investitionsauszahlung erstmals den Wert Null einnimmt bzw. übersteigt. In dem Jahr, wo dies gilt, hat das Projekt erstmals den gleichen (vorläufigen) Endwert wie die Opportunität erreicht. Insofern kann man von der Bestimmung einer „vermögenskritischen Periode" sprechen.

Um den dynamischen Amortisationszeitpunkt zu bestimmen, empfiehlt sich eine tabellarische Rechnung, in der die in jeder Periode anfallenden diskontierten Rückflüsse mit der Investitionsauszahlung saldiert und am Ende der individuellen Nutzungsdauer letztlich zum Kapitalwert aufsummiert werden. Tab. 2.7 zeigt das Vorgehen anhand von Projekt B.

Entsprechend Tab. 2.7 wird erst im letzten Nutzungsjahr mit B eine Amortisation erreicht. Analoges gilt für Projekt A, wie Tab. 2.8 belegt.

Die genaue Bestimmung des dynamischen Amortisationszeitpunktes kann durch eine sog.

Tab. 2.7 Berechnung des Amortisationszeitpunktes für Projekt B

Zeitpunkt t	0	1	2	3	4
Investitionsauszahlung	−44.000	-	-	-	-
Laufender operativer Cashflow	-	10.000	18.000	20.000	26.000
Liquidationserlös	-	-	-	-	5000
Saldo originärer Zahlungen	**−44.000**	**10.000**	**18.000**	**20.000**	**31.000**
Present Value der originären Zahlungen	−44.000	+9090,91	14.876,03	15.026,30	21.173,42
Kumulierte Present Values per t	**−44.000**	**−34.909,09**	**−20.033,06**	**−5006,76**	**16.166,66**

Tab. 2.8 Berechnung des Amortisationszeitpunktes für Projekt A

Zeitpunkt t	0	1	2	3	4
Investitionsauszahlung	−38.000	-	-	-	-
Laufender operativer Cashflow	-	12.000	24.000	24.000	-
Liquidationserlös	-	-	-	5000	-
Saldo originärer Zahlungen	**−38.000**	**12.000**	**24.000**	**29.000**	**-**
Present Value der originären Zahlungen	−38.000	10.909,09	19.834,71	21.788,13	-
Kumulierte Present Values per t	**−38.000**	**−27.090,91**	**−7256,20**	**+14.531,93**	**-**

lineare Interpolation erfolgen, die in Abschn. 2.6.1 im Rahmen der Internen Zinssatz-Methode vorgestellt wird. Allerdings hat die exakte Berechnung aus Praxissicht zumeist eine geringe Bedeutung: Einem Investor dürfte es angesichts der Prognoseprobleme relativ gleichgültig sein, ob sich seine Investition rechnerisch nach 3,2 Jahren oder nach rund 4 Jahren amortisiert. Eine Interpolation ist daher verzichtbar.

Zusammenfassung

In Teilen von Fachliteratur und Firmenpraxis gilt im Kontext von Amortisationsüberlegungen eine Investition als absolut vorteilhaft, wenn die berechnete Amortisationszeit einen vorgegebenen Grenzwert nicht überschreitet. So gelten bspw. bei Kaffeeproduzenten im Rahmen der Eröffnung eigener Kaffeefilialen Vorgabezeiten von 2 Jahren. Im IT-Bereich liegen die Zeiten sogar teilweise darunter (bspw. für digitale Dokumentenarchivierung oder Einsatz von Softwarerobotern in der Buchhaltung). Relative Vorteilhaftigkeit liegt dann bei derjenigen zur Wahl stehenden Alternative vor, die die kürzeste Amortisationszeit aufweist.

2.5.2   Amortisationszeitpunkt als ergänzende „Risikokennzahl"

Da man mit der Amortisationszeit keine unmittelbare Aussage zur voraussichtlich finalen Wirtschaftlichkeit im Sinne eines Net Future bzw. Net Present Value tätigt, erhebt sich die Frage, ob es sich hier um eine die Entscheidung sinnvoll unterstützende Kennzahl handelt.

Nach Ansicht des Verfassers darf man diese Kennzahl lediglich als eine Art „Risikokennzahl" interpretieren: Eine relativ lange Amortisationsdauer sagt uns, wie verlässlich bzw. glaubwürdig unsere angenommene Zahlungsstromprognose sein muss, damit eine Amortisation gelingt. Da Menschen (und auch Algorithmen) de facto nur begrenzt zuverlässige Datenprognosen abgeben können, würde uns eine Amortisationszeit von bspw. 2 Jahren ein gutes Gefühl geben, ex-post auch tatsächlich einen positiven Kapitalwert zu realisieren. Wird die Amortisation erst nach bspw. 4 Jahren realisiert, müssen auch unsere Datenprognosen bis zu diesem Zeitpunkt eintreten. Als eher lang empfundene Amortisationszeiten sollten Menschen motivieren, nochmals die Gründlichkeit bzw. Stabilität ihrer Datenprognosen kritisch zu reflektieren. Wobei eine lange Amortisationszeit im Einzelfall nicht immer mit erhöhtem Risiko gleichgesetzt werden darf: So lassen sich manche Risiken vermeiden, abwälzen, versichern oder per Vorsorge reduzieren. So geht bspw. eine lange Amortisationszeit für ein Shoppingcenter in der Regel einher mit langfristig abgeschlossenen Mietverträgen und/oder Garantien durch die Baufirmen hinsichtlich Investitionsvolumen und Bauzeit. Dies alles reduziert Risiko und macht das Realisieren der geplanten Amortisation sehr wahrscheinlich.

Bedenkenswert ist zudem die Gefahr, die weitere Projektzukunft nach dem Amortisationszeitpunkt nicht mehr ausreichend zu betrachten. Denn wenn nach dem ersten Payback-Zeitpunkt negative Zahlungen anfallen, wird der kumulierte Present Value wieder kleiner und könnte sogar negativ werden (bspw. bei Projekten mit umfangreichen Entsorgungs- oder Rekultivierungsverpflichtungen). In einem solchen Fall könnten ggf. zwei Amortisationszeitpunkte vorliegen: Der erste sagt uns, dass wir in den „positiven Kapitalwertbereich" eintreten; der zweite würde für das „Wieder-Austreten" aus dem positiven Bereich stehen.

Zudem ist anzumerken, dass die Bestimmung eines Amortisationszeitpunktes für „reine Auszahlungsinvestitionen" nicht möglich ist. Besteht das Wahlproblem für ein frisch gegründetes Unternehmen bspw. im Kauf einer Büroimmobilie oder in der Anmietung von Büroraum, kann die Frage vielfach auf den Vergleich des Present Values aller Auszahlungen reduziert werden. Denn die in den Räumen generierten Produkterlöse bzw. Deckungsbeiträge dürften unabhängig obiger Handlungsalternativen anfallen. In einer solchen, allein auf die Auszahlungen fokussierten Wahlsituation, kann allenfalls der „zeitliche Break-Even" bestimmt werden, ab dem sich die Entscheidung für den Immobilienkauf über den weiteren Unternehmenslebenszyklus als die letztlich auszahlungsärmere Variante darstellt. Ähnliche „relative Amortisationsüberlegungen" finden sich in der Praxis auch bei der Auswahl zwischen Firmenfahrzeugen („Benziner oder Diesel?"), dem Einsatz von Energiesparmaßnahmen („Halogenstrahler oder Energiesparlampen?") und dergleichen mehr.

2.5.3 Berechnung eines modifizierten Amortisationszeitpunktes

Die obige Berechnung der Amortisationszeit erfolgte beim Projekt B unter der Annahme einer Investitionsnutzung bis $t = T = 4$. Ggf. ist es einem Investor aber möglich, sein Projekt in jedem Jahr zu beenden und an einen Nachfolgeunternehmer zu veräußern. Sollte diese Annahme zutreffend sein, wäre es sehr sinnvoll, nicht nur für den Endzeitpunkt der Nutzung ($t = T$) einen Liquidationserlös zu schätzen, sondern für jede Nutzungsperiode einen solchen „Ausstiegswert" anzusetzen. Denn durch den jederzeit möglichen Verkauf des Projektes leistet ein in der entsprechenden Verkaufsperiode entstehender Liquidationserlös auch einen Beitrag zur Amortisation der in $t = 0$ investierten Mittel.

Betrachten wir dazu nochmals die Daten zu Projekt B und ergänzen die Zeile Liquidationserlös um neue prognostizierte Daten für die Perioden $t = 0$ bis $t = 3$ (vgl. Tab. 2.9).

In Abhängigkeit der möglichen Nutzungsdauern werden die Zahlungsfolgen des Projektes ermittelt, um auf dieser Basis die neue Amortisationszeit zu bestimmen. Tab. 2.9 zeigt, dass unter den nun getroffenen Annahmen bereits nach zwei Jahren eine Amortisation möglich ist, wenn man die Handlungsoption „Verkauf des Projektes vor dem Ende des Planungshorizontes" mit in die Analyse einbezieht. Wem dies für die Fallgestaltung zu unrealistisch erscheint, sollte insbesondere an Investitionsobjekte denken, für die es Gebrauchtmärkte gibt. Bspw. kann ein Immobilieninvestor in jeder Periode entscheiden, ob er sich wieder von seinem Mietshaus trennt. Dafür benötigt er, neben seinem operativen Cashflow aus der Vermietung, lediglich eine Prognose über die künftigen Gebrauchtmarktpreise für Immobilien in der entsprechenden Mikrolage. Ein solcher Investor käme niemals auf die Idee, allein auf Basis der laufenden Rückflüsse eine Amortisation zu berechnen; er würde stets den erzielbaren Veräußerungserlös des Objektes mit in seine Rechnung inkludieren. Analog würde, um ein weiteres Beispiel zu nennen, ein Aktienbesitzer vorgehen.

Tab. 2.9 Modifizierte Amortisationszeitpunktberechnung für Projekt B für die ersten beiden Perioden

Zeitpunkt t	0	1	2	3	4
Investitionsauszahlung	−44.000	-	-	-	-
Laufender operativer Cashflow	-	10.000	18.000	20.000	26.000
Liquidationserlös	44.000	35.000	30.000	20.000	5000
Saldo originärer Zahlungen bei Nutzung bis t = 1	**−44.000**	**45.000**			
Present Value der originären Zahlungen	−44.000	40.909,09			
Kumulierter Present Value per t	**−44.000**	**−3090,91**			
Saldo originärer Zahlungen bei Nutzung bis t = 2	**−44.000**	**10.000**	**48.000**		
Present Value der originären Zahlungen	−44.000	9090,91	39.669,42		
Kumulierter Present Value per t	**−44.000**	**−34.909,09**	**4760,33**		

2.5.4 Ermittlung einer optimalen Nutzungsdauer

Der Kapitalwert im Falle einer zweijährigen Projektnutzung wäre laut Tab. 2.9 4.760,33. Dieser Wert liegt unter dem, den Eigentümer E nach vier Perioden bei B erzielen könnte (16.166,66). Daraus folgt, dass eine Nutzungsdauer von lediglich 2 Perioden nicht optimal sein kann. Eine weitere Ausdehnung der Nutzung ist ökonomisch sinnvoll, wie auch folgende Überlegung zeigt: Wenn E, ausgehend von t = 2, die Nutzung um eine weitere Periode nach t = 3 ausdehnt, gewinnt er in t = 3 die in Tab. 2.9 wiedergegebenen Rückflüsse von insgesamt 40.000,- hinzu. Allerdings verliert er dann den Liquidationserlös in t = 2 (30.000). Wird dieser ihm entgehende Erlös von t = 2 nach t = 3 aufgezinst, erhält man vergleichbare Werte bezogen auf das Nutzungsjahr t = 3: Einem zusätzlichen Cashflow im Falle der Nutzungsausdehnung (40.000,-) steht ein aufgezinster „Verlust" in Höhe von (30.000 × 1,1=) 33.000,- entgegen. Der Saldo, man spricht von einem zeitlichen Grenzgewinn, ist mit +7000,- positiv und damit ein deutliches Signal, die Nutzung nicht bereits in t = 2 zu beenden, sondern nach t = 3 auszudehnen. Dieser Grenzgewinn beschreibt die Erhöhung der Endwertdifferenz. Formal und mit den Beispieldaten gilt:

$$G_t = OCF_t + L_t - (1+k) \cdot L_{t-1} \text{ bzw. } G_3$$
$$= 20.000 + 20.000 - (1,1) \cdot 30.000 = +7000 \quad (2.26)$$

Um die Veränderung des Kapitalwertes zu bestimmen, wäre er um drei Perioden auf t = 0 abzuzinsen:

$$\Delta NPV_0^{Inv}(B)_{n=3} = 7000 \cdot (1,1)^{-3} = +5259,20$$
$$(2.27)$$

Wird das Ergebnis auf den bisherigen Kapitalwert per t = n = 2 addiert, erhält man den Kapitalwert im Falle einer Nutzung bis t = n =3 :

$$NPV_0^{Inv}(B)_{n=3}$$
$$= NPV_0^{Inv}(B)_{n=2} + \Delta NPV_0^{Inv}(B)_{n=3}$$
$$= 4760,33 + 5259,20 = 10.019,53 \quad (2.28)$$

Bestimmen wir analog (2.26) und (2.27) den Grenzgewinn bzw. die Kapitalwertänderung bei einer Nutzungsausdehnung von t = n = 3 nach t = n = 4, erhalten wir:

$$G_4 = 26.000 + 5000 - (1,1) \cdot 20.000 = +9000 \quad (2.29)$$

$$\Delta NPV_0^{Inv}(B)_{n=4} = 9000 \cdot (1,1)^{-4} = +6147,12 \quad (2.30)$$

Addieren wir den Kapitalwertbeitrag des vierten Nutzungsjahres (2.30) auf unser Ergebnis in (2.28), erzielen wir erneut (mit einer kleinen Rundungsdifferenz) den ursprünglichen Kapitalwert von B. Da dieser von allen anderen nutzungsdauerabhängigen Kapitalwerten am größten ist, erweist sich die Nutzung von 4 Perioden mit obigen Beispieldaten sogar als optimal.

$$NPV_0^{Inv}(B)_{n=4}$$
$$= NPV_0^{Inv}(B)_{n=3} + \Delta NPV_0^{Inv}(B)_{n=4}$$
$$= 10.019,53 + 6147,12 = 16.166,65 \quad (2.31)$$

Will man also Kapitalwerte von einem Investitionsprojekt bestimmen, kann man dies alternativ durch abgezinste Grenzgewinne tun und dabei auch Erkenntnisse zur optimalen Nutzungsdauer gewinnen:

$$NPV_0^{Inv}(n) = \sum_{t=1}^{n} G_t \cdot (1+k)^{-t} \quad (2.32)$$

Jeder Grenzgewinn kann dabei, in Analogie zur Kostenrechnung, als projektbezogenes Betriebsergebnis verstanden werden. Denn in einem Grenzgewinn sind, neben dem operativen Cashflow (in einer Ergebnisrechnung als EBITDA vorstellbar), auch die Wertveränderungen des Betriebsmittels (Abschreibungen) sowie die Zinsen auf das genutzte Betriebsmittel (kalkulatorische Zinsen) enthalten. Zwischen Investitions- und Kostenrechnung besteht also eine sehr enge Beziehung, die sich in der Praxis auch zur operativen Unternehmenssteuerung nutzen lässt.

2.6 Interner Zinssatz (Internal Rate of Return)

2.6.1 Definition und Anwendung auf die Fallgestaltung

Die Berechnung interner Zinssätze basiert auf der Kapitalwertmethode: Gesucht ist jener Zinssatz (k_{krit}), der, wird er als Kalkulationszinssatz k verwendet, zum Kapitalwert in Höhe von Null führt:

$$NPV_0^{Inv} = -I_0 + \sum_{t=1}^{T} CF_t \cdot (1+k_{krit})^{-t}$$
$$+L_T \cdot (1+k_{krit})^{-T} = 0 \quad (2.33)$$

Da ein Entscheider bei einem Kapitalwert von Null indifferent wird, kann man den internen Zinssatz auch als einen kritischen Zinssatz bezeichnen, bei dessen Überschreiten das Projekt ceteris paribus unvorteilhaft zu werden droht. In der Praxis wird auch von einer Effektivverzinsung oder von der Rendite einer Investition gesprochen.

Der berechnete interne Zinssatz ist mit dem gegebenen Kalkulationszinssatz k zu vergleichen: Liegt der interne Zinssatz k_{krit} über dem Kalkulationszinssatz k, gilt ein Projekt als absolut vorteilhaft. Stehen mehrere Projekte zur Auswahl, soll man idealerweise dasjenige Projekt auswählen, dessen interner Zinssatz am größten ist (relative Vorteilhaftigkeit), sofern zwischen allen Investitionsalternativen der Kapitaleinsatz in t = 0 sowie der Planungshorizont T identisch ist.

Zudem muss es sich bei den Projekten um sog. Normalinvestitionen handeln. Eine Normalinvestition erkennt man daran, dass das Vorzeichen in der Zahlungsfolge nur einmal (von minus zu plus) wechselt und die Summe aller Zahlungsfolgen über die Nutzungsdauer nicht negativ ist.

Die beiden Projektalternativen A und B stellen Normalinvestitionen dar, wie Tab. 2.10 nochmals veranschaulicht: Das Vorzeichen in der Zeile der originären Zahlungen wechselt nur einmal und insgesamt erzielen beide Projekte über ihren einmaligen Lebenszyklus positive Zahlungsüberschüsse für Eigentümer E.

Tab. 2.10 Projekt A und B stellen sog. Normalinvestitionen dar

Zeitpunkt t	0	1	2	3	4
Projekt A					
Investitionsauszahlung	−38.000	-	-	-	-
Laufender operativer Cashflow	-	12.000	24.000	24.000	-
Liquidationserlös	-	-	-	5000	-
Saldo originärer Zahlungen	**−38.000**	**12.000**	**24.000**	**29.000**	**-**
Saldo originärer Zahlungen, kumuliert	**−38.000**	**−26.000**	**−2000**	**+27.000**	**-**
Projekt B					
Investitionsauszahlung	−44.000	-	-	-	-
Laufender operativer Cashflow	-	10.000	18.000	20.000	26.000
Liquidationserlös	-	-	-	-	5000
Saldo originärer Zahlungen	**−44.000**	**10.000**	**18.000**	**20.000**	**31.000**
Saldo originärer Zahlungen, kumuliert	**−44.000**	**−34.000**	**−16.000**	**+4000**	**+35.000**

Bei der Bestimmung der internen Zinssätze ist zu bedenken, dass es in (2.33) ebenso viele Zinsfaktoren $(1+k_{krit})$ gibt, wie das Investitionsprojekt an Nutzungsperioden aufweist. So existieren bei einem zweijährigen Investitionsprojekt für den Zinsfaktor höchstens zwei rechnerische Lösungen, die sich über quadratisches Ergänzen eindeutig bestimmen lassen. Bei Projekten mit mehr als zwei Perioden fällt die Bestimmung eines laufzeitkonstanten Zinssatzes schwerer. Daher ist eine sog. lineare Interpolation (auch: regula falsi) durchzuführen, die heutzutage als sog. Zielwertsuche fester Bestandteil von Tabellenkalkulationsprogrammen ist. Es ist zu beachten, dass der Kapitalwert aus Investorensicht steigt (fällt), wenn der Kalkulationszinssatz k reduziert (erhöht) wird. Nun lässt sich eine lineare Annäherung an den gesuchten kritischen Zinssatz erzielen, indem einmal ein Probierzinssatz (k1) verwendet wird, der einen positiven Kapitalwert (NPV1) ergibt. Mit einem zweiten (höheren) Probierzinssatz (k2) wird ein negativer Kapitalwert (NPV2) erzeugt. Abb. 2.2 verdeutlicht das Vorgehen.

Bei der linearen Interpolation nutzt man die geometrische Erkenntnis, dass sich die Verhältnisse der Ankatheten rechtwinkliger Dreiecke entsprechen (vgl. das große dunkelgraue Dreieck sowie das kleine helle Dreieck in Abb. 2.2). In Gl. (2.34), der sog. Interpolationsformel, werden die Verhältnisse ihrer beiden Ankatheten gleichgesetzt und nach der gesuchten Größe k_{krit} aufgelöst.

$$\frac{NPV_1 - NPV_2}{k_2 - k_1} = \frac{NPV_1 - 0}{k_{krit} - k_1} \text{ bzw. } k_{krit}$$
$$= k_1 + \frac{NPV_1 \cdot (k_2 - k_1)}{NPV_1 - NPV_2}$$
$$\text{mit } k_2 > k_1 \text{ und } NPV_1 > 0 \text{ und } NPV_2 < 0 \qquad (2.34)$$

Als ersten Probierzins k1 kann man den ursprünglichen Kalkulationszinssatz k = 10 % verwenden, da dieser ja bereits zu einem positiven Kapitalwert bei beiden Projekten führt. Als zweiten Probierzinssatz k2 werden 30 % angenommen. Diskontiert man die originären Zahlungen der Tab. 2.10 mit diesem Zinssatz, entsteht für beide Projekte ein negativer Kapitalwert. Tab. 2.11 fasst die Ergebnisse für beide Projekte zusammen, wobei auch das sehr exakte Ergebnis dank einer Tabellenkalkulation mit aufgeführt ist.

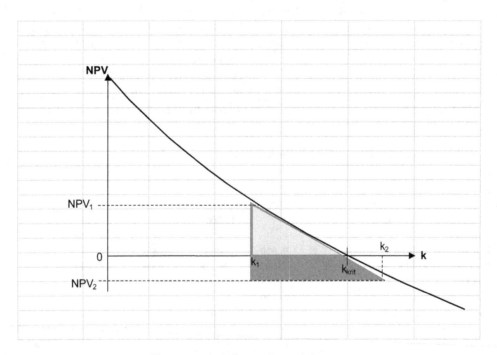

Abb. 2.2 Bestimmung des Internen Zinssatzes mittels linearer Interpolation

Tab. 2.11 Bestimmung der internen Zinssätze für die Projekte A und B

Zetipunkte t	0	1	2	3	4
Originare Zahlungsfolgen von A	**−38.000**	**12.000**	24.000	29.000	0
NPV1 bei k = 10 %	14.531,93				
NPV2 bei k = 30 %	−1368,23				
Interner Zinssatz mit Interpolationsformel	28,28 %				
Interner Zinssatz mit Tabellenkalkulation	27,76 %				
Originare Zahlungsfolgen von B	**−44.000**	**10.000**	**18.000**	**20.000**	**31.000**
NPV1 bei k = 10 %	16.166,66				
NPV2 bei k = 30 %	−5699,52				
Interner Zinssatz mit Interpolationsformel	24,79 %				
Interner Zinssatz mit Tabellenkalkulation	23,33 %				

Anhand Projekt A wird die Anwendung der Interpolationsformel gezeigt:

$$k_{krit}(A) = k_1 + \frac{NPV_1 \cdot (k_2 - k_1)}{NPV_1 - NPV_2}$$
$$= 0,1 + \frac{14.531,93 \cdot (0,3 - 0,1)}{14.531,93 - (-1.368,23)} \quad (2.35)$$
$$= 0,2828 \approx 28,28\,\%$$

Rechnen wir mit einer Tabellenkalkulation sehr genau, erhalten wir für A 27,76 % p. a. Die Ursache für diese Abweichung liegt in der Entfernung der in (2.35) verwendeten Probierzinssätze vom gesuchten internen Zinssatz. Praktisch relevant sind derartige Differenzen zumeist nicht; allenfalls in Zusammenhang mit Finanzprodukten (bspw. Effektivzinssatzermittlung von Kreditangeboten) strebt die Praxis nach höherer Kalkulationsgenauigkeit.

Um die Interpretation eines internen Zinssatzes zu verdeutlichen, wird angenommen, dass Eigentümer E aus seinen Projekten in jeder Periode Entnahmen in seinen Privatbereich wünscht und am Ende der Projektnutzungsdauer sein in t = 0 investiertes Geld genau zurückgewinnt. Von diesen Annahmen ausgehend, wird mit dem internen Zinssatz eine fiktive Verzinsung seiner investierten und noch nicht wieder an ihn zurückgezahlten Geldmittel unterstellt, wie Tab. 2.12 verdeutlicht und hier anhand von Projekt A erläutert wird: Demnach wird jeder Projektrückfluss (bspw. 12.000,- in t = 1) gedanklich in einen Zins- sowie in einen Tilgungsanteil zerlegt. Der Zinsanteil für t = 1 ergibt sich, indem die in t = 0 zu leistende Investitionsauszahlung (38.000,-) mit dem (exakten) inter-

nen Zinssatz von A (27,76 %) multipliziert wird. Man erhält 10.550,30. Dieser Zinsanteil wird vom ersten Projektrückfluss subtrahiert und es ergibt sich so der in t = 1 noch mögliche Tilgungsanteil von knapp 1449,70. Das vom Investor noch im Projekt gebundene Geld beträgt in t = 1 dann nur noch rd. 36.550,30. Auf dieser Basis werden für t = 2 und t = 3 die weiteren Zins- und Tilgungsanteile für Projekt A bestimmt. Analog ist für B zu rechnen, wobei bei B in t = 1 der Tilgungsanteil aufgrund des hohen Zinsanteils (jetzt mit 23,33 % berechnet) negativ ausfällt, was eigentlich eine zusätzliche Einlage des Eigentümers erfordern würde – die er aber de facto niemals unternimmt. Tab. 2.12 belegt, dass die Tilgungs- bzw. Rückzahlungen an E „Restzahlungen" der erwarteten Investitionsrückflüsse darstellen, nachdem E hohe Zinsen aus einem Projekt gezahlt wurden.

Zur Beurteilung der absoluten Vorteilhaftigkeit sind die ermittelten internen Zinssätze mit dem Kalkulationszinssatz k, der ja die alternative Geldanlage am Kapitalmarkt (Opportunität) repräsentiert, zu vergleichen. Beide Projekte übertreffen mit ihren recht hohen internen Zinssätzen die mögliche Verzinsung von 10 % am Kapitalmarkt und gelten daher zurecht als absolut vorteilhaft.

Mit Blick auf die relative Vorteilhaftigkeit entsteht allerdings nun im Vergleich zur Kapitalwertmethode ein Widerspruch: Die Interne Zinssatz-Methode besagt, dass Projekt A dem Projekt B vorgezogen werden sollte, da die realisierbare Verzinsung (27,76 %) höher ausfällt als bei Projekt B (23,33 %). Bei der Kapitalwertmethode (und den anderen bislang erörterten Kennzahlen) fällt die Empfehlung im Rahmen einer einmali-

Tab. 2.12 Interner Zinssatz als Effektivverzinsung des in jeder Periode noch nicht an den Investor zurückgezahlten Investitionsbetrages

Zeitpunktet	0	1	2	3	4
Project A					
noch nicht zuruckgezahlter Investitionsbetrag	38.000,00	36.555	22.698,11	0,00	0,00
Zinsanteil		10.550,30	10.147,81	6301,89	0,00
Tilgungsanteil		1449,70	13.852,19	22.698,11	0,00
Zahlungen ab t = 1 aus Project A		12.000,00	24.000,00	29.000,00	0,00
Interner Zinssatz laut Tabellenkalkulation	27,76 %				
Projekt B					
noch nicht zuruckgezahlter Investitionsbetrag	44.000,00	44.266,82	36.595,90	25.135,06	0,00
Zinsanteil		10.266,82	10.392,08	8539,17	5864,94
Tilgungsanteil		−266,82	7670,92	11.460,83	25.135,06
Zahlungen ab t = 1 aus Project A		10.000,00	18.000,00	20.000,00	31.000,00
Interner Zinssatz laut Tabellenkalkulation	23,33 %				

gen Investitionshandlung genau umgekehrt aus: B verspricht den höchsten Vermögenszuwachs sowohl gegenüber alternativer Geldanlage als auch gegenüber einer Investition in A. Diese sich widersprechende Handlungsempfehlung ist allein darauf zurückzuführen, dass das Investitionsvolumen in t = 0 als auch die Nutzungsdauer bei dem Projekt A noch nicht auf das Niveau von Projekt B angepasst wurde. Dies ist ein öfters in der Praxis anzutreffendes Problem: Man glaubt, dass sich, wie zuvor bei der Kapitalwertmethode erläutert, die Ergänzungsinvestitionen nicht auf die Kennzahl „interner Zinssatz" bzw. auf die Handlungsempfehlung auswirken. Dies ist aber nicht der Fall, wie im Folgeabschnitt erörtert wird.

Zusammenfassung

Die Anwendung der Internen Zinssatz-Methode ist nur für die Analyse von sog. Normalinvestitionen zu empfehlen. Danach gilt ein Investitionsprojekt als absolut vorteilhaft, falls sein interner Zinssatz k_{krit} über dem gegebenen Kalkulationszinssatz k liegt. Stehen mehrere Projekte zur Auswahl, soll man idealerweise dasjenige Projekt auswählen, dessen interner Zinssatz am größten ist (relative Vorteilhaftigkeit), sofern zwischen allen Investitionsalternativen der Kapitaleinsatz in t = 0 sowie der Planungshorizont T identisch ist. Ansonsten sind geeignete Reinvestitionsmaßnahmen zu treffen.

2.6.2 Die Bedeutung von Reinvestitionsannahmen

Investoren tätigen Investitionen, um durch diese in den Genuss zusätzlicher Entnahmen bzw. Gewinnausschüttungen zu gelangen oder um eine absolute Vermögensmehrung zu erzielen. Für diese Investorenziele sind die Kennzahlen „Annuität", „Endwertdifferenz" und „Kapitalwert" entwickelt worden. Was besagt aber eine Prozentzahl wie der Interne Zinssatz? Sie ist letztlich – vereinfacht gesagt – das Verhältnis aus Rückflüssen und Investitionsauszahlung. Über die absolute Höhe der Vermögensmehrung oder Entnahmemöglichkeit macht eine Prozentzahl gar keine unmittelbare Aussage. Man stelle sich bspw. vor, dass man auf der Straße einen Euro findet und ihn aufhebt. Niemand in unserem Kulturkreis wird behaupten, nun reich zu sein. Da man aber nichts investieren musste, ist die erzielte Verzinsung in Prozent dennoch unendlich hoch. Deshalb darf es auch nicht verwundern, wenn betragsschwächere gegenüber betragsintensiveren Projekten bei gleicher oder gar kürzerer Laufzeit eine höhere Rendite erzielen.

Die interne Verzinsung beider Projekte wurde jeweils durch Nullsetzen des Kapitalwertes und Auflösen nach dem als unbekannt angenommenen Kalkulationszinssatz bestimmt. Damit aber tut man so, als wenn auf dem Kapitalmarkt ein Zinssatz für jederzeitige Geldanlage bzw. – aufnahme in Höhe des internen Zinssatzes möglich wäre. Da der interne Zinssatz für zwei Projekte ermittelt wurde, unterstellt man damit auch zwei verschiedene Konditionen für aktuelle und zukünftige Geldanlage bzw. – aufnahme. Dies ist aber eine logisch nicht haltbare Annahme: In jeder Periode kann es unter der Annahme eines vollkommenen Kapitalmarktes nur genau ein Zinsniveau geben, repräsentiert durch den Kalkulationszinssatz k von 10 % p. a., und nicht „x-beliebig viele" Zinsniveaus. Anders gesagt: Wer heute (t = 0) für eine bestimmte Anzahl an Investitionsprojekten interne Zinssätze bestimmt, unterstellt ebenso viele Zinssatzniveaus zum gleichen Zeitpunkt am Kapitalmarkt. Dies passt nicht zu der Kapitalmarktannahme, auf der die Kapitalwertmethode basiert. Die Kapitalmarktannahme der Internen Zinssatz-Methode ist daher als „realitätsferner" einzustufen. Dies zeigt sich insbesondere dann, wenn Investoren keine jährlichen Zahlungen aus den Projekten wünschen, sondern diese zunächst thesauriert werden sollen. Zur Verdeutlichung der Folgen sei Projekt B betrachtet: Wenn ein Investor auf die interne Zinssatzmethodik vertraut, wird er nach vier Jahren einen Endwert (Future Value) der Investition in Höhe von

$$FV_{T=4}^{Inv}(B) = 44.000 \cdot 1,2333^4 = 101.807,42 \quad (2.36)$$

erwarten. In Abschn. 2.2 wurde auf der Grundlage einer intertemporären Reinvestition zu 10 % nur ein Endwert per t = 4 für Projekt B in Höhe von 88.090,- ermittelt. Werden finanzielle Rückflüsse thesauriert, sind Annahmen zur Wiederanlage dieser Rückflüsse unvermeidbar. Eine Wiederanlage zum internen Zinssatz wird oftmals zur Enttäuschung von Investoren führen, wenn diese im internen Zinssatz eine periodendurchschnittliche Wachstumsrate ihrer in t = 0 investierten Mittel sehen. Und diese Vorstellung ist in der Praxis nicht wenig verbreitet. Auch im Bereich institutioneller Geldanlage, bspw. bei thesaurierenden Immobilien- oder Aktienfonds, wird dies so gesehen.

Wenn wir, wie in der Fallgestaltung, Sachinvestitionen vergleichen, kann man Unterschiede im Kapitaleinsatz nicht vermeiden. Wären die Projekte A und B Wertpapierinvestitionen, würde sich die Frage abweichender Investitions-

beträge nicht stellen: Wer 44 Aktien für jeweils 1000,- EUR/Aktie (Projekt B) an der Börse erwirbt, braucht nicht bei 38 Aktien (Projekt A) in t = 0 stehen zu bleiben. Bei Sachinvestitionen kann man aber nicht noch weitere „Teil-Sachen" erwerben; anders gesagt: es besteht keine beliebige Teilbarkeit. Daher sind Annahmen, wie man noch vorhandene restliche Gelder bei der betragskleineren Projektvariante reinvestiert, unvermeidbar. Und welche Reinvestitionsannahme ist realistischer: Wiederanlage zum Kalkulationszinssatz k, hinter dem eine beobachtbare Verzinsung einer jederzeit verfügbaren alternativen Geldanlage steht, oder eine Wiederanlage zum internen Zinssatz eines Projektes, das sich nicht beliebig wiederholen lässt?

2.6.3 Die Bedeutung von Normalinvestitionen

In der Fallgestaltung stellen die zur Wahl stehenden Projekte Normalinvestitionen dar. Wenn dies nicht der Fall wäre, darf die Interne Zinssatz-Methodik keinesfalls zum Einsatz kommen, wie eine Abwandlung der Prognosedaten beim Projekt A zeigt (Tab. 2.13), das allein aus didaktischen Gründen auf zwei Perioden verkürzt wurde. Wird der Kapitalwert mit den neuen Daten gleich Null gesetzt und sodann der interne Zinssatz bestimmt, erhält man nach quadratischer Ergänzung (oder Anwenden der p/q-Formel aus der Schulzeit) zwei positive Lösungen, die auch beim Einsatz einer Tabellenkalkulation bestätigt werden:

$$k_{krit}(1) = +100\% \text{ oder } k_{krit}(2) = +200\% \quad (2.37)$$

Das rechnerisch korrekte Ergebnis laut (2.37) ist in zweierlei Hinsicht absurd: Erstens existieren zwei Lösungen, was in der Praxis zur Verwirrung führen dürfte („Lieber Investor! Unser Projekt verzinst sich sowohl zu fantastischen +100 % pro Periode als auch, wenn Ihnen das lieber ist, zu +200 % pro Periode!"). Ganz und gar absurd aber ist, dass positive Renditen ausgewiesen werden. Denn mit dieser Variante von Projekt A verdient ein Investor gar nichts, da die Summe aller Zahlungen mit −76.000,- eindeu-

Tab. 2.13 Variante zu Projekt A (keine Normalinvestition)

Zeitpunkte t	0	1	2
Originäre Zahlungsfolgen von A	−38.000	190.000	−228.000
Zinsen auf das investierte Kapital (100 %)		38.000	
Rückzahlung des investierten Kapitals		38.000	
Investiertes Kapital (Sicht Eigentumer E)	38.000	0	0
Restbetrag für Geldanlage	0	114.000	0
Investition in eine Geldanlage (100 %)	0	−114.000	0
Rückzahlung Geldanlage inkl. 100 % Verzinsung			228.000
Endvermögen bzw. Endwertentwicklung	38.000	114.000	0

tig negativ ist. Eigentümer E würde nicht nur sein in t = 0 investiertes Geld verlieren, sondern noch zusätzlich ein Defizit von 76.000,- erwirtschaften. Eine Kapitalwertberechnung hätte die fehlende absolute Vorteilhaftigkeit sofort angezeigt. Nicht aber die Interne Zinssatz-Methode. Denn wie Tab. 2.13 (für die 100 %-Lösung) verdeutlicht, arbeitet diese ab t = 1 mit einer sehr surrealen Reinvestitionsannahme hinsichtlich der nicht mehr zur Rückzahlung des Investitionsbetrages benötigten Projektrückflüsse: In t = 1 ist das investierte Kapital bereits vollständig einschließlich berechneter Verzinsung an E zurückgezahlt. Entsprechend unterstellt die Methode eine Wiederanlage der verbleibenden 114.000,- zum internen Zinssatz von 100 % nach t = 2 und erzeugt damit eine neue Einzahlung (228.000,-), mit der sich der Auszahlungsüberschuss in t = 2 ausgleichen lässt. Diese Wiederanlageprämisse ist völlig unrealistisch. Würde man lediglich nach dem internen Zins entscheiden, käme es zur „vorgetäuschten absoluten Vorteilhaftigkeit" mit der Folge einer echten „Investitionsruine". Daher ist es praktisch wichtig im Vorfeld zu prüfen, ob die Voraussetzungen einer Normalinvestition vorliegen: einmaliger Vorzeichenwechsel und insgesamt nichtnegative Zahlungsfolgen. In der Praxis scheiden dann aber eine Reihe von Investitionshandlungen aus, die mit dieser Methodik beurteilt werden sollten, insbesondere Projekte mit Rekultivierungs- bzw. Entsorgungsverpflichtungen sowie Projekte, bei denen durch Konjunkturschwankungen oder Saisonalitäten mit wechselnd positiven und negativen Zahlungsfolgen im Zeitablauf gerechnet werden muss.

2.6.4 Berechnung eines modifizierten Internen Zinssatzes

Wenn man eine Effektivverzinsung zur Begründung einer Auswahlentscheidung heranziehen möchte (obwohl wir sie nicht wirklich brauchen), sollte man von gleichen Reinvestitionsannahmen zum Kalkulationszinssatz k (hier: 10 % p. a.), auf denen das Vorgehen im Rahmen des Endwertvergleichs in 2.2.1 bzw. der Kapitalwertmethode in 2.3.1 beruht, ausgehen. Die über den Planungshorizont T vergleichbaren Endwerte aus Sicht von Eigentümer E (also bei gleichem Planungshorizont und gleichem Kapitaleinsatz in t = 0) betragen:

$$FV_T(A) = 85.696,60 \qquad (2.38)$$

$$FV_T(B) = 88.090,00 \qquad (2.39)$$

Nun wird nach der periodendurchschnittlichen Verzinsung des eigenen Mitteleinsatzes von E (44.000,-) über den Planungszeitraum von 4 Perioden (T = 4) mittels folgender Formel gefragt, die man auch „Baldwin-Methode" nennt:[1]

$$I_0 \cdot (1+r)^T = FV_T^{Inv} \qquad (2.40)$$

In (2.40) stellt r die gesuchte durchschnittliche Wachstumsrate der in t = 0 zu leistenden Investitionsauszahlung I_0 dar, die uns zum Endwert eines Investitionsprojektes am Ende des Planungshorizontes T führt. Radizieren und Umstellen nach dieser Wachstumsrate führt zu:

---

[1]Vgl. Lücke, W. (Investitionslexikon 1991), S. 20–21.

$$r = \sqrt[T]{\frac{FV_T^{Inv}}{I_0}} - 1 = \left[\frac{FV_T^{Inv}}{I_0}\right]^{\frac{1}{T}} - 1 \quad (2.41)$$

Wenden wir (2.41) auf die beiden Projekte A und B an:

$$r(A) = \left[\frac{85.696,60}{44.000}\right]^{\frac{1}{4}} - 1 = 0,1813 \approx 18,13\,\% \quad (2.42)$$

$$r(B) = \left[\frac{88.090,00}{44.000}\right]^{\frac{1}{4}} - 1 = 0,1895 \approx 18,95\,\% \quad (2.43)$$

Wir sehen, dass die Rendite pro Periode bei Projekt B (18,95 %) über der von Projekt A (18,13 %) liegt. Damit haben wir nun auch für den relativen Vorteilhaftigkeitsvergleich eine sinngleiche Aussage zur Kapitalwertmethode. Beide Projekte sind zudem absolut vorteilhaft, da sie eine höhere Rendite als die Opportunität (Geldanlage zum Kalkulationszinssatz von 10 % p. a.) aufweisen. Aber wirklich brauchen tut man diese Prozentzahlen zum Erkennen der vorteilhaftesten Alternative bei Sachinvestitionen nicht.

2.7 Wiederholungsfragen

1. Welche Komponenten sind bei der Aufstellung von Zahlungsfolgen als Vorbereitung einer dynamischen Investitionsrechnung typischerweise zu prognostizieren? Lösung Abschn. 2.1.
2. Was versteht man unter absoluter sowie unter relativer Vorteilhaftigkeit? Lösung Abschn. 2.2.
3. Was ist der zentrale Unterschied zwischen einem Future Value und einem Present Value? Lösung Abschn. 2.2 und 2.3.
4. Wie kann die Kennzahl „Kapitalwert" bzw. „Net Present Value" interpretiert werden? Lösung Abschn. 2.3.
5. Welchen Vorteil bietet die Annuitätenmethode bei wiederholter Investitionstätigkeit gegenüber einer Kapitalwertberechnung? Lösung Abschn. 2.4.
6. Warum sollte man allein auf der Basis eines Amortisationszeitpunktes keine Investitionsentscheidung treffen? Lösung Abschn. 2.5.

7. Was versteht man unter einem modifizierten Amortisationszeitpunkt? Lösung Abschn. 2.5.
8. Auf welcher Reinvestitionsannahme beruht der interne Zinssatz im Vergleich zum Kapitalwert? Lösung Abschn. 2.6.
9. Welches Problem kann sich bei der Analyse von Sachinvestitionen mittels Interner Zinssatz Methode im Rahmen des relativen Vorteilhaftigkeitsvergleichs ergeben? Lösung Abschn. 2.6.
10. Bei welchen Investitionen kann die Berechnung Interner Zinssätze zu fehlerhaften Aussagen hinsichtlich der absoluten Vorteilhaftigkeit führen? Lösung Abschn. 2.6.

2.8 Aufgaben

Aufgabe 1

Sie planen den Besuch eines Masterstudiums. Aktuell (t = 0) verdienen Sie 50.000,- GE. In Ihrem Unternehmen wird stets ein jährlicher Inflationsausgleich in Höhe von 3 % p. a. gewährt („automatische Gehaltserhöhung auf Basis Vorperiode"). Wenn Sie das Masterstudium nicht machen, werden Sie in t = 4 befördert und erhalten zusätzlich zum Inflationsausgleich 5000,- GE mehr Gehalt. Sollten Sie aber in t = 0 mit dem Masterstudium starten, werden Sie in t = 3 befördert und erhalten zusätzlich zum Inflationsausgleich 20.000,- GE mehr Gehalt. Das Masterstudium dauert 2 Perioden (t = 2), die Graduate School verlangt in t = 0 und t = 1 jeweils 4000,- GE als Studiengebühren. Während des Studiums würde Ihr Einkommen im Unternehmen um 20 % (gegenüber Nicht-Investition!) sinken, da Sie durch das Masterstudium zeitlich stark beansprucht werden. Es gilt die Annahme eines vollkommenen Kapitalmarktes mit einem Kalkulationszinssatz von 5 % p. a. und ein Planungshorizont (t = T) von 6 Perioden.

Bestimmen Sie die relevanten Zahlungsfolgen Ihrer Bildungsinvestition über den Planungshorizont, den dazugehörenden Kapitalwert, den dynamischen Amortisationszeitpunkt sowie den Internen Zinssatz (mit den Probierzinssätzen 5 % und 40 %) für Ihr Masterstudium.

Aufgabe 2

Freiberufler F ist Künstler und steht vor der Wahl, für seine Werkstatt und Bilderausstellung diverse Räume eines alten Industriemuseums anzumieten und herzurichten. Die Gemeinde bietet F eine Nutzungskonzession im Dachgeschoss über 3 Perioden (Projekt A) oder alternativ über 4 Perioden im Kellergeschoss (Projekt B) an. Eine Konzessionsverlängerung ist ausgeschlossen (Fall der einmaligen Investition). Die relevanten, von F geschätzten Prognosedaten zeigt Tab. 2.14. Dabei umfasst die Investitionsauszahlung in t = 0 die Anschaffung einer neuen Raumausstattung, die F aus eigenen Ersparnissen finanziert. Die laufenden Rückflüsse stellen den Saldo aller operativ bedingten Einzahlungen (Verkaufserlöse der Bilder, Einnahmen aus Kunstseminaren) und Auszahlungen (Konzessionszahlungen an die Gemeinde, Ausgaben für Roh-, Hilfs- und Betriebsstoffe) dar. Der Liquidationserlös am Ende der jeweiligen Konzessionsdauer erfasst die von F geschätzten Einzahlungen, falls er nach 3 bzw. 4 Perioden seine Raumausstattung auf den relevanten Gebrauchtmärkten veräußert. Entnahmen hat F keine geplant.

Beurteilen Sie die absolute und relative Vorteilhaftigkeit der Projekte indem Sie die Endwertdifferenz, den Kapitalwert sowie die Annuität bestimmen und dabei einen Kalkulationszinssatz von 10 % p. a. verwenden.

Aufgabe 3

Student S überlegt, ob er seine Erbschaft in Höhe von 100.000,- GE in ein von ihm zu gründendes Taxiunternehmen investieren oder alternativ über 4 Jahre am Kapitalmarkt zu 10 % p. a. anlegen sollte. S hat die in Tab. 2.15 erwarteten operativen Zahlungsfolgen geschätzt.

Bestimmen Sie den Kapitalwert, falls S über 4 Perioden sein Unternehmen betreibt.

Ermitteln Sie die optimale Nutzungsdauer der Taxiinvestition auf Basis von Kapitalwerten sowie auf Basis zeitlicher Grenzgewinne.

Beraten Sie S hinsichtlich seiner Zielsetzung, nach Ablauf von 4 Perioden mit seiner Erbschaft möglichst reich zu werden.

2.9   Lösungen

Aufgabe 1

Tab. 2.16 zeigt in Zeile 3 die für die Bildungsinvestition „Masterstudium" bewertungsrelevanten Cashflows. Hierfür ist zunächst das Gesamteinkommen einer Periode zu bestimmen, das sich im Falle eines Investitionsverzichts ergeben würde (Zeile 2): Ausgehend von einem Jahresgehalt in t = 0 von 50.000,- GE steigt dieses zunächst bis t = 3 um je 3 % gegenüber Vorperiode. Für t = 4 ist zu beachten, dass es zu einer zusätzlichen Gehaltssteigerung um 5000,- GE kommt. Danach erfolgt wieder eine jährliche Steigerung um 3 %.

Tab. 2.14 Prognosedaten von Projekt A und B

Zeitpunkte t	0	1	2	3	4
Projekt A					
Investitionsauszahlung	−1000				
Laufende Rückflüsse	-	400	400	400	-
Liquidationserlös	-	-	-	200	-
Projekt B					
Investitionsauszahlung	−1200				
Laufende Rückflüsse	-	500	500	300	200
Liquidationserlös	-	-	-	-	200

Tab. 2.15 Daten für das Taxiunternehmen

Zeitpunkte t	0	1	2	3	4
Investitionsauszahlung	−100.000				
Laufende Rückflüsse	-	25.000	40.000	40.000	20.000
Liquidationserlös	100.000	75.000	60.000	20.000	0

Tab. 2.16 Bewertungsrelevante Cashflows der Bildungsinvestition, Amortisationszeitpunkt und Kapitalwert

Nr.	Zeitpunkt t	0	1	2	3	4	5	6
1	Cashflow mit der Investition	46.000,00	37.200,00	42.436,00	74.636,35	76.875,44	79.181,70	81.557,15
2	-Cashflow ohne die Investition	50.000,00	51.500,00	53.045,00	54.636,35	61.127,44	63.113,70	65.007,11
3	**= Cashflow dank der Investition**	**−4000,00**	**−14.300,00**	**−10.609,00**	**20.000,00**	**15.6000,00**	**16.068,00**	**16.550,04**
4	Cashflow diskontiert (i = 5 %)	−4000,00	−13619,0476	−9622,67574	17276,752	12834,1586	12589,6984	12349,8947
5	kumulier per t	−4000,00	−17.619,05	−27.241,72	−9964,97	**2869,19**	15.458,89	**27.808,78**

Anschließend ist das Gesamteinkommen zu berechnen, das die monetären Folgen der Bildungsinvestition enthält (Zeile 1): Am Ende des aktuellen Jahres (t = 0) überweisen Sie der Graduate School die erste Studiengebühr (4000,-), so dass Ihr Gesamteinkommen nur 46.000,- beträgt. Da Sie im ersten Prognosejahr nur 80 % Ihres Gehaltes (inklusive 3 % Steigerung) bekommen und zudem in t = 1 erneut 4000,- Gebühren entrichten, schrumpft Ihr Einkommen auf 37.200,-. In t = 2 erhalten Sie 80 % Ihres üblichen Gehaltes. In t = 3 arbeiten Sie wieder Vollzeit und bekommen zudem Ihre Gehaltserhöhung von 20.000,-. Danach erhöht sich Ihr Einkommen wieder jährlich um 3 %.

Werden die bewertungsrelevanten Cashflows der Zeile 3 mit 5 % auf t = 0 diskontiert (Zeile 4) und sukzessiv von Periode zu Periode aufsummiert (Zeile 5), erhält man jene Folge an Present Values, aus denen sich sowohl der Amortisationszeitpunkt als auch der Kapitalwert am Ende des Planungshorizontes ablesen lässt: Die kumulierte Barwertfolge wird erstmals in t = 4 positiv, weshalb der Amortisationszeitpunkt im vierten Nutzungsjahr liegt. Die Bildungsinvestition erweist sich als absolut vorteilhaft, wie am Ende des Planungshorizontes von 6 Perioden auch der Kapitalwert von rund 27.809,- zeigt.

Um den Internen Zinssatz zu ermitteln, wird auf die lineare Interpolation mit zwei Probierzinssätzen zurückgegriffen. Bei einem Kalkulationszinssatz von 5 % beträgt der Kapitalwert 27.809,-. Wird der Cashflow in Zeile 3 der Tab. 2.16 mit 40 % diskontiert, erhält man einen nega-tiven Kapitalwert von rd. −3092,-. Einsetzen in die lineare Interpolationsformel aus Abschn. 2.6.1 ergibt:

$$k_{krit}(A) = k_1 + \frac{NPV_1 \cdot (k_2 - k_1)}{NPV_1 - NPV_2}$$
$$= 0,05 + \frac{27.809 \cdot (0,4 - 0,05)}{27.809 - (-3.092)}$$
$$= 0,3649 \approx 36,49 \% \tag{2.44}$$

Aufgabe 2

In Tab. 2.17 sind die Endwertberechnungen von Projekt A und B sowie von der alternativen Geldanlage (Opportunität) dargestellt. Die Endwertdifferenz von A bzw. B erhält man, indem man den Endwert der Opportunität (rd. 1757,-) von den jeweiligen Projekt-Endwerten subtrahiert. Für Projekt A ergibt sich +212,30. Für B erhält man +243,58. Beide Projekte sind demnach absolut vorteilhaft. Aufgrund der höheren Endwertdifferenz gegenüber A sollte B realisiert werden (relative Vorteilhaftigkeit).

Für die Berechnung der Kapitalwerte (Net Present Values) werden die Endwertdifferenzen von t = 4 auf t = 0 mit dem Kalkulationszinssatz (10 %) diskontiert. Für Projekt A ergibt sich ein Kapitalwert von +145,-:

$$NPV_0^{Inv}(A) = +212,30 \cdot 1,1^{-4} = +145 \tag{2.45}$$

Für Projekt B beträgt der Kapitalwert rund +166,-. Alternativ hätte man beide Kapitalwerte bestimmen können, indem man die Cashflow-Folgen der Projekte (Zeile 1 für A bzw. Zeile 8 für B in Tab. 2.17) auf t = 0 abzinst.

Tab. 2.17 Endwertberechnungen von Projekt A, Projekt B und Opportunität

Nr	Zeipunkt t	0	1	2	3	4
1	Cashflow Project A	−1000,00	400,00	400,00	600,00	0,00
2	+ Einsatz eigene Ersparnisse	1200,00				
3	= **Cashflow Project A nach Finanzierung**	**200,00**	**400,00**	**400,00**	**600,00**	
4	=> Endwert mit Wiederanlage zu 10 %	200	620,00	1082,00	1790,20	1969,22
5	**Zeipunkt t**	**0**	**1**	**2**	**3**	**4**
6	Endwert Opportunitat	1200,00	1320,00	1452,00	1597,20	**1756,92**
7	Zeitpunkt t	**0**	**1**	**2**	**3**	**4**
8	Cashflow Project B	−1200,00	500,00	500,00	300,00	400,00
9	+ Einsatz eigene Ersparnisse	1200,00				
10	= **Cashflow Project B nach Finanzierung**	**0,00**	**500,00**	**500,00**	**300,00**	**400,00**
11	=> Endwert mit Wiederanlage zu 10 %	0,00	500,00	1050,00	1455,00	2000,50

Für die Bestimmung der Annuität wird sowohl der Kapitalwert als auch der sog. Wiedergewinnungsfaktor benötigt. Bei einem Zinssatz von 10 % und einem Planungshorizont von 4 Perioden ergibt sich für Projekt A:

$$Ann(A) = NPV_0^{Inv}(A) \cdot WGF$$
$$= +145 \frac{0,1 \cdot 1,1^4}{1,1^4 - 1} = 45,74 \qquad (2.46)$$

Analog erhält man für Projekt B eine vergleichbare Annuität von 52,48 GE pro Periode.

Aufgabe 3

Um den Kapitalwert bzw. Net Present Value bei einer 4jährigen Nutzung der Taxifirma zu bestimmen, werden alle anfallenden Zahlungsfolgen auf t = 0 diskontiert:

$$NPV_0^{Inv}(n = 4)$$
$$= -100.000 + 25.000 \cdot 1,1^{(-1)}$$
$$+40.000 \cdot 1,1^{(-2)} + 40.000 \cdot 1,1^{(-3)}$$
$$+(20.000 + 0) \cdot 1,1^{(-4)} = -502,01 \qquad (2.47)$$

Dabei ist im letzten Nutzungsjahr der erzielbare Liquidationserlös, der durch den Verkauf der Betriebsausstattung am Gebrauchtmarkt entsteht, mit zu beachten. Dieser ist bei 4jähriger Nutzung Null. Da in (2.47) der Kapitalwert negativ ist, sollte die Taxifirma keinesfalls 4 Jahre genutzt werden; eine alternative Geldanlage zu 10 % wäre in diesem Falle lukrativer. Wäre die Nutzung von 4 Perioden „alternativlos", würde die Firma nicht gegründet.

Allerdings ist die Nutzungs- bzw. Lebensdauer eines Unternehmens in der Regel gestaltbar. Für die Ermittlung einer optimalen Nutzungsdauer gibt es zwei Möglichkeiten:

- Aufstellen aller nutzungsdauerabhängigen Zahlungsfolgen und Bestimmung der zugehörenden Kapitalwerte. Der höchste positive Kapitalwert signalisiert dann zugleich die optimale Nutzungszeit (vgl. Tab. 2.18).
- Berechnung von zeitlichen Grenzgewinnen für alle möglichen Nutzungsperioden und erneute Bestimmung der nutzungsdauerabhängigen Kapitalwerte, wobei der höchste positive Wert erneut mit der optimalen Nutzungszeit korrespondiert.

Entsprechend Tab. 2.18 ist eine Nutzungsdauer von 2 Perioden aus monetärer Sicht optimal. Der damit korrespondierende Kapitalwert ist mit 5371,90 deutlich positiv und sollte daher auch realisiert werden.

Alternativ lässt sich anhand von Grenzgewinnen erkennen, ob eine Ausdehnung der Nutzung um eine weitere Periode aus monetärer Sicht vorteilhaft erscheint. In Tab. 2.19 sind die Grenzgewinne für die vier möglichen Nutzungsperioden berechnet sowie die nutzungsdauerabhängigen Kapitalwerte. Exemplarisch gilt für die Bestimmung des Grenzgewinns der ersten Periode:

$$G_1 = 25.000 + 75.000 - (1,1) \cdot 100.000$$
$$= -10.000 \qquad (2.48)$$

Tab. 2.18 Berechnung nutzungsdauerabhängiger Kapitalwerte

Zeitpunkt t bzw. Nutzungsdauer n	0	1	2	3	4
Zahlungsfolge für n = 1	−100.000,00	100.000,00			
Kapitalwert für n = 1	−9090,90909				
Zahlungsfolge für n = 2	−100.000,00	25.000,00	100.000,00		
Kapitalwert für n = 2	5371,90				
Zahlungsfolge für n = 3	−100.000,00	25.000,00	40.000,00	60.000,00	
Kapitalwert für n = 3	864,01				
Zahlungsfolge für n = 4	−100.000,00	25.000,00	40.000,00	40.000,00	20.000,00
Kapitalwert für n = 4	−502,01				

Tab. 2.19 Zeitliche Grenzgewinne für die Nutzungsperioden

Zeitpunkt t bzw. Nutzungsdauer n	0	1	2	3	4
Lfd. Ruckflusse und Liquidationserlos in n		100.000,00	100.000,00	60.000,00	20.000,00
− Liquidationeserlos in n-1 inklusive Zinsen		−110.000,00	−82.500,00	−66.000,00	−22.000,00
=Grenzgewinn in n		−10.000,00	17.500,00	−6000,00	−2000,00
=> Kapitalwert bei einer Nutzung bis n		−9090,91	5371,90	864,01	−502,01

Wird (2.48) um eine Periode auf t = 0 diskontiert, erhalten wir den Kapitalwert bei einperiodiger Firmennutzung (−9090,91). Wie Tab. 2.19 zeigt, ist der Grenzgewinn der zweiten Periode mit +17.500,-sehr positiv. Dies ist ein Signal, die Nutzung auszudehnen. Allerdings muss der dadurch bewirkte positive Kapitalwertbeitrag den negativen aus einer einperiodigen Nutzung übersteigen, damit insgesamt eine zweiperiodige Firmennutzung vorteilhaft wird. Dies ist hier der Fall, denn der aus dem zweiten Grenzgewinn generierte Kapitalwertbeitrag beträgt:

$$\Delta NPV_0^{Inv}\left(n=2\right)=17.500\left(1{,}1\right)^{-2}=+14.462{,}81 \tag{2.49}$$

Zusammen mit dem Kapitalwert bei einperiodiger Nutzung entsteht der Kapitalwert bei einer zweijährigen Nutzungsdauer in Höhe von +5371,90. Diese Nutzung ist optimal, da ab t = n = 3 ausschließlich negative Grenzgewinne erwartet werden, die den Kapitalwert im Falle einer Weiternutzung reduzieren würden.

S verfolgt das Ziel, über 4 Perioden möglichst reich zu werden. Dies erreicht er dann bestmöglich, wenn er die Firma 2 Jahre nutzt und anschließend einmal wiederholt. Wenn Investitionen zeitlich hintereinander wiederholt werden, spricht man von einer Investitionskette. Unter der Annahme, dass S nach dem ersten Taxiprojekt sofort ein identisches Nachfolgeprojekt startet, erzielt er folgenden „Ketten-Kapitalwert":

$$\begin{aligned} NPV_0^{Inv-Kette} &= +5371{,}90+5371{,}90\cdot 1{,}1^{-2} \\ &= +9811{,}49 \end{aligned} \tag{2.50}$$

In (2.50) stellt der erste Kapitalwert jenen dar, den S für die erste Taxifirma erzielt, falls er diese zwei Perioden nutzt. Bei einer sofortigen identischen Wiederholung (nochmalige Neugründung) entsteht dann noch der (annahmegemäß identische) Kapitalwert für die zweite Taxifirma am Ende der Nutzungsdauer von der ersten Firma (also in t = n = 2). Daher muss dieser zweite Kapitalwert noch um 2 Perioden auf den Entscheidungszeitpunkt t = 0 abgezinst werden. S sollte also letztlich 4 Jahre als Taxiunternehmer agieren, damit er aus seiner Erbschaft über 4 Perioden den höchsten finanziellen Nutzen generiert. Dieses Ergebnis lässt sich auch über eine Endwertberechnung herleiten, die drei Handlungsalternativen von S miteinander vergleicht (Tab. 2.20):

- Eine Geldanlage der Erbschaft über 4 Jahre bringt einen Endwert von 146.410,-. Dies ist zugleich die Opportunität von S.
- Wenn S 2 Jahre die Taxifirma betreibt und dann auf eine 10 %ige Geldanlage wechselt,

Tab. 2.20 Endwerte von drei Handlungsalternativen für Student S

Endwert für 4 Jahre Geldanlage zu 10 %	0	1	2	3	4
Endwertentwicklung	100.000,00	110.000,00	121.000,00	133.100,00	**146.410,00**
Endwert für 2 Jahre Taxi fahren	**0**	**1**	**2**	**3**	**4**
Cashflow 2 Jahre Taxi fahren	−100.000,00	25.000,00	100.000,00		
Finanzierung mit Erbschaft	100.000,00				
Endwertentwicklung	0,00	25.000,00	127.500,00	140.250,00	**154.275,00**
Endwert für 4 jahre Taxi fahren	**0**	**1**	**2**	**3**	**4**
cashflow 2 jahre Taxi fahren	−100.000,00	25.000,00	100.000,00		
Cashflow noch mal 2 jahre Taxi fahren			−100.000,00	25.000,00	100.000,00
Finanzierung mit Erbschaft	100.000,00				
Endwertentwicklung	0,00	25.000,00	27.500,00	55.250,00	**160.775,00**

erzielt er ein Endvermögen von 154.275,-.
Das sind 7865,- mehr als bei der Opportunität.
Diskontiert man diese Endwertdifferenz auf
t = 0, ergibt das den Kapitalwert bei optimaler
einmaliger Taxinutzung (5371,90).

- Falls S die Taxiinvestition einmal identisch
  wiederholt, erzielt er einen Endwert von
  160.775,-. Das ergibt eine Endwertdifferenz
  von 14.365,-. Diskontiert auf t = 0 führt das
  zum Ketten-Kapitalwert von 9811,49.

Literatur

Brealey, R. A., Myers, S. C., & Allen, F. (2017). *Corporate Finance* (12. Aufl.). New York: Mcgraw-Hill Publ. Comp.
Götze, U. (2014). *Investitionsrechnung* (7. Aufl.). Berlin: Springer.
Kesten, R. (2014). *Investitionsrechnung in Fällen und Lösungen* (2. Aufl.). Herne: NWB.
Kruschwitz, L. (2014). *Investitionsrechnung* (14. Aufl.). Berlin/Boston: Oldenburg.

Finanzierungsformen für investive Zwecke

Lernziele

- Definition sowie Abgrenzung von Eigen- und Fremdkapitalfinanzierung kennenlernen
- Formen der Eigen- sowie der Fremdkapitalfinanzierung nennen und ihre Funktionsweise beschreiben
- Mezzanine Formen der Außenfinanzierung nennen und beschreiben
- Formen und Funktionsweise der Innenfinanzierung nennen und erklären
- Berechnung von entscheidungsrelevanten Komponenten in einzelnen Finanzierungsformen

3.1 Überblick zu den wichtigsten Finanzierungsformen

Investitionsvorgänge lösen in aller Regel zunächst Auszahlungen aus. Daher müssen die dafür benötigen Gelder entweder bereits vorhanden sein (Innenfinanzierung) oder erst beschafft werden (Außenfinanzierung). Neben der Frage, **woher** die Finanzmittel gekommen sind (entweder innerhalb der operativen Geschäftsprozesse generiert oder extern beschafft), ist es in der Praxis üblich zu fragen, durch **wen** die Mittel aufgebracht werden. Dabei ist die Frage „durch wen?" insbesondere dadurch zu beantworten, wem das „Entgelt" für die Überlassung der Finanzmittel

zusteht und wie die Verteilung der mit der Kapitalüberlassung verbundenen Risiken geregelt ist. Das „Entgelt" für die Kapitalüberlassung ist bspw. bei einem Kreditgeber sein Anspruch auf vertraglich verbindliche Zins- und Tilgungszahlungen. Diese Zahlungen möchte er im Idealfall möglichst sicher erhalten. Anders dagegen die Situation bei einem Eigenkapitalgeber: Sein Entgelt besteht in seiner Hoffnung bzw. in seinem Anspruch auf eine möglichst, seiner Risikoposition entsprechende, angemessene Gewinnbeteiligung. Diese Sichtweise hat zur Differenzierung in Eigen- und Fremdfinanzierung geführt. Allerdings ist die Innovationskraft im Finanzierungssektor der Praxis enorm. So haben sich mittlerweile „Zwischenformen" gebildet, bei der nur im Einzelfall geklärt werden kann, ob es sich eher um eine Eigenkapital- oder um eine Kreditbeziehung handelt. Hierfür hat sich der Begriff „Mezzanine Finance" etabliert und beschreibt den Tatbestand, dass sowohl Eigen- als auch Fremdkapitalmerkmale in einer Finanzierungsform vereint sind. Beispiele für Mezzanine Finanzierungsformen sind u. a. das Gesellschafterdarlehen, bei dem der Eigentümer zugleich als Kreditgeber gegenüber dem Unternehmen auftritt, eine Optionsanleihe, bei der ein Kapitalgeber zugleich Aktionär als auch Gläubiger (Obligationär) der betrachteten Aktiengesellschaft (AG) sein kann, oder ein sog. Genussschein, bei dem Fremdkapitalelemente, wie eine garantierte Mindestverzinsung, mit erfolgsabhängigen Zahlungen verbunden sein können und/oder eine

© Springer Fachmedien Wiesbaden GmbH, ein Teil von Springer Nature 2020
R. Kesten, *Finanzwirtschaft klipp & klar*, WiWi klipp & klar,
https://doi.org/10.1007/978-3-658-29828-9_3

nachrangige Rückzahlung des überlassenen Kapitalbetrages im Insolvenzfall vereinbart sein kann, wie es für Eigenkapitalpositionen typisch ist.

Eine strikte Trennung von Eigen- und Fremdkapitalgeberposition ist damit nicht mehr konsequent durchzuhalten, weshalb der Systematisierungsvorschlag in Tab. 3.1 sich lediglich auf eine Differenzierung zwischen Außen- und Innenfinanzierung beschränkt und die Rechtsstellung der Kapitalgeber gegenüber dem Unternehmen, gedacht als eigenständiges Rechtssubjekt, entsprechend einordnet. Dabei ist auffallend, dass sich den Maßnahmen der Innenfinanzierung keine eindeutige Rechtsposition (Eigen- oder Fremdkapital) zuordnen lässt. Dies hat seine Ursache darin, dass ein Unternehmen permanent versucht, Zahlungsströme mit den am Periodenanfang vorhandenen Ressourcen für seine Kapitalgeber, insb. für die Eigentümer, zu produzieren. Einen Teil dieser Zahlungen benötigt das Unternehmen, nach erfolgter Zustimmung durch die Eigentümer, zur Aufrechterhaltung des Going-concern. Ob diese einbehaltenen Gelder aber ursächlich auf eine Eigen- oder Fremdfinanzierungsmaßnahme zurückzuführen sind, ist nicht mehr (eindeutig) beantwortbar: Die im

Wege der Außenfinanzierung beschafften Gelder fließen in das Unternehmensvermögen, welches einem permanenten Veränderungsprozess dank der operativen Prozesse unterliegt mit der Zielsetzung der nachhaltigen Vermehrung. Am Ende dieses „Mehrungsprozesses" erfolgt eine Aufteilung: Ansprüche der Fremdkapitalgeber werden zuerst befriedigt; der Eigentümeranteil ergibt sich aus dem verbleibenden Rest. Wir können also nur die Verteilung nachvollziehen, nicht aber den „Erfolgsbeitrag" einer Kapital- bzw. Rechtsposition erkennen. Diese Fragestellung erscheint ohnehin verfehlt: Es sind nicht die Kapitalpositionen, die für den Erfolg direkt verantwortlich sind, sondern die Management- bzw. Faktorkombinationsleistungen im Unternehmen beim Kampf im Wettbewerb um den Kunden bzw. um dessen Geld.

Der Vorteil der in Tab. 3.1 gezeigten Systematik liegt insbesondere darin, dass die Kernaufgabe der Innenfinanzierungsformen, nämlich den Abfluss finanzieller Überschüsse aus dem Verfügungsbereich des Unternehmens zu verhindern, deutlich hervorgehoben wird und die konkreten Sachverhalte, die das Innenfinanzierungsniveau ganz besonders prägen, herausgestellt sind. Betrachtet man die einzelnen „Verhinderungsalter-

Tab. 3.1 Überblick über wichtige Finanzierungsformen

Außenfinanzierung	Innenfinanzierung
Finanzmittel und/oder geldwertäquivalente Vermögensgegenstände werden dem Unternehmen zusätzlich von außen zur Verfügung gestellt	Finanzmittel, die dem Unternehmen aus dem eigenen Leistungserstellungsprozess zufließen, werden am Verlassen gehindert und/oder Vermögensumschichtungen setzen Finanzmittel frei
Eigenkapitalfinanzierung (Eigenfinanzierung) Einlagenfinanzierung Beteiligungsfinanzierung **Fremdkapitalfinanzierung** (Kreditfinanzierung) langfristig kurzfristig **Mezzanine Finanzierung** Mischformen zwischen Eigenkapital- und langfristiger Fremdkapitalfinanzierung **Venture Capital** Eigenkapitalfinanzierung und/oder Mezzanine Finanzierung für junge, nicht börsennotierte Unternehmen mit Wachstumspotenzial **Subventionen** (öffentliche Zulagen bzw. Zuschüsse)	**Finanzierung durch Auszahlungsverhinderung verdienter Überschüsse** Finanzierung aus Gewinngegenwerten (Selbstfinanzierung) • Offene Selbstfinanzierung • Stille Selbstfinanzierung Finanzierung aus Abschreibungsgegenwerten Finanzierung aus Pensionsrückstellungsgegenwerten **Finanzierung durch Vermögensumschichtungen** (Shiftability) Veränderung des Leistungserstellungsprozesses Echtes Factoring Asset Backed Securities

nativen" in der rechten Spalte von Tab. 3.1, so sind nach Abschluss einer Wirtschaftsperiode davon insbesondere der Fiskus (bspw. reduzieren Abschreibungen dessen Steuerbemessungsgrundlage) sowie die Eigenkapitalgeber (bspw. Beschlüsse zur Gewinnthesaurierung im Rahmen der Selbstfinanzierung) betroffen. Denn der auf Fiskus und Eigentümer noch verteilbare operative Überschuss eines Unternehmens ergibt sich stets nach Abzug von Zahlungen an die beschäftigten Mitarbeiter, die Lieferanten für Verbrauchs- und Gebrauchsfaktoren sowie an die Kreditgeber.

3.2   Eigenkapitalfinanzierung

3.2.1   Begriff und Merkmale von Eigenkapital

Personen, die einem Unternehmen als wirtschaftliche Eigentümer Finanz- oder Sachmittel zur Verfügung stellen, werden als Eigenkapitalgeber bezeichnet. Wir betrachten im Folgenden die Beschaffung von Eigenkapital auf dem Wege einer Außenfinanzierung sowohl durch Kapitaleinlagen von bisherigen („Eigenfinanzierung") als auch durch neue („Beteiligungsfinanzierung") Eigentümer.

Das Eigenkapital stellt den in Geldeinheiten ausgedrückten Anteil der Eigentümer am gesamten Vermögen (Aktivseite einer Bilanz) dar und zeigt damit die Höhe des Reinvermögens: Jenes Vermögen, das den Eigentümern nach Abzug der Schulden noch verbleibt.

Unternehmen erhalten Eigenkapital von außen bspw. durch

- Einzahlungen der Einzelunternehmer oder der Gesellschafter von Personengesellschaften (z. B. OHG, KG),
- Zahlung des Kaufpreises für Gesellschaftsanteile an einer GmbH,
- Entrichtung des Kaufpreises von Aktionären für von ihnen gezeichnete Aktien, mit denen sie sich an einer Aktiengesellschaft (AG) beteiligen.

Denkt man sich Eigentümer als Privatpersonen, so wird Liquidität (Geld) aus dem Privatbereich hinein in die Sphäre des Unternehmens transferiert. Neben diesen Bareinlagen können Gesellschafteranteile auch durch Überlassen von Sacheinlagen (bspw. Maschinen, Grundstücke, Patente usw.) erworben werden. Diese gilt es zu bewerten, also in Geldeinheiten zu überführen. Es ist offensichtlich, dass man über den Wert einer Sacheinlage unterschiedlicher Meinung sein kann. Es entstehen Bewertungsprobleme, die auch Auswirkungen auf die Beteiligungsquote eines Gesellschafters am Unternehmen bzw. dessen Beteiligung am erwirtschafteten Gewinn haben.

Unternehmen erhalten zudem Eigenkapital von innen, also aus dem Leistungserstellungsprozess heraus, indem sie erzielte Gewinne thesaurieren (sog. Selbstfinanzierung als Teil der Innenfinanzierung). In der Bilanzierungspraxis von Kapitalgesellschaften sind solche offenen Selbstfinanzierungen an den Gewinnrücklagen erkennbar.

Mit dem Eigenkapital werden in der Regel folgende Merkmale verbunden:

- Quotaler Gewinnanspruch: Eigenkapitalgeber haben einen ihrem Anteil entsprechenden Anspruch auf erwirtschaftete Gewinne sowie auf den verbleibenden Liquidationserlös bei Auflösung bzw. Zerschlagung des Unternehmens.
- Erfolgsabhängigkeit: Ein Anspruch auf Ausschüttungen bzw. Entnahmen hängt von der Gewinnsituation ab und kann bei Verlustsituationen entfallen.
- Unbefristete Verfügbarkeit: Eigenkapital steht den Unternehmen meist langfristig bis unbefristet zur Verfügung. Bei einer AG gibt es bspw. keine Rückforderungsmöglichkeit seitens der Eigenkapitalgeber.
- Haftung bzw. Risikoübernahme: Eigenkapitalgeber übernehmen (bewusst) das Risiko des Totalverlustes ihrer Einlage. Bei Personengesellschaften haftet zudem das Privatvermögen der Gesellschafter mit. Die Haftungsfunktion besteht insb. gegenüber Kreditgebern des Unternehmens: Aus deren Sicht ist Eigenkapital

eine Art „Versicherungsleistung" bzw. stellt einen „Risikopuffer" dar, wenn Verluste entstehen, denn das Eigenkapital wird zuerst aufgezehrt.

- Leitungs- bzw. Weisungsbefugnis: Eigenkapital legitimiert zur direkten Unternehmensführung (Personengesellschaft) bzw. zur indirekten Führung über die Wahl der Zusammensetzung der Leitungsorgane (bspw. wird bei einer AG der Vorstand durch den Aufsichtsrat bestellt und überwacht, wobei sich der Aufsichtsrat u. a. aus Aktionärsvertretern zusammensetzt).

Zusammenfassend bedeuten die Merkmale von Eigenkapital in „idealtypischer Form":

- Weisungsbefugnis im Unternehmen,
- Ergebnisabhängigkeit beim Going-concern,
- bilanzielle Reduktion des Eigenkapitalbestandes bei zeitweisen Verlusten,
- Fehlen eines vertraglich fixierten Rückzahlungszeitpunktes,
- Residualanspruch nach Abzug aller vertraglich fixierten vorrangigen Ansprüche im Liquidationsfall.

Eigenkapital begründet damit eine Art „Restbetragsanspruch" an den vom Unternehmen produzierten Zahlungsströmen (sowohl mitten im als auch am Ende des Lebenszyklus eines Unternehmens), das soweit als möglich als risikotragendes Kapital konzipiert ist. Insofern kann man es auch als „Risikokapital" bezeichnen, da es Verlustmöglichkeiten ausgesetzt ist. Die Verlustgefahr wird bewusst eingegangen, da erfolgreiche Unternehmenstätigkeit erhebliche Gewinnpotenziale beinhaltet, durch die eine Vergütung der Finanzierungsfunktion von Eigenkapitalgebern erfolgt.

Spiegelbildlich hierzu kann man Fremdkapital in „idealtypischer Form" charakterisieren:

- keine Weisungsbefugnis im Rahmen der Unternehmensführung,
- keine Ergebnisabhängigkeit,
- keine bilanzielle Reduktion des Kapitalbestandes bei zeitweisen Verlusten,

- vertragliche Fixierung der Zins- und Tilgungsmodalitäten sowie der damit zusammenhängenden Zahlungstermine sowie
- bevorzugte Kapitalrückzahlung im Liquidationsfall.

Ideal definiert, ist Fremdkapital eine Art „Festbetragsanspruch", der so weit als möglich als risikoloses Kapital konzipiert ist. Zwischen diesen Idealpositionen befinden sich in der Finanzierungspraxis viele Graustufen, die man als Mezzanine Financing bezeichnet.

Betrachten wir ein Unternehmen, das Eigenkapital im Rahmen einer Außenfinanzierung nachfragt, sowie als potenzielle Eigenkapitalgeber private Investoren, die dem Unternehmen Eigenmittel überlassen wollen, so zeichnet sich die in Tab. 3.2 dargestellte Interessenlage ab.

Diesen idealtypischen Anforderungen aus Sicht der Anbieter und Nachfrager von Eigenkapital kommt eine börsennotierte Aktiengesellschaft (AG) sehr nahe, weshalb auf diese Rechtsform in Abschn. 3.2.2 näher einzugehen ist.

3.2.2 Eigenkapitalerhöhung bei einer Aktiengesellschaft

3.2.2.1 Charakterisierung einer Aktiengesellschaft

Die Aktiengesellschaft (AG) ist eine Kapitalgesellschaft, bei der die Aktionäre (Gesellschafter, Eigentümer) ihre Haftung auf ihr Reinvermögen bzw. Eigenkapital beschränken. Zum Gründungszeitpunkt ist ein sog. Grundkapital (gezeichnetes Kapital) als Mindesthaftungskapital aufzubringen. Das Grundkapital (Mindesteinlage) darf 50.000 EUR nicht unterschreiten und ist in einzelne Anteilsscheine (Aktien) untergliedert, was Gesellschafterwechsel erleichtert. Tab. 3.3 gibt einen Überblick über verschiedene Aktienarten.

Gesetzlich vorgeschriebene Organe der AG sind der Vorstand, die Hauptversammlung (HV) sowie der Aufsichtsrat. Der individuelle Einfluss eines Aktionärs auf die Unternehmenspolitik (sog. Stimmrecht) hängt vom Umfang der Kapitalbeteiligung ab. Das Stimmrecht, auszuüben

Tab. 3.2 Interessenlagen im Rahmen einer Eigenkapitalbeschaffung

Eigenkapital nachfragendes Unternehmen	(privater) Eigenkapitalgeber
Im Bedarfsfall Beschaffung beliebig hoher Kapitalbeträge; Mobilisierung ggf. vieler Kapitalgeber sollte möglich sein	Beteiligungsmöglichkeit auch mit kleinen Kapitalbeträgen (u. a. damit eine entsprechende Diversifikation der verfügbaren Finanzmittel möglich ist)
Permanente, dauerhafte Überlassung ohne Rückforderungsmöglichkeit seitens der Kapitalgeber (lange bzw. unbegrenzte Kapitalüberlassungsfristen)	Jederzeitige Entziehbarkeit der Mittel gemäß persönlicher Anlagepräferenzen (zeitlich flexibler Anlagehorizont), keine Nachschusspflichten und beschränkte Haftung
Dispositionsfreiheit in der Verwendung der Eigenmittel sowie Einsatz eines professionellen Management für eine optimale Gestaltung der operativen Unternehmensprozesse	Keine Belastung mit Managementaufgaben, aber finanzielle Zielvorgaben sowie gute Kontrollmöglichkeiten bezüglich des Kapitaleinsatzes bei geringem „Kontrollaufwand"; Konzentration auf Anlageerfolg (Gewinnausschüttungen und Wertentwicklung der eigenen Beteiligung)

Tab. 3.3 Überblick über verschiedene Aktienarten

Arten nach der Zerlegung des Grundkapitals	Nennwertaktien: Aktien, die auf einen in EUR ausgedrückten Nennbetrag lauten. Die Summe aller Nennwerte ergibt das Grundkapital. Mindestnennwert je Aktie: 1,- EUR. Stückaktien: Aktien, die einen Anspruch auf einen jeweils gleichen Anteil am Grundkapital verbriefen. Der auf eine Aktie rechnerisch entfallende Anteil des Grundkapitals muss mindestens 1,- EUR betragen.
Arten nach den Übertragungsbestimmungen	Inhaberaktien: jedem Besitzer (Inhaber) der Aktie steht die Geltendmachung aller Recht aus dem konkreten Wertpapier zu (Normalfall). Namensaktien: lauten auf den Namen des Aktionärs, der in das Aktienbuch der AG eingetragen wird; Sonderform: vinkulierte Namensaktien, bei denen die Aktienweitergabe an die Zustimmung der AG gebunden ist.
Arten nach dem Umfang der Rechte	Stammaktien: Aktien, die gleiches Stimmrecht in der Hauptversammlung, gleichen Anspruch auf Dividende, gleichen Anteil am Liquidationserlös und ein gesetzliches Bezugsrecht bei Ausgabe neuer Aktien gewähren (Normalfall). Vorzugsaktien: Aktien, die dem Aktionär im Verhältnis zu Stammaktien insb. bei der Gewinnverwendung oder der Verteilung des Liquidationserlöses Vorrechte gewähren. Meistens ist mit diesen finanziellen Vorteilen ein Ausschluss des Stimmrechts auf der Hauptversammlung verknüpft.

auf der HV, kann auch an Dritte übertragen werden (sog. Vollmachtsstimmrecht). Es besteht seitens einer börsennotierten AG eine umfangreiche Prüfungs- und Publizitätspflicht. Aktionäre können ihre Geschäftsanteile nicht kündigen, aber auf dem Sekundärmarkt „Wertpapierbörse" jederzeit zum aktuellen Aktienpreis (Kurs) an einen anderen Wertpapierinteressenten verkaufen. Durch derartige Transaktionen (Aktienkauf bzw. – verkauf an der Börse) wird der Geldbestand einer AG nicht tangiert.

Die Geschäftsführung der AG obliegt dem Vorstand, der vom Aufsichtsrat bestellt und kontrolliert wird. Der Aufsichtsrat setzt sich aus über die Hauptversammlung gewählten Aktionären sowie aus Arbeitnehmervertretern zusammen. Die Hauptversammlung hat keinen Einfluss auf

die laufende operative Unternehmensführung, sondern entscheidet nur in Grundsatzangelegenheiten (§ 119 AktG):

- Bestellung der zu wählenden Mitglieder des Aufsichtsrates,
- Entlastung des Vorstandes und des Aufsichtsrates,
- Bestellung der Abschlussprüfer,
- Satzungsänderungen,
- Maßnahmen der Eigenkapitalbeschaffung und -herabsetzung,
- Auflösung der Gesellschaft.

Damit kann man sagen, dass eine deutliche Trennung zwischen Eigentum und Verfügungsmacht vorliegt: Die AG wird von Managern geleitet, die selbst Angestellte der wirtschaftlichen Eigentümer, also der Aktionäre, sind.

Durch die Stückelung des Grundkapitals in Aktien (Anteile) und deren Fungibilität (leichte Übertragbarkeit) wird die Kapitalbeschaffung einer AG wesentlich vereinfacht, da eine große Zahl von Aktionären auch mit relativ geringen Anteilen als Kapitalgeber auftreten können (hohe Kapitalmobilisation). Die AG erhält durch Aktienausgabe (Emission) unbefristetes Eigenkapital in entsprechender Höhe. Durch die Einführung eines Marktes für Aktien (Börse) besitzen die Aktionäre täglich die Möglichkeit, ihre Aktien zum aktuellen Kurswert zu verkaufen. Sie können deshalb beliebige Fristentransformation für ihr Kapitalengagement betreiben. Aktienfinanzierung und Börsenhandel von Aktien führen die Idealvorstellungen von Kapital nachfragendem Unternehmen (unbegrenzte Überlassung großer Kapitalbeträge) und Kapital anbietenden Investoren (beliebig hohe Investitionsbeträge sowie flexible Kapitalüberlassungsfristen) zusammen.

Entsprechend lassen sich die Vorteile aus Sicht der Aktionäre wie folgt zusammenfassen:

- Verlustbegrenzung durch Haftungsbeschränkung in Höhe ihrer Einlage.
- Beteiligung an mehreren AGs mit relativ geringem Kapitaleinsatz, wodurch eine Risikostreuung (Diversifikation, Portfoliobildung) ermöglicht wird.
- Aufgrund der Haftungsbeschränkung, der Diversifikationsmöglichkeit sowie täglicher Meinungsbildung der Börsenmarktteilnehmer ist der Informationsaufwand für den Investor bezogen auf eine AG geringer als bspw. im Vergleich zu einer Beteiligung an einer Personengesellschaft.
- Der Börsenhandel von Aktien bedeutet tägliche Veräußerbarkeit bzw. Flexibilität.
- Es sind keine eigenen Managementleistungen im Unternehmen seitens der Aktionäre zu erbringen: Aktionäre wollen i. d. R. keine aktive Mitwirkung, sondern konzentrieren sich auf die rein finanziellen Aspekte ihrer Geldanlage.

Den Vorteilen stehen zwei hervorzuhebende Nachteile gegenüber:

- Aktionäre sind zur Beurteilung ihrer Kapitalüberlassung auf besonders zuverlässige Informationen über die Lage der AG angewiesen.
- Für Aktionäre entsteht das sog. Prinzipal-Agenten-Problem als Folge der Trennung von Auftraggeber (Prinzipal bzw. Aktionär) und Beauftragten (Agent bzw. Vorstand): Vorstände besitzen gegenüber den Aktionären einen Informationsvorsprung über die ökonomische Lage und verfolgen auch eigene Ziele, die sich nicht mit denen der Aktionäre decken müssen (asymmetrische Informationsverteilung). Aktionäre können die Manager nicht genau überwachen, so dass das sog. „ALG-Problem" entsteht: Manager entscheiden über „Andere Leute Geld" schon mal anders, als über ihre eigenen Mittel. Aktionäre wollen den Marktwert ihres Eigenkapitals maximiert wissen. Wenn Manager andere Strategien realisieren, die dies nicht zum Ziel haben, werden die Aktionärsziele ggf. erheblich beeinträchtigt. Es sind aus Eigentümersicht geeignete Vorkehrungen (bspw. besondere Kontroll- und/oder Vergütungssysteme für Vorstände) zu treffen, damit die Ziele der besser informierten Manager nicht zu weit von denen der Aktionäre abweichen.

Die Gründung einer AG kann durch eine einzelne Person erfolgen. Für die Anmeldung im Handelsregister ist es erforderlich, dass mindestens 25 % des Grundkapitals sowie der ggf. über das Grundkapital hinausgehende Mehrbetrag (Agio) eingezahlt sind:

Erfolgt eine Aktienausgabe zum Nennwert („pari"), sind für eine auf bspw. 5 EUR lautende Nennwertaktie auch 5 EUR bar einzuzahlen bzw. bei Gründung mindestens 25 % davon (1,25 EUR).

Erfolgt eine Aktienausgabe über dem Nennwert („über pari", was den Regelfall darstellt), bspw. für 8 EUR, sind für eine 5-EUR-Nennwertaktie mindestens 25 % vom Nennwert (1,25 EUR) und das Agio (Differenz von Ausgabewert zu Nennwert; hier: 3 EUR), insgesamt also 4,25 EUR, einzuzahlen. Das Agio ist nicht Teil des Grundkapitals, sondern in die bilanzielle Eigenkapitalposition „Kapitalrücklage" einzustellen.

Bei einer AG lassen sich vier Formen einer Eigenkapitalerhöhung unterscheiden:

- Ordentliche Kapitalerhöhung,
- Genehmigte Kapitalerhöhung (auch: genehmigtes Kapital),
- Bedingte Kapitalerhöhung,
- Kapitalerhöhung aus Gesellschaftsmitteln.

Mit Kapitalerhöhung ist eine Erhöhung des Grundkapitals einer AG gemeint. Nicht jede Grundkapitalerhöhung führt dabei stets zum Zufluss neuer liquider Mittel von außen in das Unternehmen, wie in den folgenden Abschnitten dargestellt wird.

Auf die ordentliche Kapitalerhöhung, die den Regelfall in der Praxis darstellt, wollen wir im Folgeabschnitt 3.2.2.2 näher eingehen. Anschließend betrachten wir in 3.2.2.3 die übrigen drei Formen.

3.2.2.2 Ordentliche Kapitalerhöhung

Unter einer ordentlichen Kapitalerhöhung versteht man die Erhöhung des gezeichneten Kapitals (Grundkapital) auf dem Wege der Außenfinanzierung durch Emission neuer Aktien, für die Aktionäre Bar- und/oder Sacheinlagen tätigen müssen. Jede Kapitalerhöhung bedarf dabei stets einer ¾-Mehrheit des anwesenden Aktienkapitals auf der Hauptversammlung. Sie wird mit Eintrag der Durchführung in das Handelsregister wirksam und insbesondere zur Finanzierung von langfristigen Wachstumsstrategien (bspw. umfangreiche Kapazitätserweiterungs-, Modernisierungs- oder Rationalisierungsmaßnahmen, Aufbau neuer Absatzmärkte, Erwerb von Anteilen an anderen Unternehmen) eingesetzt.

Den aktuellen Aktionären (sog. Altaktionäre) ist ein Recht auf Bezug der neuen Aktien infolge der geplanten Kapitalerhöhung zu gewähren. Dieses sog. Bezugsrecht erfüllt zwei wichtige Funktionen für die Altaktionäre:

- Erhalt der aktuellen Beteiligungsquote an der AG auch nach erfolgter Kapitalerhöhung und damit Sicherung der Einflussnahmemöglichkeit auf die weitere Unternehmenspolitik (§ 186 I AktG),

- Ausgleich von zu erwartenden Vermögenseinbußen aufgrund eines i. d. R. niedrigeren Aktienkurses unmittelbar nach erfolgter Kapitalerhöhung.

Betrachten wir im Folgenden allein eine ordentliche Kapitalerhöhung gegen Bareinlagen der Gesellschafter, so fließen neue Gelder aus dem Privat- in den Unternehmensbereich. Jeder an der Erhöhung teilnehmende Aktionär erhält neue Aktien, so dass die Zahl der Aktien sowohl für den mitmachenden Aktionär als auch insgesamt ansteigt. Hielt der Aktionär vorher bspw. 10 % der Gesamtaktienanzahl, so kann er dank des Bezugsrechts auch nach erfolgter Kapitalerhöhung eine Beteiligungsquote von 10 % halten, was seinen Stimmrechtseinfluss auf der HV sichert. Ohne Recht auf den Bezug neuer Aktien wäre zudem die Vermögenssituation eines Altaktionärs, der nicht an der Kapitalerhöhung teilnehmen möchte, beeinträchtigt: Aktien werden an der Börse gehandelt. Der Vermögenswert aus Sicht eines Aktionärs ergibt sich aus Aktienkurs multipliziert mit seiner Aktienanzahl. Um den Aktionären einen Anreiz zur Teilnahme an der Kapitalerhöhung zu geben, wird der Emissionspreis für eine neue Aktie meistens zwischen dem Nennwert und dem aktuellen Börsenkurs festgelegt. Als Folge dessen bildet sich ein sog. „Mischkurs", der sich als gewogenes Mittel aus dem Börsenwert der bisherigen (Alt-)Aktien zuzüglich dem Emissionsvolumen der neuen Aktien ergibt: Da „teure Altaktien" mit „billigeren Jungaktien" vermischt werden, sinkt der Aktienkurs direkt nach Kapitalerhöhung. Für Altaktionäre, die nicht an der Kapitalerhöhung teilnehmen, würde ihr bisheriger Altaktienbestand c.p. von einem Kursrückgang betroffen und ein Vermögensschaden ausgelöst. Deshalb haben diese Altaktionäre die Möglichkeit, ihr Bezugsrecht zeitlich befristet vor der Aktienemission an andere Interessenten zu verkaufen. Der Verkaufserlös ihrer Bezugsrechte dient dem Ausgleich des zu erwartenden Rückganges ihres bisherigen Aktiendepotwertes. Dieser Zusammenhang wird nun an einem Beispiel zur ordentlichen Kapitalerhöhung verdeutlicht, indem wir einen Altaktionär betrachten, der drei verschiedene Strategien reflektiert: Teilnahme an der Kapitalerhöhung, Verzicht auf eine Teilnahme sowie die sog. „Operation Blanche".

Eine börsennotierte AG plant die Durchführung einer Kapitalerhöhung. Die AG hat den erforderlichen Kapitalerhöhungsbetrag auf Basis einer langfristigen Finanzplanung, die die finanziellen Konsequenzen der Unternehmsstrategie abbildet, festgelegt. Der aktuelle Börsenkurs vor Kapitalerhöhung (Kα) ist 250 GE/Aktie. Jede Aktie besitzt einen Nennwert in Höhe von 50 GE/Aktie. Das bisherige Grundkapital beträgt 900 Mio. GE. Nach Durchführung der Kapitalerhöhung wird das Grundkapital ein Volumen von 1200 Mio. GE aufweisen. Der Emissions- bzw. Ausgabepreis einer neuen („jungen") Aktie (Kn) ist auf 150 GE/Aktie festgesetzt. Altaktionär A verfügt über ein Aktiendepot vor Kapitalerhöhung im Umfang von 3 Mio. (Alt-)Aktien.

Da die AG einheitlich über Nennwertaktien in Höhe von 50 GE/Aktie verfügt, die in Summe das Grundkapital darstellen, ergibt sich ein Altaktienbestand (a) vor Kapitalerhöhung von (900 Mio. GE : 50 GE/Aktie=) 18 Mio. Aktien. Nach der Kapitalerhöhung repräsentieren 24 Mio. Aktien das neue Grundkapital (1200 Mio. GE : 50 GE/Aktie). Die Anzahl an neuen Aktien (n), die infolge der Aktienemission entstehen, beträgt daher 6 Mio. Aktien.

Der Geldfluss, der vom Privatbereich der Aktionäre in den Unternehmensbereich der AG ohne Rückforderungsmöglichkeit erfolgt, beträgt aufgrund des Emissionspreises (150 GE/Aktie × 6 Mio. Aktien=) 900 Mio. GE. Dieser sog. Emissionserlös wird auf der Aktivseite der Bilanz im Umlaufvermögen und auf der Passivseite einmal unter der Position „Grundkapital" in Höhe von (50 GE/Aktie × 6 Mio. Aktien=) 300 Mio. GE sowie unter der Position „Kapitalrücklage" in Höhe des Restbetrages (600 Mio. GE) verbucht.

Durch die Kapitalerhöhung wird sowohl die Gesamtanzahl an Aktien als auch der Wert der Eigenkapitalposition verändert. Unterstellt man, dass der Börsenkurs den aktuellen Wert des Reinvermögens widerspiegelt, so hat die AG vor Kapitalerhöhung einen Eigentümerwert in Höhe von (250 GE/Aktie × 18 Mio. Aktien=) 4500 Mio. GE. Fließen der AG nun neue Finanzmittel zu, so haben die Aktionäre aus deren Sicht eine Investition getätigt. Diese werden sie bei rationalem Verhalten nur dann tätigen, wenn die von den Aktionären geforderte Alternativverzinsung für riskante Aktienanlagen mindestens erreicht wird. Wenn sich Aktionäre an den nachhaltig für sie erzielbaren Cashflows bzw. ihren Ertragswerten orientieren und dies in den Börsenkursen reflektiert ist, muss der Wert der Eigentümerposition nach Kapitalerhöhung mindestens um das Emissionsvolumen (900 Mio. GE) ansteigen. Der Wert der Eigenkapitalposition direkt nach erfolgter Kapitalerhöhung beträgt dann 5400 Mio. GE. Da sich nun aber die Aktienanzahl um 6 Mio. auf insgesamt 24 Mio. Aktien erhöht hat, wird sich ein neuer Aktienkurs von rechnerisch (5400 Mio. GE : 24 Mio. Aktien=) 225 GE/Aktie einstellen. Dies ist der sog. Misch- oder Mittelkurs (Km).[1] Alternativ kann er wie folgt bestimmt werden:

$$K_m = \frac{a \cdot K_a + n \cdot K_n}{a + n} \qquad (3.1)$$

Betrachten wir abschließend den Altaktionär A mit einem Bestand von 3 Mio. Altaktien vor Kapitalerhöhung. Wir analysieren zunächst das erste Szenario, das von einer Teilnahme an der geplanten Aktienemission ausgeht, um seinen Stimmrechtseinfluss auf der HV zu erhalten.

---

[1]Man denke hier an die Analogie zur dynamischen Investitionsrechnung: Ein Investor führt eine Investition gerade dann noch durch, wenn der Kapitalwert den Wert Null einnimmt. Da der Kapitalwert die Differenz aus Ertragswert (Summe aller erwarteten diskontierten Rückflüsse) und Investitionsauszahlung darstellt, darf die Investitionsauszahlung (hier: das Emissionsvolumen) den Ertragswert nicht übersteigen. Aus Aktionärssicht muss der Kapitalwert der mit der Kapitalerhöhung beabsichtigten Wachstumsstrategie der AG mindestens diesen Nullwert aufweisen. Diese Annahme ist in der Berechnung von Mischkursen implizit enthalten.

Damit jeder mitmachende Altaktionär ausreichend junge Aktien entsprechend seiner bisherigen Beteiligungsquote für seine Geldüberlassung von der AG erhält, ist ein sog. Bezugsverhältnis (BV) zu bestimmen, bei dem die Altaktienanzahl (a) ins Verhältnis zu der Anzahl der neuen Aktien (n) gesetzt wird. Für dieses gilt:

$$BV = \frac{a}{n} \text{ bzw. mit den Beispieldaten :}$$
$$BV = \frac{18}{6} = 3 : 1 \qquad (3.2)$$

Mit den Beispieldaten kann ein Altaktionär demnach mit 3 Altaktien (a) eine junge Aktie (n) erwerben bzw. eine Altaktie repräsentiert ein Bezugsrecht auf 1/3 junge Aktie. Im Fall des A erhält dieser nun 1 Mio. neue Aktien und verfügt nach Kapitalerhöhung über ein Depot von 4 Mio. Aktien. Seine Vermögensposition sowie seine Beteiligungsquote kann in Tab. 3.4 nachvollzogen werden: Sowohl seine Vermögens- als auch seine Stimmrechtsposition bleiben unverändert. Freilich muss A in seinem Privatbereich über entsprechende Finanzmittel zur Teilnahme an der Aktienemission verfügen.

Wenden wir uns nun dem zweiten Szenario zu: A will nicht an der Emission teilnehmen. Seine Beteiligungsquote wird sich dann zwar verringern, aber eine Vermögensreduktion will er nicht erleiden. Deshalb wird er seine Bezugsrechte über die Börse veräußern.

Die für den Altaktionär A zu erwartende Vermögenseinbuße je Aktie ergibt sich aus der Differenz zwischen altem und neuem (gemischten) Aktienkurs und muss theoretisch auch dem Wert eines Bezugsrechts (WB) entsprechen. Rechnerisch gilt:

$$WB = K_a - K_m$$
$$= K_a - \frac{a \cdot K_a + n \cdot K_n}{a + n} = \frac{K_a - K_n}{BV + 1} \qquad (3.3)$$

Da sowohl der alte Börsenkurs (250 GE/Aktie) als auch der neue Mischkurs (225 GE/Aktie) bekannt sind, ist die Berechnung einfach. Auf den Wert von 25 GE/Recht kommt man entsprechend (3.3) alternativ, indem man den Emissionspreis (150 GE/Aktie) vom alten Börsenkurs subtrahiert und durch das um Eins erhöhte Bezugsverhältnis dividiert (100 GE/Aktie : 4 = 25 GE/Recht). Damit der gesamte Vermögensschaden ausgeglichen wird, muss A den Gesamtnachteil von 3 Mio. Aktien × 25 GE/Aktie = 75 Mio. GE durch den Bezugsrechtsverkauf ausgleichen können. Da die Anzahl an Bezugsrechten mit der Altaktienanzahl übereinstimmt, gelingt dies, wenn der Wert eines Bezugsrechts (für das er 1/3 junge Aktie hätte kaufen können) dem rechnerischen Kursrückgang einer Aktie in seinem Aktiendepot entspricht. Der Wert des Bezugsrechts wird als „rechnerisch" klassifiziert, da die Bezugsrechte zeitlich befristet an der Börse gehandelt werden und deshalb die dortige Angebots- und Nachfragesituation entscheidend für den tatsächlich erzielbaren Preis bzw. Kurs des Rechtes ist. WB gibt aber eine gute Orientierung, wo dieser Kurs in etwa

Tab. 3.4 Szenario 1: Altaktionär nimmt an der Kapitalerhöhung teil

Szenario 1	Vorher	Kapitalerhöhung	Nachher
Anzahl Aktien	3.000.000	3.000.000 × 1/3 = 1.000.000	4.000.000
Kurswert der Aktien	3.000.000 × 250 = 750 Mio. GE	1.000.000 × 150 = 150 Mio. GE	4.000.000 × 225 bzw. 750 + 150 = 900 Mio. GE
Kassenbestand im Privatvermögen zum Erwerb der jungen Aktien	150 Mio. GE	-	-
Vermögensposition des Altaktionärs	750 + 150 = 900 Mio. GE	-	900 Mio. GE
Beteiligungsquote (gemessen an Aktienanzahl)	3/18 = 1/6 bzw. 16,67 %	-	4/24 = 1/6 bzw. 16,67 %

liegen dürfte. Die Auswirkungen auf seine Vermögens- und Beteiligungssituation im Szenario 2 zeigt Tab. 3.5.

Unser letztes Szenario betrachtet die sog. „Operation Blanche". Darunter versteht man eine Bezugsrechtsstrategie eines Altaktionärs, der den Erwerb neuer Aktien vollständig aus dem partiellen Verkauf seiner Bezugsrechte an der Börse finanziert. Ein derart agierender Aktionär macht also teilweise bei der Kapitalerhöhung mit, aber ohne zusätzliche Mittel aus seinem Privatbereich einzusetzen. Betrachten wir Altaktionär A: Um an der Aktienemission teilzunehmen, muss er Bezugsrechte ausüben. Die Anzahl an Bezugsrechten, die er entsprechend der Strategie „Operation Blanche" zum Aktienerwerb benötigt, bezeichnen wir mit b_{OB}. Insgesamt hat A aufgrund seiner Altaktienanzahl 3 Mio. Bezugsrechte (b). Eine Teilmenge an diesen Rechten, die er nicht auf den Erwerb der jungen Aktien verwendet, werden im Rahmen des Bezugsrechtshandels an der Börse verkauft ($b - b_{OB}$). Dafür bekommt er pro Recht den Betrag WB vergütet. Die Einzahlungen (EZ) aus dem Bezugsrechtsverkauf betragen:

$$EZ = \left(b - b_{OB} \right) \cdot WB \qquad (3.4)$$

Diese Einzahlungen sind sodann in die Aktienemission zu investieren. Die dafür entstehenden Auszahlungen (AZ) setzen sich aus der Anzahl an neuen Aktien gemäß Operation Blanche (nOB) und dem Emissionspreis (Kn) zusammen:

$$AZ = n_{OB} \cdot K_n \qquad (3.5)$$

Damit sich Ein- und Auszahlungen entsprechen, sind (3.4) und (3.5) gleichzusetzen. Unter Beachtung des Bezugsverhältnisses, das freilich auch im Rahmen von Operation Blanche gilt, kann die Anzahl an neuen Aktien entsprechend dieser Bezugsrechtsstrategie bestimmt werden. Elementare Umformungen ergeben:

$$n_{OB} = \frac{b \cdot WB}{K_n + BV \cdot WB} \qquad (3.6)$$

Unter Rückgriff auf die Beispieldaten erhalten wir eine der Strategie „Operation Blanche" entsprechende junge Aktienmenge von (75 Mio. GE : 225 GE/Aktie) rund 333.333 Stück. Wie anhand der Daten erkennbar ist, stellt der Zähler von (3.6) den rechnerischen Wert aller Bezugsrechte dar und der Nenner repräsentiert letztlich den Mischkurs einer Aktie nach Kapitalerhöhung. Tab. 3.6 zeigt die Auswirkungen auf den Depotwert sowie auf die Beteiligungsquote unseres Altaktionärs: Die Vermögensposition bleibt auch hier insgesamt unverändert, da der gestiegene Aktienumfang nur noch zum Mischkurs zu bewerten ist. Die Beteiligungsquote ist nach Kapitalerhöhung gesunken, da keine Aufstockung der Aktienbeteiligung in Höhe der insgesamt zur

Tab. 3.5 Szenario 2: Altaktionär nimmt nicht an der Kapitalerhöhung teil

Szenario 2	Vorher	Verkauf Bezugsrechte	Nachher
Anzahl Aktien	3.000.000	-	3.000.000
Anzahl Bezugsrechte	-	3.000.000	-
Kurswert der Aktien bzw. Wert Bezugsrechte	3.000.000 × 250 = 750 Mio. GE	3.000.000 × 25 = 75 Mio. GE	3.000.000 × 225 = 675 Mio. GE + 75 Mio. GE = 750 Mio. GE
Kassenbestand im Privatvermögen (wg. Vergleichbarkeit zum Szenario 1)	150 Mio. GE	-	150 Mio. GE
Vermögensposition des Altaktionärs	900 Mio. GE		900 Mio. GE
Beteiligungsquote (gemessen an Aktienanzahl)	3/18 = 1/6 bzw. 16,67 %	-	3/24 = 1/8 bzw. 12,50 %

Tab. 3.6 Szenario 3: Altaktionär wählt die Bezugsrechtsstrategie „Operation Blanche"

Szenario 3	Vorher	Operation Blanche	Nachher
Anzahl Aktien (Ann.: beliebig teilbar)	3.000.000	(3.000.000 × 25)/ (150 + 25 × 3) = 333.333,33	3.333.333,33
Zum Erwerb junger Aktien erforderliche Bezugsrechte	-	333.333,33 × 3 = 1.000.000	-
Anzahl und Wert der zu verkaufenden Bezugsrechte	-	2.000.000 × 25 = 50 Mio. GE	-
Kurswert der Aktien	3.000.000 × 250 = 50 Mio. GE	333.333,33 × 150 = 50 Mio. GE	3.333.333,33 × 225 = 750 Mio. GE
Kassenbestand im Privatvermögen (wg. Vergleichbarkeit mit Szenario 1)	150 Mio. GE	-	150 Mio. GE
Vermögensposition des Altaktionärs	900 Mio. GE		900 Mio. GE
Beteiligungsquote (gemessen an Aktienanzahl)	3/18 = 1/6 bzw. 16,67 %	-	3,33/24 = 5/36 bzw. 13,88 %

Verfügung stehenden Bezugsrechte vorgenommen wurde.

Kritisch ist anzumerken, dass in der Praxis vielfach nur Bruchteile an jungen Aktien mit den Bezugsrechtserlösen beschafft werden können (insb. wenn es sich um Kleinaktionäre mit geringem Altaktienbesitz handelt). Hier empfiehlt sich dann entweder der Gesamtverkauf der Bezugsrechte oder der Zukauf weiterer Bezugsrechte an der Börse, bis ganze Stücke an jungen Aktien erworben werden können. Über den Bezugsrechtshandel haben auch bisherige Nicht-Aktionäre die Möglichkeit, eine junge Aktie zu erwerben: Ein Nicht-Aktionär müsste dafür drei Rechte zu je 25 GE/Recht beziehen und anschließend an die AG den Emissionspreis von 150 GE/Aktie zahlen. Der investierte Gesamtbetrag würde sich auf 225 GE/Aktie beziffern. Diesen Preis müsste der Nicht-Aktionär auch am Tag nach Kapitalerhöhung am Gebrauchtmarkt für Aktien namens Börse entrichten. Analog hätte ein an der Kapitalerhöhung mitmachender Altaktionär vorzugehen, der seine Beteiligungsquote weiter aufstocken möchte.

Neben einer Kapitalerhöhung, die durch Bareinlagen der alten und neuen Aktionäre er-

folgt, ist auch eine Kapitalerhöhung via Sacheinlagen möglich:

• Der Gegenwert für die jungen Aktien wird in Form von nicht-liquiden Vermögensgegenständen (Sachen, Rechte) geleistet.
• Die Hauptversammlung muss den Sacheinlagen im Einzelnen zustimmen, insb. zum fixierten Gegenwert in Aktien.
• Um eine Überbewertung von Sacheinlagen zu vermeiden, sind umfangreiche Prüfungen erforderlich, u. a. um die Haftungsfunktion des Eigenkapitals aus Gläubigersicht nicht zu gefährden und um eine „wertmäßige Gleichbehandlung" von „Sacheinlageaktionären" gegenüber „Bareinlageaktionären" zu erzielen, da eingebrachte Gegenstände sich expost als wertloser erweisen könnten als eingezahltes Bargeld. Nach Möglichkeit sollte deshalb zum Einlagenzeitpunkt auf aktuelle Preise auf den Sekundärmärkten zurückgegriffen werden (sog. Verkehrswerte).

3.2.2.3 Übrige Formen der Kapitalerhöhung

Abschließend sind die verbleibenden Kapitalerhöhungsformen einer AG kurz zu skizzieren.

Genehmigte Kapitalerhöhung

Unter einer genehmigten Kapitalerhöhung versteht man die Ermächtigung des Vorstandes durch die HV für eine Dauer von maximal 5 Jahren, das Grundkapital um einen bestimmten Nennbetrag (genehmigtes Kapital) durch Ausgabe neuer Aktien gegen Bar- oder Sacheinlagen zu erhöhen, wobei es der Zustimmung des Aufsichtsrats bedarf („vereinfachte Kapitalerhöhung mit Blankovollmacht für den Vorstand"). Durch diese Erhöhungsform möchte man der insbesondere seitens des Vorstandes empfundenen Schwerfälligkeit einer ordentlichen Kapitalerhöhung entgegenwirken und ihm eine größere Dispositionsfreiheit ermöglichen. Einerseits kann ein Vorstand bestrebt sein, eine günstige Kapitalmarktsituation (also ein „gutes Börsenklima") auszunutzen und/oder er erkennt andererseits neue Markt- bzw. Wachstumschancen, die zeitnah umgesetzt werden müssen, um sich einen Wettbewerbsvorteil zu sichern, was eine flexible Finanzierung erfordert. Auch hierfür ist eine ¾-Mehrheit des anwesenden Aktienkapitals auf der Hauptversammlung erforderlich. Zudem ist der Ausschluss des Bezugsrechts für Altaktionäre möglich, bspw. im Falle des Erwerbs von neuen Unternehmensbeteiligungen im Wege des Aktientauschs: Die AG erhält eine neue Beteiligung (Position im Finanzanlagevermögen) und bezahlt diese durch Aufnahme eines neuen Gesellschafters, der für seine Eigenkapitalposition neue Aktien als Beweisurkunde erhält. Dieser neue Gesellschafter, eine andere AG, hat dann seinerseits eine Aktivposition im Finanzanlagebereich aufgebaut. Ein zweites Beispiel stellt das Anbieten junger Aktien an die Mitarbeiter der AG dar, was den Personalaufwand erhöht und folglich den Jahresüberschuss reduziert. Dem steht eine Erhöhung des Grundkapitals (in Nennwerthöhe je Aktie) und ggf. ein Zuwachs bei der Kapitalrücklage entgegen (Passivtausch). Dabei ist als Obergrenze die Hälfte des Grundkapitals zum Zeitpunkt der Beschlussfassung über das genehmigte Kapital zu beachten. Über den möglichen Bezugsrechtsausschluss können sich für die Altaktionäre Nachteile hinsichtlich Beteiligungsquote und Vermögensposition ergeben.

Bedingte Kapitalerhöhung

Die bedingte Kapitalerhöhung stellt eine Sonderform der Kapitalerhöhung dar, bei der der Vorstand bei Eintritt bestimmter Bedingungen ermächtigt wird, das bilanzierte Eigenkapital von sich aus je nach Bedarf durch Ausgabe neuer Aktien zu erhöhen. Zu einem Zufluss liquider Mittel kommt es dabei meistens nicht. Zu den Bedingungen, die im Rahmen dieser Kapitalerhöhungsform eintreten müssen, zählen insbesondere

- die Gewährung von Umtausch- oder Bezugsrechten der Inhaber von Wandel- bzw. Optionsanleihen, die von ihrem Recht des Umtausches ihrer Anleihe in Aktien bzw. des zusätzlichen Bezugs junger Aktien Gebrauch machen,
- die Vorbereitung von Zusammenschlüssen (Fusionen) mehrerer Unternehmen sowie
- die Gewährung von Bezugsrechten an Arbeitnehmer der Gesellschaft zum Bezug neuer Aktien, die den Arbeitnehmern aus einer ihnen von den Aktionären eingeräumten Gewinnbeteiligung zustehen.

Für diese Zwecke muss die AG über eigene Aktien verfügen. Hinsichtlich der Liquiditätswirksamkeit unterscheidet sich die bedingte deutlich von einer ordentlichen Kapitalerhöhung, die zumeist über Bareinlagen erfolgt:

- Eine Umwandlung von Wandelanleihen in eine Aktienbeteiligung bedeutet einen Tausch zwischen den Positionen Fremd- und Eigenkapital. Ein Zufluss von Liquidität ist für die AG damit i. d. R. nicht verbunden, es sei denn, die Obligationäre müssen Zuzahlungen leisten.
- Bei einer Fusion können die neuen Aktien zur Auszahlung der Eigentümer des übernommenen Unternehmens verwendet werden, so dass eine bedingte Kapitalerhöhung mit Sacheinlagen (wechselseitige Unternehmensbeteiligung) vorliegt. Ein Geldzufluss findet nicht statt.
- Werden Bezugsaktien den Arbeitnehmern angeboten, bringen die Arbeitnehmer eine For-

derung (und nicht Geld) ein, die aus Sicht der Aktionäre eine Verbindlichkeit darstellt, die durch Aktienausgabe beglichen wird.

Auch bei dieser Kapitalerhöhungsform ist eine ¾-Mehrheit des anwesenden Aktienkapitals auf der Hauptversammlung notwendig. Ein Bezugsrecht besteht für Altaktionäre nicht; es sei denn, sie sind auch Inhaber von Wandel- und Optionsanleihen oder gewinnbeteiligte Mitarbeiter der AG. Die Ausgabe der neuen Aktien erfolgt nach Eintragung des Hauptversammlungsbeschlusses über die bedingte Kapitalerhöhung und voller Leistung des Gegenwertes durch den Bezugsberechtigten. Als Obergrenze der Kapitalerhöhung gilt auch hier die Hälfte des Grundkapitals zum Zeitpunkt der Beschlussfassung über die bedingte Kapitalerhöhung.

Kapitalerhöhung aus Gesellschaftsmitteln
Unter einer Kapitalerhöhung aus Gesellschaftsmitteln versteht man die Umwandlung von Gewinn- und/oder Kapitalrücklagen in gezeichnetes Kapital (Passivtausch). Zu einem Zufluss liquider Mittel kommt es dabei nicht, weshalb die Bezeichnung irreführend erscheint und in der Praxis zur alternativen Bezeichnung „nominelle Kapitalerhöhung" geführt hat, für die ebenfalls eine qualifizierte Mehrheit erforderlich ist. Die Altaktionäre besitzen bei der Erhöhungsform ein unentziehbares Bezugsrecht, d. h. die neuen Aktien fallen ihnen automatisch zum Emissionspreis von Null Geldeinheiten zu, was den Mischkurs im Vergleich zur ordentlichen Kapitalerhöhung deutlich reduziert. Da die Aktionäre keine privaten Finanzmittel zum Erwerb der jungen Aktien aufbringen müssen, werden sie manchmal auch salopp als „Gratisaktien" bezeichnet. Richtigerweise handelt es sich um „Berichtigungsaktien": Ein vorhandener Eigenkapitalteilbestand (hier: Rücklagen) wird zugunsten eines höheren Grundkapitalbestandes reduziert. Durch das höhere Volumen an Grundkapital muss bei konstanter Aktionärsanzahl und unverändertem Nennwert je Aktie die Aktienanzahl ansteigen. Bei unveränderter Unternehmenspolitik und damit konstantem Wert der Eigentümerposition hat dies automatisch Auswirkungen auf den Aktienkurs an der Börse: So würde bspw. eine Verdoppelung der Aktienanzahl infolge dieser Erhöhungsform den Aktienkurs halbieren. Da aber jeder Aktionär gemäß dem hier beispielhaften Bezugsverhältnis von 1:1 auch die doppelte Aktienmenge in seinem Depot vorfindet, hat sich keine Vermögensänderung ergeben.

Als mögliche Gründe für eine solche Kapitalerhöhung gelten:

- Verbreiterung des Aktienhandels durch Erhöhung der Aktienanzahl: Da das Kursniveau an der Börse nach Ausgabe der jungen Berichtigungsaktien sinkt, wird es als „Mittel der optischen Kurspflege" betrachtet. Insbesondere Kleinanleger können danach leichter diese Aktien erwerben.
- Erhöhung des langfristigen Haftungskapitals: Gewinnrücklagen können grundsätzlich leichter ausgeschüttet werden als das Grundkapital, da dazu das Instrument der Kapitalherabsetzung zu wählen ist. Aus Gläubigersicht verbessert sich ggf. die Kreditwürdigkeit der AG.
- Verbesserung der Dividendenrendite aufgrund des geringeren Mischkurses nach Kapitalerhöhung, sofern die Dividendenzahlungen insgesamt steigend sind.

3.2.3 Going Public

Going Public bezeichnet den Vorgang eines Unternehmens, erstmals Aktien zu emittieren und diese dann an der Börse zum Handel zuzulassen (auch: Initial Public Offering). Den Börsenhandel bezeichnet man auch als Sekundärmarkt, auf dem täglich Angebot und Nachfrage nach den dort gehandelten Aktien festgestellt und ein Preis bzw. Kurs für jede Aktie ermittelt wird. Die Erstemission selbst findet nicht an der Börse statt, sondern auf einem sog. Primärmarkt. Darunter versteht man den Markt, auf dem sich Aktienemittent (das Unternehmen) und interessierte Aktieninvestoren treffen und die Aktien zum Emissionspreis erwerben können (Going Public im engeren Sinn).

Für den Gang an die Börse können mehrere Motive relevant sein:

- Verbesserte Versorgung des Unternehmens mit Eigenkapital durch neue externe Kapitalgeber (Beteiligungsfinanzierung) zwecks Finanzierung von Wachstumsstrategien oder zwecks Ablösung von Fremdkapital.
- Steigerung des Bekanntheitsgrades des Unternehmens sowie Verbesserung des Images auf den Kapitalmärkten und ggf. auf den operativen Märkten (Beschaffung und Absatz).
- Professionalisierung und Kontinuität der Unternehmensführung (Management und Controlling) durch Unternehmensorgane der AG und Lösung von Nachfolgeregelungen, die bei Personengesellschaften rechtsformbedingt schwieriger gestaltbar sind.
- Mittel zur Privatisierung von staatlichen Unternehmen sowie zum Verkauf von Unternehmensbereichen über die Börse, die nicht zum engeren Kerngeschäft gehören.
- Realisierung eines sog. Capital Gain (Wertzuwachs der Kapitalanteile, die ein Kapitalgeber an einem Unternehmen besitzt) als Ausstiegsszenario für eine Venture Capital-Finanzierung.
- Förderung der Personalgewinnung, der -entlohnung und -entwicklung im Unternehmen durch Aufbau von Mitarbeiterbeteiligungsprogrammen in Form von Belegschaftsaktien und Aktienoptionsplänen.

Going Public lässt sich als ein strategisches Projekt für ein Unternehmen begreifen, das mehrere Phasen durchläuft:

- Zielbildung, Fixierung des gewünschten Emissionsvolumens und Durchführung des Rechtsformwechsels zu einer AG.
- Festlegung der Emissionsart: Eigen- oder Fremdemission und Wahl des Emissionskonsortiums sowie des Konsortialführers. Um potenzielle Aktieninvestoren für das Unternehmen zu finden, wird i. d. R. die Fremdemission gewählt. Hierbei sorgen Banken, zeitlich begrenzt zusammenarbeitend in einem Konsortium, unter Nutzung ihrer Marktkenntnis und ihrer Vertriebskanäle für eine Platzierung der neuen Aktien bei den Investoren, die sich am Unternehmen beteiligen wollen.

- Sorgfältige Prüfung des Unternehmens durch die Emissionsbanken bzw. durch die führende Konsortialbank bezüglich Rechtssituation und allen wesentlichen Markt- und Wettbewerbsaspekten, um eine Unternehmensbewertung und die Angemessenheit von Emissionspreisen kritisch würdigen zu können (sog. Due Diligence).
- Festlegung des Börsensegmentes bzw. des Sekundärmarktes, auf denen später die Aktien gehandelt werden sollen, wobei jedes Segment andere Zulassungsvoraussetzungen definiert.
- Durchführen sog. Road-Shows: Bankenkonsortium und der Vorstand des an die Börse gehenden Unternehmens werben auf speziellen Marketingveranstaltungen um potenzielle Investoren im Rahmen der Erstemission. Im Mittelpunkt stehen dabei sog. institutionelle Investoren (bspw. Fondsgesellschaften oder Versicherungen), einzelne potenzielle Großaktionäre sowie wichtige Multiplikatoren (bspw. Fachpresse), die über den beabsichtigten Börsengang und das besondere Unternehmensprofil (insbesondere Ertragschancen für die Eigenkapitalgeber, Stärken des Unternehmens usw.) informiert werden (sog. Equity-Story).
- Bestimmung des Emissionspreises für den Bezug der neuen Aktien und Festlegung des Emissionsverfahrens; auf beide Aspekte wird unten näher eingegangen.
- Zeichnung und Zuteilung der Aktien: mit der Zeichnung (auch: Subskription) verpflichten sich Anleger zum Erwerb der Aktien, falls ihnen eine bestimmte Menge zugeteilt wird. Im Rahmen der Erstemission kann der Fall vorliegen, dass es mehr Aktieninteressenten als zu verteilende Aktien insgesamt gibt (sog. Überzeichnung). Deshalb gibt es für die Aktienzuteilung mehrere Zuteilungsformen (vgl. Tab. 3.7).

Mit der ersten Notierung der Aktien an der Börse endet das Going Public und der Handel auf dem Sekundärmarkt beginnt. Von nun an bestimmen Angebot und Nachfrage nach der emittierten Aktie den künftigen Preis.

Tab. 3.7 Zuteilungsvarianten im Rahmen des Going Public

Festzuteilung	Jeder Anleger erhält dieselbe Stückzahl an jungen Aktien
Quotenzuteilung	Jeder Anleger erhält einen bestimmten Prozentsatz seines gezeichneten Ordervolumens
Orderklassen	Segmentierung der Anleger in institutionelle und private Anleger; innerhalb jeder Orderklasse findet die Fest- oder die Quotenzuteilung Anwendung
Auktion	Beginnend mit dem höchsten Preisgebot eines Anlegers wird zugeteilt, bis alle Aktien platziert sind
Auslosung	Neue Aktionäre werden mittels Losentscheid bestimmt
Friends & Family-Program	Bevorzugte Zuteilung an bestimmte Investorengruppen, die für das Unternehmen besonders relevant erscheinen (bspw. treue Mitarbeiter, Kunden, Lieferanten usw.)

Bei gegebener Aktienmenge kommt der Festlegung des Emissionspreises beim Börsengang eine bedeutende Rolle zu. Dieser Ausgabepreis muss durch eine Unternehmensbewertung fundiert sein und stellt damit lediglich ein „Abfallprodukt" der Bewertungsaufgabe dar. Aus Sicht des Vorstandes wird vielfach ein Interesse an einem eher hohen Emissionspreis bestehen, um einen ausreichenden Kapitalzufluss zur Wachstumsfinanzierung zu erzielen. Diese Interessenlage deckt sich zumeist auch mit den Wünschen der bisherigen Aktionäre (Gründer, begünstigte Mitarbeiter und auch Venture Capital-Geber), da diese ihre Aktien nach dem Börsengang ggf. zumindest teilweise mit Gewinn am Sekundärmarkt verkaufen wollen. Neue Anleger präferieren eher einen niedrigen Emissionspreis, um den Kapitaleinsatz zu begrenzen und sich vor möglichen Fehlentwicklungen aufgrund von Informationsdiskrepanzen im Rahmen der Anwerbemaßnahmen auf den Road-Shows zu schützen. Zudem beflügelt ein geringer Kaufpreis eher die „Kursphantasie". Die Emissionsbanken haben ebenfalls ein Interesse an einer moderaten Emissionspreisbildung, da sie das sog. Platzie-

rungsrisiko tragen und dann selbst von ggf. auftretenden Kursrückgängen betroffen wären.

Die Festlegung des Emissionspreises ist das Resultat einer Unternehmensbewertung, bei der der erwartete Marktwert des Eigenkapitals des Unternehmens bestimmt wird. Die wichtigsten Verfahren der Unternehmensbewertung sind die sog. Discounted Cashflow-Verfahren (kurz: DCF-Verfahren) sowie die sog. Multiplikator-Technik.

Bei einer national weit verbreiteten Variante der DCF-Verfahren werden künftige Cashflows, die das Unternehmen an die Eigenkapitalgeber über den erwarteten Lebenszyklus des Unternehmens ausschütten kann, prognostiziert und auf den Zeitpunkt der Emissionspreisermittlung mit einem geeigneten Kalkulationszinssatz aus Sicht der potenziellen Anteilseigner diskontiert (sog. Equity-Approach oder Ertragswert der Eigentümer). Wird der ermittelte Wert des Eigenkapitals durch die Aktienanzahl des Unternehmens dividiert, erhält man den Emissionspreis je Aktie.

In der internationalen Bewertungspraxis dominiert hingegen der sog. WACC-Ansatz als weitere Variante der DCF-Verfahren: Hier werden künftig erwartete Cashflows an sämtliche Kapitalgeber (also Eigen- und Fremdkapitalgeber) prognostiziert und mit einem gewogenen Kalkulationszinssatz (Weighted Average Cost of Capital) über den Lebenszyklus des Unternehmens diskontiert, der die Alternativverzinsung der Eigenkapital- sowie der Fremdkapitalgeber reflektiert. Als Ergebnis erhält man den Wert des Gesamtkapitals (sog. Entity-Approach). Von diesem Wert wird der Wert des Fremdkapitals subtrahiert und man erhält erneut den gesuchten Wert der Eigentümerposition.

Die Multiplikatortechnik beruht in der Regel auf einem Vergleich des an die Börse strebenden Unternehmens (U) mit einem ähnlichen, bereits börsennotierten Vergleichsunternehmen (V), wobei es zum Einsatz von Kennzahlen kommt, die in einem Ursache-Wirkungs-Zusammenhang zum Unternehmenswert stehen sollten. Beispielsweise prägt das Volumen der Vorräte in einer Kohlemine maßgeblich den Wert dieser Mine.

Beispiel zur Unternehmensbewertung

Die frisch gegründete „Unendlich AG" sucht einen Emissionspreis im Rahmen des Going Public. Das Unternehmen wird sich in Höhe von 6,2 Mio. GE langfristig mit Fremdkapital finanzieren. Das Fremdkapital wird zum Zinssatz von langfristig 8 % p.a. ausgeliehen. Als Cashflow vor Abzug von Fremdkapitalzinsen erwartet man langfristig 1 Mio. GE. Potenzielle Eigenkapitalgeber könnten eine Alternativverzinsung ihrer Mittel von langfristig 12 % erzielen.

Nach dem Equity-Approach ergibt sich unter der Annahme einer ewigen Rente ein Cashflow an die Anteilseigner in Höhe von $(1.000.000-6.200.000 \times 0{,}08) = 504.000{,}-$ p.a. Der Cashflow unterliegt der Ausschüttung und wird abschließend durch 0,12 dividiert, was der Diskontierung einer unendlich in gleicher Höhe wiederkehrenden Zahlung entspricht. Der Wert des Eigenkapitals ist damit 4,2 Mio. GE.

Addiert man zum Wert des Eigenkapitals den Wert des Fremdkapitals, erhält man den Marktwert des Gesamtkapitals (hier: 10,4 Mio. GE), den man für den WACC-Ansatz benötigt.

Folgt man dem WACC-Ansatz als weitere DCF-Variante, wird der Cashflow vor Abzug von Fremdkapitalzinsen (1 Mio. GE) mit dem gewogenen Kalkulationszinssatz diskontiert. Dieser ergibt sich, indem der Alternativertragssatz der Anteilseigner und der Fremdkapitalzinssatz zunächst mit dem jeweiligen relativen Anteil der Finanzierungsart am Wert des Gesamtkapitals multipliziert und dann aufaddiert wird: $0{,}12 \times (4{,}2/10{,}4) + 0{,}08 \times (6{,}2/10{,}4) = 0{,}09615 \ldots$ bzw. rd. 9,62 % p.a. Der Wert des Gesamtkapitals errechnet sich nun aus $1.000.000/0{,}09615 \ldots$, was erneut 10,4 Mio. GE Marktwert des Gesamtkapitals ergibt. Zieht man das Fremdkapital davon ab, gelangt man wieder zum Wert des Eigenkapitals in Höhe von 4,2 Mio. GE. Insgesamt würden alle potenziellen Anleger für alle Aktien des Unternehmens maximal diesen Betrag investieren. Wird dieser Ertragswert bspw. auf 500.000 Aktien verteilt, ergibt sich ein Emissionspreis in Höhe von 8,40 GE/Aktie.

Orientiert sich die Emissionspreisfestlegung an der Multiplikatortechnik, so ist zunächst ein geeignetes Vergleichsunternehmen zu suchen, das bereits an der Börse notiert ist und über die gleiche Aktienanzahl verfügt. Das Unternehmen V-AG habe einen Aktienkurs von 400 GE/Aktie. Zudem benötigt man Kennzahlen, auf deren Grundlage ein Vergleich erfolgen soll. Eine wichtige Kennzahl ist der Jahresüberschuss. Angenommen, die V-AG habe einen aktuellen Gewinn in Höhe von 100 GE/Aktie und unser betrachtetes Unternehmen U wird einen Gewinn in Höhe von 504.000,- GE p.a. erzielen, der sich auf 500.000 Aktien verteilt, ist der erwartete Gewinn pro Aktie folglich 1,008 GE/Aktie. Der festzulegende Emissionspreis je Aktie für U ergibt sich dann durch Lösung folgender Formel, bei der ein proportionaler Zusammenhang zwischen den ausgewählten Kennzahlen beider Unternehmen unterstellt ist:

$$\frac{Kurs\,/\,Aktie\;V}{Gewinn\,/\,Aktie\;V} = \frac{Kurs\,/\,Aktie\;U}{Gewinn\,/\,Aktie\;U} \quad (3.7)$$

Gl. (3.7) bildet für beide Unternehmen das sog. Kurs-Gewinn-Verhältnis (KGV) ab. Es besagt, mit dem „Wie-viel-fachen" der Gewinn im Aktienkurs reflektiert ist. Ein hohes KGV signalisiert eine relativ teure Aktie aus Sicht eines potenziellen Anlegers. In Gl. (3.7) stellt der Kurs pro Aktie des Unternehmens U die gesuchte Größe bzw. den zu bestimmenden Emissionspreis dar. Durch elementare Umstellung erhält man:

$$Kurs\,/\,Aktie\;U \\ = \frac{Kurs\,/\,Aktie\;V}{Gewinn\,/\,Aktie\;V} \cdot Gewinn\,/\,Aktie\;U \quad (3.8)$$

Bezogen auf die Beispieldaten ergibt sich nach der Multiplikatortechnik ein Emissionspreis in Höhe von $4 \times 1{,}008 = 4{,}032$ GE/Stk. Da der aktuelle Gewinn des Vergleichsunternehmens rund 100mal höher ist als der des betrachteten Unternehmens, wird auch der aktuelle Eigentümerwert von U lediglich auf gut 1 % des Wertes der V-AG geschätzt.

Neben dem KGV als Multiplikator existieren eine Reihe weiterer Kennzahlen, die für eine vergleichende Bewertung an einem bereits börsennotierten Referenzunternehmen herangezogen werden. So ist bspw. der Umsatz eine weitere beliebte Größe. Er ist im Vergleich zum Gewinn nicht durch bilanzpolitische Zwecke manipulierbar. Zudem scheitert der Gewinn als Kennzahl bei Unternehmen, die zur Zeit Verluste erwirtschaften, da sich negative Emissionspreise ergeben würden. Weitere zum Einsatz kommende Bezugsgrößen sind zudem Cashflow, Kosten, Wachstumsraten von Gewinn oder Umsatz, technisch-physikalische Größen wie Vorratsmengen in Kohleminen, aber im Einzelfall auch so merkwürdig erscheinende Kennzahlen wie Anzahl Mitarbeiter mit Doktortitel im Unternehmen oder Anzahl Besucher auf einer Internetseite, wenn es bspw. um die Bewertung junger innovativer Unternehmen geht, für die aufgrund des Neuigkeitsgrades ihrer Produkte und Dienstleistungen sowie mangels verfügbarer Unternehmensdaten monetäre Bezugsgrößen als alleinige Anhaltspunkte ausscheiden. Der Einfachheit dieser „Bewertung nach dem Dreisatz" steht demnach eine sehr hohe Subjektivität und Manipulierbarkeit entgegen. Um dieser zu begegnen, werden in der Regel mehrere Vergleichsunternehmen herangezogen (sog. Peer-Group-Analyse). Eine beliebte Strategie der Bewertungspraxis stellt auch das „Mischen von Unternehmenswerten" bzw. der parallele Einsatz mehrerer Bewertungsmethoden dar. Bezogen auf obiges Beispiel könnte man das arithmetische Mittel der Berechnungen nach DCF-Verfahren und Multiplikatortechnik bilden und als Emissionspreis vorschlagen oder, was die Unsicherheit im Rahmen der Bewertung sicher am besten berücksichtigt, eine Bandbreite an Preisen angeben.

Wird der ermittelte Emissionspreis unverändert übernommen, spricht man von einem sog. Festpreisverfahren. In der Praxis haben allerdings das sog. Bookbuildingverfahren sowie das sog. Auktionsverfahren mittlerweile eine größere Bedeutung erlangt, da bei diesen Emissionsverfahren die Preisvorstellungen der potenziellen Anleger sowie die Bewertungsunsicherheiten besser berücksichtigt werden können:

- Beim Bookbuildingverfahren geben die potenziellen Investoren Kaufgebote innerhalb einer definierten Preisspanne ab und können so ihre Kaufpreisvorstellungen in die Emissionspreisbildung integrieren.
- Beim Auktionsverfahren können potenzielle Investoren ohne Vorgabe einer Preisspanne Kaufangebote für die neuen Aktien abgeben, wobei das Unternehmen bzw. das Bankenkonsortium einen Mindestpreis für die Aktien festlegt und diesen den Investoren vor Auktionsbeginn bekannt gibt.

Eine in der Praxis verbreitete Variante ist zudem die Mehrzuteilungsoption (sog. Greenshoe): Das Unternehmen gestattet dem Konsortialführer, in einer bestimmten Frist einen zusätzlichen Prozentsatz des bisherigen Emissionsvolumens zum originären Emissionspreis zu übernehmen. Wenn der Aktienkurs nach erster Börsennotierung steigt, wird der Konsortialführer den Greenshoe ausüben, also die Aktien zum Emissionspreis erwerben und mit Gewinn am Sekundärmarkt veräußern. Diese Variante wird zur Markt- bzw. Kurspflege eingesetzt, dient aber auch zur Vergütung der Dienste der konsortialführenden Bank.

Going Public verursacht Aufwendungen, die bei der Überlegung eines Börsengangs zu bedenken sind, da diese Positionen sich im Einzelfall zu Millionenbeträgen summieren können:

- Vorbereitungskosten: Wechsel der Rechtsform, Handelsregistereintragung, Erstellung eines Business Plans und Emissionsberatung einschließlich Unternehmensbewertung bzw. Emissionspreisbestimmung.
- Börseneinführungskosten: i.w. Honorar für das Bankenkonsortium und deren Übernahme des Platzierungsrisikos, Erstellung Verkaufsprospekt und Veröffentlichung, Börsenzulassung, ggf. Aktiendruck, Road-Show und Werbemedien.

- Laufende Börsennotierungskosten: Organisation Hauptversammlung, Geschäftsberichte, Investor Relations, Aufsichtsratsvergütung (die grundsätzlich frei regelbar ist und nur zur Hälfte von der Körperschaftsteuer abzugsfähig ist, was eher zum Abschließen von Beraterverträgen motivieren sollte) und dergleichen mehr.

3.2.4 Eigenkapitalbeschaffung nicht emissionsfähiger Unternehmen

Als nicht emissionsfähig werden diejenigen Unternehmen bezeichnet, die sich nicht durch Ausgabe von Aktien an eine Vielzahl von Kapitalgebern zusätzliches Eigenkapital beschaffen können. Neben den Personengesellschaften (OHG und KG) gehören hierzu auch die GmbH und kleine Aktiengesellschaften (AG) mit geringem Bekanntheitsgrad bzw. familiärer Prägung, deren Aktien nicht an der Börse gehandelt werden (sollen), sowie Genossenschaften. Diese Unternehmen stellen in Deutschland mit Abstand die Mehrheit dar. Für diese Unternehmensformen ist charakteristisch, dass die Chancen zur Steigerung ihrer Eigenkapitalbasis im Wege der Außenfinanzierung limitiert sind, da

- sie keine Wertpapiere auf den Kapitalmärkten emittieren können,
- ihre Gesellschafteranteile nicht frei und standardisiert handelbar sind,

weshalb der Kreis von potenziellen Gesellschaftern im Rahmen einer Beteiligungsfinanzierung relativ begrenzt ist.

Einzelunternehmer

Einzelunternehmen bestehen lediglich aus einem Alleineigentümer als natürliche Person (bspw. eingetragener Kaufmann oder Unternehmensberater). Dieser kann als der „Herrscher der Leistungsprozesse" angesehen werden und vertritt das Unternehmen nach außen. Der Eigentümer haftet mit seinem gesamten Vermögen im Unternehmens- als auch im Privatbereich. Die externe

Eigenkapitalbeschaffung wird durch seine individuellen Vermögensverhältnisse begrenzt. Es bestehen keine gesetzlichen Vorschriften über eine Mindesteinlage an Eigenkapital, d. h. sowohl Einlagen als auch Privatentnahmen sind in beliebiger Höhe möglich, da das Gesamtvermögen des Eigentümers haftet. Sofern die privaten Vermögensverhältnisse keine weiteren Baroder Sacheinlagen (bspw. über eine Erbschaft oder einen Lottogewinn) erlauben, kann eine Steigerung des Eigenkapitals lediglich durch Ausschüttungsverzicht erwirtschafteter Gewinne (Selbstfinanzierung) erfolgen, weshalb die Innenfinanzierung vielfach eine exponierte Stellung einnimmt. Damit hängt der Umfang des Innenfinanzierungspotenzials entscheidend vom Wollen und Können des Unternehmers selbst ab. Alternativ ist die Aufnahme eines sog. stillen Gesellschafters möglich.

Offene Handelsgesellschaft (OHG)

Eine OHG besteht aus mindestens zwei Gesellschaftern. Die einzelnen Gesellschafter sind als natürliche Personen gemeinsam Träger der Rechte und Pflichten aus den Geschäften, die sie gemeinsam tätigen. Sie haften zusammen persönlich (gesamtschuldnerisch) für Verbindlichkeiten, d. h. das jeder Gesellschafter unmittelbar durch die Gläubiger in Anspruch genommen werden kann. Die Gesellschafter arbeiten persönlich im Unternehmen mit und sind steuerlich als Mitunternehmer zu klassifizieren. Die Gewinnverteilung kann „nach Köpfen" (vgl. den Vorschlag in § 121 HGB) oder entsprechend den Regelungen, die individuell im Gesellschaftsvertrag festgelegt sind, erfolgen. Durch Ein- und Austritt von Gesellschaftern ist der Gesellschaftsvertrag anzupassen. Neue Gesellschafter haften zudem für bereits bestehende Verbindlichkeiten der OHG mit. Bedingt durch die persönliche Haftung muss zwischen den Gesellschaftern ein Vertrauensverhältnis bestehen. Eine externe Eigenfinanzierung kann durch Aufnahme neuer Gesellschafter oder durch neue Einlagen der bestehenden Gesellschafter erfolgen. Allerdings wird dies von zwei Seiten erschwert: Einerseits ist in der Regel das Privatvermögen der Gesellschafter limitiert; andererseits scheuen neue Gesellschafter die persönliche Haftung. Alternativ ist eine zeitlich begrenzte Eigenkapitalbeschaffung durch Kapitalbeteiligungsgesellschaften möglich, bspw. in Form einer stillen Gesellschaft, sofern diese „Wagnisfinanzierer" (Venture Capitalists) ihre hohen Renditeerwartungen als erfüllbar einschätzen. Deshalb ist in der Praxis Venture Capital nur für Wachstumsbranchen eine realistische Alternative.

Kommanditgesellschaft (KG)

Eine KG ist eine Personengesellschaft, bei der analog zur OHG mindestens ein Gesellschafter (sog. Komplementär) unbeschränkt, aber mindestens ein Gesellschafter (sog. Kommanditist) lediglich bis zur Höhe seiner Einlage haftet. Die Geschäftsführung kann frei geregelt werden.

Sofern der Gesellschaftsvertrag nicht anderes enthält, wird die Weisungsfunktion im Unternehmen vom Komplementär ausgeübt. Dann sind die Kommanditisten grundsätzlich von der Unternehmensführung ausgeschlossen. Sie haben dann lediglich Kontrollrechte sowie ein Widerspruchsrecht bei grundlegenden strategischen Unternehmensentscheidungen.

Sofern der Gesellschaftsvertrag nicht anderes bestimmt, werden im Rahmen der Gewinnbeteiligung die Eigenkapitalanteile von Komplementär und Kommanditist mit zunächst 4 % verzinst und ein verbleibender Restgewinn „in einem angemessenen Verhältnis" weiter auf diese verteilt (vgl. § 167 HGB und § 168 HGB). Die Kommanditisten haben lediglich bezüglich ihres Gewinnanteils einen Anspruch auf eine Barentnahme. Ein darüber hinaus gehendes Entnahmerecht besteht für sie nicht, weshalb ihre originäre Kapitaleinlage auch als „konstantes Haftungskapital" bezeichnet werden kann. Durch Zustimmung aller Gesellschafter und Eintragung ins Handelsregister kann die Kommanditisteneinlage aber herab- oder heraufgesetzt werden. An Verlustsituationen nehmen Kommanditisten nur bis zur Höhe ihres Kapitalanteils teil, d. h. ein Jahresfehlbetrag würde, sofern noch möglich, anteilig mit der Kommanditisteneinlage verrechnet. Verbleibende Verluste trägt dann allein der Komplementär.

Da die Privathaftung für Kommanditisten entfällt, wird die Aufnahme von neuen Gesellschaftern tendenziell erleichtert. Zu bedenken ist aber, dass durch neue Gesellschafter die Gewinnaufteilung beeinflusst wird. Weitere Einlagen seitens des Vollhafters hängen analog zur OHG von dessen privater Vermögenssituation ab.

GmbH & Co KG

Die GmbH & Co. KG ist gesetzlich nicht definiert, da sie eine Kreation der Praxis darstellt. Bei ihr handelt es sich in der Regel um eine KG, bei der der Komplementär (Vollhafter) eine Gesellschaft mit begrenzter Haftung (GmbH) darstellt. Die Gesellschafter der GmbH sind i. d. R. die Kommanditisten (Teilhafter) der KG. Damit ist sie faktisch eine Kombination von Personen- und Kapitalgesellschaft. Mit ihr gelingt es, die Vorteile einer Personengesellschaft (keine Körperschaftsteuerpflicht; die Kommanditistengewinne unterliegen nur der persönlichen Einkommensteuer) mit denen der Kapitalgesellschaft (beschränkte Haftung) zu verbinden. Die Körperschaftsteuer wird auf die GmbH reduziert und die Haftung ist auf die Stammeinlage der GmbH sowie auf die Einlage der Kommanditisten begrenzt. Ferner hat sie den Vorteil, eine problemlosere Nachfolgeregelung für den geschäftsführenden Gesellschafter der GmbH zu finden: Dieser hat zumeist die Kommanditgesellschaft als Komplementär maßgeblich mitgegründet. Scheidet der Gründer altersbedingt aus, kann die GmbH als eigenständige Rechtspersönlichkeit weiter existieren und es besteht die Chance, einen angestellten Manager als Geschäftsführer einzusetzen, falls sich im Kreise der verbleibenden Kommanditisten kein geeigneter Nachfolger befindet. Dies sichert die jederzeitige Unternehmensfortführung. Zudem ergeben sich im Einzelfall Vorteile bei der steuerlichen Gewinnermittlung in der GmbH: Geschäftsführergehälter, Zinsen auf Gesellschafterdarlehen, Beratungshonorare der Kommanditisten, Miete für überlassene Gebäude der Gesellschafter gelten als Betriebsausgabe und sind von der Steuer absetzbar, was die Körperschaft- und Gewerbeertragsteuer der GmbH mindert. Allerdings müssen derartige Verträge der Gesellschafter mit der GmbH steuerrechtlich so gestaltet sein, wie es unter fremden Dritten üblich wäre. Zudem ist zu bedenken, dass spiegelbildlich steuerliche Einkunftsarten bei den Gesellschaftern im Rahmen ihrer Einkommensteuererklärung entstehen, so dass die steuerliche Gesamtwirkung erst im Rahmen einer differenzierten Steueranalyse erkennbar wird.

Gesellschaft mit beschränkter Haftung (GmbH)

Die GmbH zählt zu den Kapitalgesellschaften. Für ihre Gründung bedarf es lediglich einer (natürlichen oder juristischen) Gründerperson. Eine Mitgliedschaft in einer Kapitalgesellschaft ist in der Kapitalbeteiligung begründet und kann durch Verkauf der Beteiligung wieder beendet werden. Kapitalgesellschaften haben als juristische Personen eine eigenständige Rechtspersönlichkeit, die durch Organe handelt (bei der GmbH: Geschäftsführer, Gesellschafterversammlung, ggf. Aufsichtsrat und Beirat). Die eigenständige Rechtspersönlichkeit hat u. a. zur Folge, dass die GmbH Inhaber ihres Unternehmensvermögens ist und allein mit diesem Vermögen gegenüber den Gläubigern haftet. Das Privatvermögen der Gesellschafter wird nicht herangezogen. Sie haften lediglich in Höhe ihrer Kapitaleinlage, die Eingang in den Unternehmensbereich gefunden hat. Aus Gründen des Gläubigerschutzes ist eine gesetzlich geforderte Mindesteigenkapitaleinlage (sog. Stammkapital von 25.000,- EUR), von der zum Zeitpunkt der Handelsregistereintragung mindestens die Hälfte eingezahlt sein muss, sowie eine Publizitätspflicht der Jahresabschlussdaten und ab einer bestimmten Größenordnung eine Prüfungspflicht der Abschlussangaben erforderlich. Da die GmbH über eigene Organe verfügt, ist eine persönliche Mitarbeit der Kapitalgeber nicht vorgesehen, aber bspw. im Rahmen einer sog. Ein-Mann-GmbH notwendig. Abstimmungen und Gewinnverteilungen erfolgen nach Kapitalanteilen bzw. Beteiligungsquoten.

Eine Erhöhung des Stammkapitals (Kapitalerhöhung) ist nur durch Satzungsänderung möglich, für die analog zu Aktiengesellschaften eine ¾-Mehrheit auf der Gesellschafterversammlung benötigt wird. Im Gesellschaftsvertrag kann eine sog. Nachschusspflicht vorgesehen sein, durch die die Gesellschafter über das Stammkapital hinausgehende Einlagen tätigen müssen. Will ein Gesellschafter der Nachschusspflicht nicht nachkommen bzw. grundsätzlich ausscheiden, hat er das Recht der Preisgabe seines Geschäftsanteils (sog. Abandonrecht), indem er diesen den verbleibenden Gesellschaftern anbietet und ausscheidet. Hierzu ist eine Abtretung in Form eines notariellen Vertrages erforderlich. Freilich entstehen dann Fragen zur Bewertung des Geschäftsanteils, da, anders als bei börsennotierten Aktien, keine Marktpreise für GmbH-Anteile existieren.

Eine zusätzliche Eigenkapitalbeschaffung kann durch weitere Einlagen der bisherigen Gesellschafter oder durch Aufnahme neuer Gesellschafter erfolgen. Die Erhöhung des Stammkapitals durch bisherige Gesellschafter ist aber analog zu OHG und KG von deren sonstiger Vermögenssituation abhängig. Bei einer Aufnahme neuer Gesellschafter würden sich die Beteiligungsquoten verändern. Vorteilhaft erscheint insbesondere die begrenzte Haftung. Diese lässt sich in der Praxis aber nicht immer realisieren: So werden bspw. umfangreiche Kreditzusagen für eine GmbH oftmals an das Vorhandensein höherer Eigenkapitalbestände geknüpft oder die Gesellschafter werden zur Stellung zusätzlicher Sicherheiten aus deren Privatvermögen verpflichtet.

Unternehmergesellschaft (UG)

Die im GmbH-Gesetz geregelte haftungsbeschränkte UG stellt keine neue Rechtsform dar. Vielmehr handelt es sich um eine GmbH mit einem geringeren Stammkapital als dem für die gewöhnliche GmbH vorgeschriebenen Mindeststammkapital. Die UG ist eine juristische Person, im Regelfall körperschaftsteuer- und gewerbesteuerpflichtig. Sie kann mit einem Stammkapital von lediglich einem Euro gegründet werden, weshalb sie in der Praxis auch als „Mini-GmbH" oder „1-Euro-GmbH" bezeichnet wird. Sacheinlagen sind unzulässig. Aufgrund der meist geringen Stammeinlage müssen jährlich 25 % des

Jahresüberschusses in eine Gewinnrücklage eingestellt werden. Ab 25.000,- EUR geht die UG automatisch in eine normale GmbH über. Die UG hat vor allem in Existenzgründerkreisen großen Anklang gefunden.

Genossenschaften

Die eingetragene Genossenschaft (eG) ist eine juristische Person. Sie ist ein eingetragener Verein mit nicht geschlossener Mitgliederzahl zur Führung eines gemeinsamen Geschäfts, wobei die Förderung der Erwerbsinteressen der Mitglieder im Vordergrund des Geschäftszwecks steht. Die rechtlichen Grundlagen sind im Genossenschaftsgesetz geregelt. Die Mindestzahl der Mitglieder (sog. Genossen) beträgt 7. Die finanzielle Haftung ist auf das Genossenschaftsvermögen begrenzt.

Die Unternehmensleitung erfolgt durch Organe: Vorstand, Aufsichtsrat und General- bzw. Mitgliederversammlung. Die Generalversammlung wählt Vorstand und Aufsichtsrat, wobei jeder Genosse über eine Stimme verfügt.

Die Beteiligungsfinanzierung erfolgt aufgrund von Bareinlagen der Genossen (sog. Geschäftsguthaben). Gewinnanteile vermehren und Verlustanteile mindern dieses Guthaben. Ein gesetzlich vorgeschriebenes Mindesthaftungskapital, wie bei GmbH oder AG, existiert nicht. Sofern die Satzung nichts abweichendes bestimmt, erhalten die Mitglieder ihre Gewinnausschüttung auf Basis des jeweiligen Geschäftsguthabens. An Verlusten sind sie maximal bis zur Höhe ihres Geschäftsanteils, das ist der Höchstbetrag, bis zu dem sich ein Mitglied finanziell engagieren darf, beteiligt. Ein populäres Praxisbeispiel stellen die Sparda Banken in Deutschland dar, an der sich alle Kunden zugleich als Genossen finanziell mit mindestens 50 EUR beteiligen müssen, aber bis höchstens 500 EUR beteiligen dürfen.

Möchte sich ein Genosse von seinem Geschäftsanteil trennen, so kann er einzelne Geschäftsanteile oder seine gesamte Mitgliedschaft unter Wahrung einer satzungsgemäßen Frist kündigen. Der originär gezahlte Geschäftsanteil wird dann an das Mitglied ohne Disagio ausgezahlt.

Sollte die Genossenschaft aufgelöst werden, haben die Mitglieder einen Anspruch auf einen Anteil am erzielten Liquidationserlös (nach Abzug aller Schulden).

Von einer Personengesellschaft unterscheidet sich die Genossenschaft dadurch, dass für die Verbindlichkeiten nur das Unternehmensvermögen haftet. Abweichend zu einer Kapitalgesellschaft existiert keine gesetzliche Vorgabe über ein Mindestvolumen an Grund- bzw. Stammkapital. Die Genossen sind lediglich verpflichtet, mindestens 10 % ihres Geschäftsanteils in das Unternehmen einzuzahlen.

Zusammenfassung (zu Teil 3.2)

Börsennotierte Unternehmen beschaffen sich von ihren aktuellen Eigentümern neue Geldmittel im Rahmen sog. ordentlicher Kapitalerhöhungen. Altaktionäre können in diesem Zusammenhang die sog. „Operation Blanche" wählen und damit ohne Einsatz von Privatvermögen weitere junge Aktien erwerben. Als weitere Formen der Kapitalerhöhung gelten das genehmigte Kapital, die bedingte Kapitalerhöhung sowie die Kapitalerhöhung aus Gesellschaftsmitteln, bei der es zur Ausgabe sog. „Gratisaktien" kommt, aber nicht zu einem zusätzlichen Geldfluss in die AG.

Werden Eigenkapitalrechte an einer AG erstmals zum Börsenhandel zugelassen, spricht man vom sog. Going Public (IPO): Durch den Aktienkauf von insbesondere neuen Aktionären generiert die AG weitere Gelder zwecks Finanzierung von strategischen Investitionsprojekten. Es liegt damit eine sog. Beteiligungsfinanzierung vor.

Abschließend werden die teils sehr begrenzten Möglichkeiten der Eigenkapitalbeschaffung nicht emissionsfähiger Unternehmen vorgestellt, die insbesondere vom Volumen des Privatvermögens aktueller und potenzieller Gesellschafter abhängen.

3.3   Fremdkapitalfinanzierung

3.3.1 Begriff und Merkmale von Fremdkapital

Unter einer Finanzierung mit Fremdkapital wird hier eine langfristige Kreditfinanzierung verstanden, bei der einem Unternehmen über einen Zeitraum von mindestens vier Jahren von außen Geld durch Gläubiger zugeführt wird, die keine Eigentumsrechte am Unternehmen erwerben (lat. credere: vertrauen, glauben). Die besondere Funktion von Fremdkapital besteht in der Ausstattung des Unternehmens auf der Aktivseite der Bilanz mit Finanzmitteln, die auf der Passivseite unter der Position „Verbindlichkeiten" als künftige Auszahlungsverpflichtungen des Unternehmens festgehalten werden. Von den Rückstellungen unterscheiden sich Verbindlichkeiten dadurch, dass weder die Rückzahlungsbeträge noch die damit zusammenhängenden Fälligkeitstermine als unbekannt bzw. unsicher gelten.

Mit einer Kreditfinanzierung werden in der Regel folgende Merkmale verbunden:

- Nominalanspruch: Gläubiger haben einen Anspruch auf Rückzahlung des Nominalbetrages ihrer Kredite. Der Nominal- oder auch Nennbetrag gibt die nominelle Größe des Kredites an und ist u. a. Basis für die zu entrichtenden Zinsen. Davon zu unterscheiden ist der Auszahlungsbetrag, den Kreditnehmer tatsächlich erhalten. Eine Differenz zwischen Auszahlungs- und Nennbetrag wird als Disagio (Abschlag oder Damnum) bezeichnet und beeinflusst die effektiven Kreditkosten.
- Fester Zinsanspruch: Unabhängig von der Erfolgslage besteht ein fest definierter Zinsanspruch gegen das Unternehmen (was nicht bedeutet, dass der Kreditzinssatz im Zeitablauf der Kreditbeziehung nicht variieren kann).
- Befristete Kapitalüberlassung: In der Regel gewähren Gläubiger nur zeitlich begrenzt einen Kredit; es sind zumeist feste Tilgungs- und Rückzahlungsmodalitäten vereinbart.
- Keine Haftung: Kreditkapital haftet nicht; vielmehr gelten die Gläubiger als „Haftungsberechtigte" und erhalten ihr Kapital im Liquidationsfall bevorzugt zurück.

- Keine Weisungsbefugnis: Gläubiger haben meistens keinen Einfluss auf die Unternehmensführung.
- Zinszahlungen sind Aufwendungen: Sie mindern das Einkommen der Unternehmenseigentümer sowie die Steuerbemessungsgrundlagen des Unternehmens.
- Kreditwürdigkeit und Kreditsicherheiten: Wichtige Voraussetzung für die meisten Kreditgewährungen sind Prüfungen durch die potentiellen Gläubiger bezüglich Kreditwürdigkeit und ggf. das Verlangen von verwertbaren Sicherheiten, um das Risiko des Zahlungsausfalls zu begrenzen bzw. zu vermeiden.

Entsprechend kann man Fremdkapital in „idealtypischer Form" wie folgt charakterisieren:

- keine Weisungsbefugnis im Rahmen der Unternehmensführung,
- keine Ergebnisabhängigkeit,
- keine bilanzielle Reduktion des Kapitalbestandes bei zeitweisen Verlusten im Unternehmen,
- vertragliche Fixierung der Zins- und Tilgungsmodalitäten sowie der damit zusammenhängenden Zahlungstermine,
- bevorzugte Kapitalrückzahlung im Liquidationsfall.

Fremdkapital ist damit eine Art „Festbetragsanspruch", der so weit als möglich als risikoloses Kapital konzipiert ist.

In Abschn. 3.3.2 werden zunächst die sog. unverbrieften Darlehen erörtert, die in der Praxis meistens nach der Art der vereinbarten Tilgungsmodalitäten differenziert werden. Unverbriefte Darlehen sind das Ergebnis eines individuellen Kreditvertrages mit einem Fremdkapitalgeber. „Unverbrieft" bedeutet, dass das Darlehen nicht in Wertpapiere gekleidet ist, die ein Kreditgeber, je nach persönlich präferierter Haltedauer, jederzeit am Sekundärmarkt „Börse" veräußern könnte. Eine Sonderform des unverbrieften Darlehens stellt das sog. Schuldscheindarlehen dar, auf das am Ende von Abschn. 3.3.2 eingegangen wird. Eine Alternative zum Kreditkauf von Gegenständen des Anlagevermögens stellt das sog.

Finance Leasing (Abschn. 3.3.3) dar, bei dem Betriebsmittel über eine feste unkündbare Grundmietzeit angemietet werden. Werden Kredite standardisiert als Wertpapiere emittiert, liegt eine Anleihefinanzierung vor (auch: Emission von Schuldverschreibungen oder Obligationen) die, ähnlich einer Aktienfinanzierung, Fristentransformationsvorteile für potenzielle Kreditgeber beinhalten (Abschn. 3.3.4). Zudem besteht nach der Emission von Schuldverschreibungen seitens der Gläubiger kein Recht, die eingezahlten Geldbeträge vom Unternehmen vorzeitig zurückfordern zu können. Analog zur Aktienfinanzierung ist ein Ausstieg nur über die Börse möglich. Einige Formen von Schuldverschreibungen (insbesondere Wandel- und Optionsanleihen) werden dem sog. „Mezzanine Financing" zugeordnet und dementsprechend in Abschn. 3.4 dargestellt.

3.3.2 Unverbriefte Darlehen

Das unverbriefte Darlehen kann als Grundform langfristiger Fremdfinanzierung betrachtet werden. Nach § 607 BGB ist ein Darlehen die Hingabe von Geld oder anderen vertretbaren Sachen (bspw. Waren) mit der Vereinbarung, dass der Empfänger Sachen gleicher Art, Güte und Menge nach Ablauf der vereinbarten Lauf- bzw. Nutzungszeit zurückzugeben hat. Ein Darlehen liegt nur vor, wenn der Schuldner die geliehenen Geld- oder Sachwerte für eine gewisse Zeit behalten bzw. nutzen darf. Im Folgenden werden die Darlehensformen nach ihrer Tilgungsstruktur differenziert diskutiert, wobei wir nur auf die sog. nachschüssige Betrachtung in den folgenden Beispielen eingehen.[2]

Ratendarlehen

Als Raten- oder auch Abzahlungsdarlehen wird ein Darlehen bezeichnet, bei dem in der Regel vom ersten Kreditjahr an bis zum Ende der Kreditlaufzeit mit einer laufzeitkonstanten Rate, ähnlich einer linearen Abschreibung, der Kreditbetrag zurückgezahlt wird. Im Einzelfall können auch sog. tilgungsfreie Jahre vereinbart werden. In diesem Fall wären die Tilgungsraten linear über die Restlaufzeit des Darlehensvertrages zu verteilen. Die fest vereinbarten Darlehenszinsen werden (bei nachschüssiger Berechnung) auf den jeweils existierenden Darlehensrestbestand zum Ende der Vorperiode erhoben.

Beispiel zum unverbrieften Darlehen

Ein Unternehmen möchte am Jahresanfang (t = 0) für vier Jahre (t = T) ein Darlehen über nominal 100.000,- GE aufnehmen (FK0). Der Nominalzinssatz (i) sei 6 %. Vereinbart wurde zudem ein Disagio (d) in Höhe von 2 % auf den Nominalbetrag, was zu einem sog. Auszahlungskurs bzw. -betrag in Höhe von 98 % bzw. von 98.000,- GE führt. Die Zinsen werden jeweils am Ende eines Jahres fällig (nachschüssige Betrachtung). Tab. 3.8 zeigt die weiteren Zahlungswirkungen aus Sicht des Kreditnehmers im Zeitablauf. Die Tilgungszahlungen (Tt) ergeben sich, indem der Nominalbetrag gleichmäßig über die vier Jahre verteilt wird. Auf den jeweiligen Darlehensrestbestand, der sich nach jeder Tilgung ergibt, erfolgt die Zinsberechnung für die jeweilige Folgeperiode (Zt = i · FKt-1). Folglich sinken die Zinszahlungen mit zunehmender Laufzeit. Alternativ ließe sich der Sachverhalt mit umgekehrten Vorzeichen bei den Zahlungskonsequenzen aus Sicht eines Kreditgebers abbilden, für den der Sachverhalt eine Finanzinvestition darstellt.

Sowohl Kreditnehmer als auch Kreditgeber sind an der Berechnung einer sog. Effektivverzinsung p.a. (i_{krit}) interessiert. Werden, wie im Beispiel, anfallende Transaktionskosten und Steuerwirkungen nicht berücksichtigt, entsprechen sich bei beiden Kreditpartnern die Effektivverzinsungen, wenn über den Kreditzeitraum identische Wiederanlageprämissen für die anfallenden Zahlungen unterstellt werden. Im Beispiel der Tab. 3.8 ergeben sich

---
[2]Eine nachschüssige Betrachtung bedeutet, dass Zins- und Tilgungszahlungen stets an einem Periodenende fällig werden. Die Kreditaufnahme erfolgt stets an einem Periodenanfang.

Tab. 3.8 Zahlungsstruktur eines Ratendarlehens

Sicht Kreditnehmer						
Zeitpunkte	t =	0	1	2	3	4
Berechnung Zins- und Tilgungsplan						
Zinszahlungen (−)	GE		−6000	−4500	−3000	−1500
Tilgungszahlungen (−)	GE		−25.000	−25.000	−25.000	−25.000
Darlehensbestand (+)	GE	100.000	75.000	50.000	25.000	0
Berechnung Effektivzinssatz						
Einzahlungen (+)	GE	98.000				
Zinszahlungen (−)	GE		−6000	−4500	−3000	−1500
Tilgungszahlungen (−)	GE		−25.000	−25.000	−25.000	−25.000
Nettozahlungen (+/−)	GE	98.000	−31.000	−29.500	−28.000	−26.500
Interner Zinssatz =Effektivzinssatz	%	6,91 %				

6,91 % pro Jahr. Dieser effektive Zinssatz ist größer als der vereinbarte Nominalzinssatz von 6 %, da das Unternehmen ein Disagio von 2 % des Nominalbetrages akzeptiert. Das Disagio kann als derjenige Teil des geschuldeten bzw. zurückzuzahlenden Darlehensbetrages verstanden werden, den der Darlehensgeber nicht an den Kreditnehmer auszahlt. Es handelt sich damit um „versteckte oder indirekte Zinskosten" des Unternehmens. Ein Disagio kann aus Sicht einer Bank einerseits als „Marketinginstrument", andererseits als ein Instrument verstanden werden, durch das die Bank jederzeit eine marktgerechte (effektive) Verzinsung ohne Änderung der Nominaldaten im Darlehensvertrag herzustellen vermag. Auch ein Kreditnehmer kann ein Disagio wünschen, wenn er während der Darlehenslaufzeit möglichst geringe laufende Zahlungen an den Darlehensgeber leisten möchte und dafür am Ende der Laufzeit bereit ist, einen entsprechend höheren Betrag zu tilgen.

Die Berechnung der Effektivverzinsung (aus Sicht des Kreditnehmers handelt es sich um seine jährlichen „Durchschnittskosten in Prozent") erfolgt auf der Grundlage der aus der dynamischen Investitionsrechnung bekannten Internen Zinssatzmethode: Gesucht wird ein kritischer Zinssatz (i_{krit}), bei dessen Verwendung als Diskontierungszinssatz der Kapitalwert (KW) des Zahlungsstroms einer Darlehensbeziehung, in Gl. (3.9) aus Kreditnehmersicht dargestellt, genau Null wird:

$$KW = +FK_0 \cdot (1-d) - \sum_{t=1}^{T}(Z_t + T_t) \cdot (1 + i_{krit})^{-t} \overset{!}{=} 0 \, (3.9)$$

Zur Bestimmung des gesuchten kritischen Zinssatzes lassen sich entweder Tabellenkalkulationsprogramme oder das Verfahren der linearen Interpolation (sog. regula falsi), wie in Kap. 2 vorgestellt, nutzen. Dabei ist hier zu bedenken, dass ein Kapitalwert aus Kreditnehmersicht bei steigenden (sinkenden) Diskontierungszinssätzen zunimmt (abnimmt): Der Diskontierungszinssatz kann als der für neue Kreditaufnahmen zu entrichtende Marktzinssatz interpretiert werden. Da der Kreditnehmer beim bestehenden Darlehen stets nur den vereinbarten Zinssatz zu entrichten hat, steht er sich immer dann relativ besser, wenn das Marktzinsniveau, zu dem Geld verliehen wird, zwischenzeitlich ansteigt. Sollte aber das Zinsniveau am Markt unter dem fest vereinbarten Darlehenszinssatz liegen, zahlt ein Kreditnehmer gegenüber den Marktkonditionen zu viel an seinen Gläubiger. Daher kann man auch sagen, dass man auf Basis des Kapitalwertes den gegenwärtigen Wert (Present Value) der Darlehenskonditionen mit den aktuellen Marktkonditionen ähnlicher Kredite vergleicht. Entsprechend würde ein Darlehensnehmer seine Effektivverzinsung dem gegenwärtigen Marktzinsniveau gegenüberstellen: Ein Darlehen, dessen Effektivverzinsung über dem allgemeinen Marktniveau liegt, wäre abzulehnen, sofern das Unternehmen günstigere Kreditbeschaffungsalternativen realisieren kann.

Wird der interne Zinssatz aus Kreditnehmersicht mittels linearer Interpolation bestimmt, müssen mittels zwei Probierzinssätzen zwei damit korrespondierende Kapitalwerte ermittelt werden: Führt ein Zinssatz (i_1) zu einem (gerade noch) negativen Kapitalwert (KW_1) und ein zweiter Zinssatz (i_2) zu einem (leicht) positiven Zielwert (KW_2), wird der kritische Zinssatz, der sich zwischen beiden Probierzinssätzen befindet, mittels Interpolationsformel (3.10) näherungsweise bestimmt.

$$i_{krit} = i_2 - \frac{KW_2 \cdot (i_2 - i_1)}{KW_2 - KW_1} \qquad (3.10)$$

Sei der erste Probierzinssatz (i_1) 6 % und der zweite (i_2) 8 %, so erhält man auf Basis von Formel (3.9) zunächst einen negativen (−2000,-) sowie einen positiven Kapitalwert (+2299,21). Diese vier Werte werden nun in (3.10) eingesetzt und liefern recht exakt das in Tab. 3.8 dargestellte Ergebnis.

Die Interne Zinssatzmethode wird in Theorie und Praxis vielfach kritisiert, da sie im Falle einer Geldvermögensmaximierung für das Ende eines Investitionszeitraumes u. a. eine Wiederanlage freiwerdender Zahlungen zum internen Zinssatz während der Investitionslaufzeit unterstellt, was insbesondere beim relativen Vorteilhaftigkeitsvergleich zwischen betrags- und laufzeitverschiedenen Investitionsalternativen zu Fehlern bei der optimalen Alternativenauswahl führen kann. Im Falle eines mehrfachen Vorzeichenwechsels der Zahlungen im Zeitablauf kann zudem das Problem von mehrdeutigen Lösungen entstehen. Auch sind Fälle bekannt, in der sich keine effektive Verzinsung ermitteln lässt. Dennoch sind Banken über die sog. Preisangabenverordnung verpflichtet, bei Kreditangeboten eine solche Kennzahl anzugeben, damit ein Kreditnachfrager alternative Angebote besser vergleichen kann. Das dies trotz der genann-

ten Probleme sinnvoll erscheint, erklärt sich aus der Tatsache, dass ein Kreditnehmer bei alternativen Angeboten in der Regel nach den Konditionen für identische Kreditbeträge über gleiche Laufzeiten anfragt. Durch diese Betrags- und Laufzeitäquivalenz sowie durch das Vorliegen von nur einem Vorzeichenwechsel im Zeitablauf einer Kreditbeziehung sind die Voraussetzungen für einen zutreffenden Alternativenvergleich gegeben.

Endfälligkeitsdarlehen

Erfolgt die Darlehenstilgung komplett am Ende der Laufzeit, spricht die Praxis von einem Darlehen mit Endfälligkeit oder von einem Tilgungsaussetzungsdarlehen bzw. Festdarlehen. Im Laufe der Kreditjahre werden folglich lediglich die vereinbarten Zinsen, berechnet auf den Nominalbetrag, gezahlt und sind damit laufzeitkonstant. Bezogen auf das Ausgangsbeispiel ergibt sich die in Tab. 3.9 dargestellte Zahlungsstruktur aus Kreditnehmersicht. Die effektiven Kreditkosten pro Jahr betragen hier 6,58 %.

Endfälligkeitsdarlehen besitzen gegenüber einem Ratendarlehen aus Kreditnehmersicht den Vorteil, das während der Kreditlaufzeit lediglich Zinsen, aber keine Tilgungszahlungen zu leisten sind. In dieser Zeit bleibt die Liquidität des Unternehmens geschont. Allerdings ist dafür Sorge zu tragen, dass zum Endzeitpunkt der Darlehensbeziehung der erforderliche Rückzahlungsbetrag, der dem Nominalbetrag entspricht, zur Verfügung steht (bspw. Abschluss eines mehrperiodigen Bauprojektes). Im Privatbereich wird ein solches Darlehen manchmal gewählt, wenn die nicht zur laufenden Tilgung benötigten Gelder zeitlich parallel in ein Ansparprodukt investiert werden, von dem eine höhere Verzinsung erwartet wird. Mit dem dann erzielten Vermögensendwert aus

Tab. 3.9 Zahlungsstruktur eines Endfälligkeitsdarlehens

Sicht Kreditnehmer						
Zeitpunkte	t =	0	1	2	3	4
Einzahlungen (+)	GE	98.000				
Zinszahlungen (−)	GE		−6000	−6000	−6000	−6000
Tilgungszahlungen (−)	GE		0	0	0	−100.000
Nettozahlungen (+/−)	GE	98.000	−6000	−6000	−6000	−106.000
Interner Zinssatz = Effektivzinssatz	%	6,58 %				

der Ansparmaßnahme soll dann das Darlehen am Ende komplett getilgt werden. Im Idealfall soll sogar ein Restguthaben aus dem Sparprodukt verbleiben. Diese Tilgungsstrategie beinhaltet aber ein ggf. erhebliches Risiko, falls sich die erwartete Verzinsung aus dem Ansparprodukt nicht einstellt. So planten in der Vergangenheit öfters private Bauherren, die Kreditrückzahlung für ihre Immobilie mit der Ablaufleistung aus einer Kapitallebensversicherung zu verrechnen, mussten aber vielfach aufgrund der geringeren Renditen von Lebensversicherungen eine verbleibende Restschuld akzeptieren. Abhängig von den sonstigen privaten Vermögens- und Einkommensverhältnissen können daraus ernste Folgeprobleme erwachsen (bspw. erheblich teurere Anschlussfinanzierung bis hin zur Zwangsversteigerung der Immobilie).

Darlehen mit Endwerttilgung
Bei einem Darlehen mit Endwerttilgung handelt es sich aus Sicht des Unternehmens um einen Zahlungsstrom mit lediglich zwei Zahlungsterminen über die vereinbarte Kreditlaufzeit: Am Anfang der Kreditaufnahme (t = 0) erhält das Unternehmen die vereinbarte Einzahlung; am Ende der Kreditbeziehung (t = T) zahlt das Unternehmen den originären Darlehensbetrag zuzüglich aller angefallenen Zinsen und Zinseszinsen zurück. Obwohl bilanziell in jeder Periode Zinsaufwendungen gebucht werden, erfolgen keine Auszahlungen innerhalb der Darlehenslaufzeit („unbarer Zinsaufwand"). Die jährlichen Zinsansprüche des Darlehensgebers werden als Verbindlichkeiten passiviert. Tab. 3.10 zeigt die Zahlungsbeziehung aus Kreditnehmersicht. Mit den Beispieldaten ergibt sich bei dieser Darlehensvariante eine Effektivverzinsung von 6,54 % p.a.

Da der am Ende der Laufzeit insgesamt zu tilgende Betrag als Vermögensendwert aus Sicht des Darlehensgebers interpretiert werden kann, lässt sich der in t = T zu leistende Rückzahlungsbetrag (R_T) auch durch Aufzinsung des Nominalbetrages (K_0) mit dem Nominalzinssatz (i) über die Gesamtlaufzeit (T) bestimmen:

$$\begin{aligned} R_T &= K_0 \cdot (1+i)^T \\ &= 100.000 \cdot (1,06)^4 \approx 126.248 \text{GE} \end{aligned} \quad (3.11)$$

Während ein Darlehensgeber beim Endfälligkeitsdarlehen zumindest noch laufende Zinszahlungen erhält, muss er beim Darlehen mit Endwerttilgung bis zum Ende der vereinbarten Laufzeit auf eine Einzahlung warten. Deshalb kann man diese Darlehensform aus seiner Sicht als riskanter einstufen. Entsprechend sorgfältig sind die in Frage kommenden Kreditnehmer auszuwählen und Sicherheiten zu verlangen. Zudem muss der Darlehensgeber diese besondere Zahlungsstruktur bei der Planung seines eigenen finanziellen Gleichgewichtes, insb. im Rahmen seiner zukünftigen Liquiditätsplanung, berücksichtigen. Für das Kredit aufnehmende Unternehmen stellen die Nachteile des Darle-

Tab. 3.10 Zahlungsstruktur eines Darlehens mit Endwerttilgung

Sicht Kreditnehmer						
Zeitpunkte	t =	0	1	2	3	4
Berechnung Zins- und Tilgungsplan						
Zinsverbindlichkeit (+)	GE		6000	6360	6742	7146
Darlehenbestand vor Tilgung (+)	GE	100.000	106.000	112.360	119.102	126.248
Tilgung Nominalkredit (−)	GE		0	0	0	−100.000
Tilgung Zinsansprüche (−)			0	0	0	−26.248
Gesamttilgung (−)			0	0	0	−126.248
Berechnung Effektivzinssatz						
Einzahlungen (+)	GE	98.000				
Lfd. Zinszahlungen (−)	GE		0	0	0	0
Tilgungszahlungen (−)	GE		0	0	0	−126.248
Nettozahlungen (+/−)		98.000	0	0	0	−126.248
Interner Zinssatz =Effektivzinssatz	%	6,54 %				

hensgebers Vorteile dar: Ohne laufende Liquiditätsbelastungen kann das Unternehmen zunächst seine Geschäftsstrategie fortsetzen. Sinnvoll kann ein derartiges Darlehen für Unternehmen sein, die einen Großauftrag (bspw. Bau eines Staudamms) erhalten haben und erst bei erfolgreicher Auftragsabwicklung vom Kunden entlohnt werden. Die Kreditrückzahlung einschließlich aller aufgelaufener Zinsverbindlichkeiten würde dann aus der Kundeneinzahlung getätigt. Freilich muss das Unternehmen dabei auch die künftige Zahlungspotenz seines Kunden zutreffend einschätzen können.

Annuitätendarlehen

Das Annuitätendarlehen ist in der Praxis besonders weit verbreitet. Hierbei zahlt ein Unternehmen an den Darlehensgeber in jeder Periode sowohl Zinsen als auch Tilgungsraten zurück. Das besondere, u. a. im Vergleich zum Ratendarlehen, ist, dass die Summe aus Zins- und Tilgungszahlungen in jeder Periode eine konstante Höhe aufweist. Dadurch erhält ein Kreditnehmer eine gute Kalkulationsgrundlage hinsichtlich seiner mehrperiodigen finanziellen Belastung. Auch für Arbeitnehmer hat diese Darlehensform Vorteile, da einem meist festen Lohn bzw. Gehalt ein fester Monats- oder Jahresbetrag an zu begleichenden Kreditverpflichtungen im Zeitablauf gegenübersteht. Bezogen auf das Ausgangsbeispiel ergibt sich die in Tab. 3.11 wiedergegebene Zahlungsstruktur.

Wie Tab. 3.11 zu entnehmen ist, ergibt sich im Beispiel ein interner Darlehenszinssatz in Höhe von 6,89 % p.a. und es fallen laufzeitkonstante Rückzahlungen in den vier Perioden von rund 28.859,- GE an. Letzteren Wert (*Ann*) erhält man, indem der Nominal- bzw. Rückzahlungsbetrag K_0 im Zeitpunkt t = 0 (100.000,- GE) mit dem sog. Annuitäten- bzw. Wiedergewinnungsfaktor (WGF[i;T]) multipliziert wird:

$$
\begin{aligned}
Ann &= K_0 \cdot \frac{1}{RBF[i;T]} \\
&= K_0 \cdot WGF[i;T] = K_0 \cdot \frac{i \cdot (1+i)^T}{(1+i)^T - 1} \\
&= 100.000 \cdot \frac{0,06 \cdot (1,06)^4}{(1,06)^4 - 1} \approx 28.859
\end{aligned}
\tag{3.12}
$$

Im Beispiel beträgt der (nachschüssige) Wiedergewinnungsfaktor (mit i = 6 % und T = 4 Jahre) folglich rund 0,2886. Da das Annuitätendarlehen eine weite Verbreitung in der Finanzierungspraxis aufweist, geben wir zwei weitere Beispiele.

Beispiel für ein Annuitätendarlehen mit Anfangstilgung (sog. abgerundete Annuität)

Zum Erwerb einer Immobilie nimmt ein Investor ein Annuitätendarlehen auf. Der Darlehensbetrag (K0) in t = 0 sei 100.000,- GE. Der Nominalzinssatz (i) ist über die Laufzeit mit 6 % p.a. festgelegt. Sämtliche Rückzahlungen

Tab. 3.11 Zahlungsstruktur eines Annuitätendarlehens

Sicht Kreditnehmer						
Zeitpunkte	t =	0	1	2	3	4
Berechnung Zins- und Tilgungsplan						
Annuitätenfaktor (nachschüssig)	GE	0,2886				
Annuität (−)	GE		−28.859	−28.859	−28.859	−28.859
Zinszahlungen (−)	GE		−6000	−4628	−3175	−1634
Tilgungszahlungen (−)			−22.859	−24.231	−25.685	−27.226
Darlehensbestand (+)		100.000	77.141	52.910	27.226	0
Berechnung Effektivzinssatz						
Einzahlungen (+)	GE	98.000				
Zinszahlungen (−)	GE		−6000	−4628	−3175	−1634
Tilgungszahlungen (−)	GE		−22.859	−24.231	−25.685	−27.226
Nettozahlungen (+/−)	GE	98.000	−28.859	−28.859	−28.859	−28.859
Interner Zinssatz =Effektivzinssatz	%	6,89 %				

fallen nachschüssig ab dem Ende des ersten Jahres (t = 1) an.

Ein Disagio ist nicht zu berücksichtigen. Die kreditgebende Bank schlägt dem Investor vor, eine sog. Anfangstilgung (a) in Höhe von 5 %, die sich auf den Darlehens- bzw. Nominalbetrag in t = 0 bezieht, zu vereinbaren.

Durch die im Rahmen des Darlehensvertrages exogen vorgegebene Anfangstilgung wird der zur Bestimmung der Annuität erforderliche Wiedergewinnungsfaktor (WGF) festgelegt: Für diesen gilt (allgemein sowie mit den Beispieldaten):

$$WGF[i;T]$$
$$= \frac{i \cdot (1+i)^T}{(1+i)^T - 1} \overset{!}{=} a + i = 0,05 + 0,06 = 0,11 \quad (3.13)$$

Damit ist die sog. abgerundete Annuität ab Ende des ersten Jahres t = 1 über die Darlehenslaufzeit bestimmt. Mit den Beispieldaten ergibt sich ein jährlicher Rückzahlungsbetrag in Höhe von:

$$Ann = K_0 \cdot WGF[i;T]$$
$$= 100.000 \cdot 0,11 = 11.000\,\text{GE p.a.} \quad (3.14)$$

Da WGF[i;T] aus den Ausgangskonditionen des Darlehens fixiert wird, erhebt sich die Frage nach der hinter dem Faktor stehenden Darlehenslaufzeit. Sie stellt hier die anfangs noch unbekannte Größe im Rahmen des Vertrages dar. Dabei ist allenfalls zufällig zu erwarten, dass die Laufzeit (T) einen ganzzahligen Wert einnehmen wird. Zu deren Ermittlung gibt es mehrere Möglichkeiten: Zum einen kann man auf Basis einer Tabellenkalkulation (wie bspw. MS-Excel) den Eingabewert „Laufzeit" über eine Zielwertsuche bestimmen lassen. Dies ist so zu organisieren, dass die Barwerte der abgerundeten Annuitäten, diskontiert mit 6 %, dem in t = 0 aufgenommenen Darlehensbetrag exakt entsprechen bzw. der Kapitalwert aller Darlehenszahlungen den Wert Null aufweist. Alternativ bietet sich eine analytische Lösung an, indem

Gl. (3.13) nach der gesuchten Darlehenslaufzeit umgestellt wird. Nach elementaren Umformungen erhält man eine effektive Laufzeit (T_{eff}) von:

$$T_{eff} = \frac{\log\left(\frac{WGF}{WGF - i}\right)}{\log(1+i)} = \frac{\log\left(\frac{WGF}{a}\right)}{\log(1+i)}$$
$$= \frac{\log\left(\frac{0,11}{0,05}\right)}{\log(1,06)} \approx 13,53\,\text{Jahre} \quad (3.15)$$

In der Praxis werden ganzzahlige Rückzahlungsperioden vereinbart. Damit hätte man im Beispiel sowohl die Möglichkeit, den Darlehensvertrag auf 13 oder auf 14 Jahre festzulegen. Im ersten Fall hätte der Kreditnehmer, neben der vereinbarten Annuität für das 13. Jahr, noch eine Sondertilgung zu erbringen, da 13 Jahre nicht zur völligen Rückzahlung des Darlehens ausreichen. Entsprechend stellt sich die Frage, welche Höhe der zusätzliche Tilgungsbetrag in t = 13 aufweist. Hierzu lässt sich bspw. eine Endwertüberlegung aus Sicht des Darlehensgebers nutzen, indem man zwei Fragen reflektiert:

- Welchen Endwert haben in t = 13 die bislang geleisteten 13 Annuitätenzahlungen zu je 11.000,- GE bei einer Verzinsung von 6 %?
- Welchen Endwert erwartet der Darlehensgeber in t = 13 für seinen in t = 0 investierten Darlehensbetrag in Höhe von 100.000,- GE bei einer Verzinsung von 6 %?

Mit der ersten Frage wird geklärt, was der Gläubiger aufgrund der bisherigen Annuitäten vom Kreditnehmer zum Zeitpunkt t = 13 bereits als Endwert erhalten hat. Hierfür nutzen wir den Endwertfaktor und rechnen:

$$V_T(1.) = Ann \cdot EWF[i;T]$$
$$= Ann \cdot \frac{(1+i)^T - 1}{i}$$
$$= 11.000 \cdot \frac{(1,06)^{13} - 1}{0,06} \approx 207.703,51\,\text{GE} \quad (3.16)$$

Mit der zweiten Frage bestimmen wir, was für einen Endwert der Darlehensgeber vom

Kreditnehmer als Gegenleistung in t = 13 insgesamt erwartet. Damit ist der Darlehensbetrag um 13 Perioden mit 6 % aufzuzinsen:

$$V_T(2.) = K_0 \cdot (1+i)^T$$
$$= 100.000 \cdot (1,06)^{13} \approx 213.292,83 \text{GE} \quad (3.17)$$

Durch Differenzbildung von (3.17) und (3.16) ist der Restdarlehensbestand per t = 13 bestimmt:

$$\Delta V_T = V_T(2.) - V_T(1.)$$
$$\approx 213.292,83 - 207.703,51 \approx 5589,31 \text{GE} \quad (3.18)$$

Würde man sich auf eine Laufzeit von insgesamt 14 Jahren einigen, wären nochmals 6 % auf das in (3.18) dargestellte Ergebnis anzusetzen, mit den Beispieldaten:

$$\Delta V_T \cdot 1,06^1 \approx 5924,67 \text{GE} \quad (3.19)$$

Tab. 3.12 zeigt für die verwendeten Beispieldaten auszugsweise den Darlehensverlauf.

Alternativ hätte man die Restbestandswerte des Darlehensvertrages in t = 13 bzw. t = 14 berechnen können, indem man die 13 geleisteten Annuitäten mit dem Rentenbarwertfaktor auf t = 0 diskontiert und diese von dem in t = 0 erhaltenen Darlehensbetrag subtrahiert. Die sich ergebene Differenz (rund 2620 GE) bezieht sich vorläufig auf t = 0. Durch Ansatz des Aufzinsungsfaktors für 13 bzw. 14 Perioden, würde man erneut auf die in 37 ausgewiesenen Restbestände per t = 13 bzw. t = 14 kommen.

Die Laufzeit des Darlehens wird ganz entscheidend von der festgelegten Anfangstilgung gesteuert. Würde der Tilgungssatz von 5 % auf nur 1 % reduziert, folgt als neue Laufzeit entsprechend der Formel in Gl. (3.15):

$$T_{\text{eff}} = \frac{\log\left(\dfrac{WGF}{a}\right)}{\log(1+i)}$$
$$= \frac{\log\left(\dfrac{0,07}{0,01}\right)}{\log(1,06)} \approx 33,39 \text{ Jahre.} \quad (3.20)$$

Gegenüber den Ausgangsdaten hätte man eine rund 2,5-fach längere Tilgungszeit als Kreditnehmer implizit vereinbart und damit auch das 2,5-fache an Rückzahlungen über den Lebenszyklus des Kredites zu leisten, bei freilich geringeren Jahresbeträgen (anstelle von 11.000,- GE nun 7000,-EUR p.a.). Summiert man, ohne Einbeziehung von Zinseffekten, die dann vom Kreditnehmer zu leisten Zahlungen entsprechend auf, ergeben sich bei einer Anfangstilgung von 5 % 13,53 mal 11.000,- Gesamtzahlungen (knapp 149.000,- GE); bei einer Anfangstilgung von nur 1 % jedoch 33,39 mal 7000,- Gesamtzahlungen (knapp 234.000,- GE), was Mehrzahlungen von rund 85.000,- GE auslösen würde, so dass im letzteren Fall das zu finanzierende Darlehensobjekt (hier: Immobilie) mehr als zweimal bezahlt worden wäre.

Beispiel für ein Annuitätendarlehen mit monatlichen Zahlungen

In der Darlehenspraxis werden effektive Jahreszinssätze zum Vergleich alternativer Fremdfinanzierungsangebote angegeben bzw. verwendet. In vielen Fällen, bspw. bei Darlehensverträgen mit Arbeitnehmern oder Personenunternehmern, werden unterjährige (bspw. monatliche) Zahlungen als Basis eines Annuitätendarlehens vereinbart. Betrachten wir dazu

Tab. 3.12 Verlauf des abgerundeten Annuitätendarlehens im Beispiel

Sicht Kreditnehmer							
Zeitpunkte	t =	0	1	2	...	13	14
Berechnung Zins- und Tilgungsplan							
Annuität (−)	GE		−11.000	−11.000	...	−11.000	−5925
Zinszahlungen (−)	GE		−6000	−5700	...	−939	−335
Tilgungszahlungen (−)	GE		−5000	−5300	...	−10.061	−5589
Darlehensbestand (+)	GE	100.000	95.000	89.700	...	5589	0

erneut die Daten aus dem Ausgangsbeispiel Der gegebene Nominalzinssatz beträgt 6 % p.a. Wird nun bspw. eine monatliche Zinszahlung vereinbart, erhält der Darlehensgeber auf den Nominalbetrag von 100.000,- GE am Ende eines jeden Monats eine Zins- sowie eine Tilgungszahlung. Der heranzuziehende Wiedergewinnungsfaktor wäre für die unterstellte Kreditlaufzeit von 4 Jahren (T = 4) auf Monatsbasis umzustellen. Gl. (3.21) verdeutlicht unter Nutzung der Beispieldaten die Berechnung, wobei die Annuitäten nun Monatszahlungen darstellen. Die Größen, die jetzt auf Monatsbasis zu interpretieren sind, erhalten den Suffix „M".

$$Ann_M = K_0 \cdot WGF_M \left[i;T \right]$$

$$= K_0 \cdot \frac{\dfrac{i}{12} \cdot \left(1 + \dfrac{i}{12}\right)^{T \cdot 12}}{\left(1 + \dfrac{i}{12}\right)^{T \cdot 12} - 1} \qquad (3.21)$$

$$= 100.000 \cdot \frac{0,005 \cdot \left(1,005\right)^{48}}{\left(1,005\right)^{48} - 1} \approx 2348,50$$

Ein Unternehmen hat demnach am Ende eines jeden Monats eine Rate in Höhe von 2348,50 GE 48 mal zu entrichten.

In Gl. (3.21) stellt der Zinssatz einen Nominalzinssatz dar. Manchmal legt ein Darlehensgeber auch ein Angebot vor und nennt dem Unternehmen den dazugehörenden effektiven Jahreszinssatz. Steht hinter dieser Angabe aber eine jeweils monatlich zu leistende Annuitätenzahlung, stellt sich für den Kreditnehmer die Frage nach der Überprüfung der vorgelegten Monatszahlungen. Hierfür wäre der gegebene effektive Jahreszinssatz zunächst in einen belastungsäquivalenten effektiven Monatszinssatz umzurechnen. In einem zweiten Schritt wären mit diesem Effektivzinssatz auf Monatsbasis die Monatsannuitäten zu bestimmen. Das Ergebnis kann dann zum Vergleich mit den vom Darlehensgeber vorgelegten Monatszahlungen verwendet werden. Für die Umrechnung eines Effektivzinssatzes von der Jahres- auf die Monatsbasis gilt die Beziehung:

$$\left(1 + i_{eff}\right)^{1} \overset{!}{=} \left(1 + i_{eff,M}\right)^{12} \text{ bzw } i_{eff,M}$$

$$\overset{!}{=} \left(1 + i_{eff}\right)^{1/12} - 1 \qquad (3.22)$$

Würde der genannte effektive Jahreszinssatz bspw. auf 6,40 % p.a. lauten, würde der damit korrespondierende effektive Monatszinssatz rund 0,5183 % pro Monat betragen. Bei einer ersten Zinszahlung am Ende des ersten Kreditmonats auf einen Betrag von 100.000,- GE wären rund 518,30 GE Zinsen zu entrichten. Um abschließend die Monatsannuitäten bestimmen zu können, wird der Wiedergewinnungsfaktor auf Monatsbasis mit dem effektiven Monatszinssatz generiert. Bei einer Kreditlaufzeit von 4 Jahren bzw. 48 Monaten folgt:

$$Ann_M = K_0 \cdot WGF_M \left[i_{eff,M};T \right]$$

$$= K_0 \cdot \frac{i_{eff,M} \cdot \left(1 + i_{eff,M}\right)^{T \cdot 12}}{\left(1 + i_{eff,M}\right)^{T \cdot 12} - 1} \qquad (3.23)$$

$$= 100.000 \cdot \frac{0,005183 \cdot \left(1,005183\right)^{48}}{\left(1,005183\right)^{48} - 1} \approx 2358,58$$

Gl. (3.22) ist freilich auch dann anwendbar, wenn bspw. der effektive Monatszinssatz bekannt ist und man den belastungsäquivalenten effektiven Jahreszinssatz bestimmen möchte. Um einen effektiven Monatszinssatz zu bestimmen, sollte man in einem dynamischen Modell als Zahlungszeitpunkte die Monate wählen und über die so aufgestellte Zahlungsfolge die Interne Zinssatzmethode anwenden. Diese Aufgabe erledigen heute zuverlässig moderne Tabellenkalkulationsprogramme.

Schuldscheindarlehen als besonderes unverbrieftes Darlehen

Ein Schuldscheindarlehen stellt ein Darlehen ohne Zwischenschaltung der Börse gegen Ausstellung eines Schuldscheins dar. Der Schuldschein (heute vielfach mit dem Darlehensvertrag identisch) bestätigt dem Darlehensgeber den Empfang des Darlehensbetrages durch den Darlehensnehmer und hat damit den Charakter einer Beweisurkunde. Keinesfalls liegt ein handelbares Wertpapier vor, das auf eine andere Person, bspw. analog zu einer

Inhaberaktie, problemlos übertragen werden könnte. Da das Darlehen individuell und formfrei gestaltet werden kann, ist auch die Art der Tilgung frei wählbar. Allerdings werden meistens Ratendarlehen mit einigen tilgungsfreien Jahren in den Anfangsjahren der Kreditbeziehung vereinbart. Als Mindestnominalbetrag werden derzeit 50.000 EUR genannt. Durch den relativ geringen Mindestbetrag kann ein solches Darlehen von einem großen Kreis von Unternehmen nachgefragt werden. Vielfach werden aber Volumen über mehrere Mio. EUR verliehen. Die Darlehenslaufzeiten liegen meistens zwischen 4 und 15 Jahren. Vorteilhaft aus Sicht der beteiligten Kreditpartner ist zudem die fehlende Publizitätspflicht.

Als Darlehensgeber treten vornehmlich institutionelle Anleger bzw. Kapitalsammelstellen wie Banken und Versicherungsgesellschaften in Erscheinung. Insbesondere für Versicherungsunternehmen als Großanleger ist die Kreditwürdigkeit der Kapital nachfragenden Unternehmen eine wichtige Investitionsvoraussetzung: Versicherungsunternehmen suchen für ihren sog. Deckungsstock attraktive, aber auch relativ sichere Geldanlagemöglichkeiten. Der Deckungsstock (auch: Sicherungsvermögen) einer Versicherungsgesellschaft stellt jene Vermögenssumme auf der Aktivseite ihrer Bilanz dar, die zur Deckung bzw. Sicherung ihrer Verpflichtungen aus dem Versicherungsgeschäft gebildet werden muss. Dieser als „Geldanlagefonds" zu begreifende Deckungsstock sollte zumindest eine Höhe aufweisen, die dem Present Value der künftigen Auszahlungsverpflichtungen der Gesellschaft an ihre Versicherten abzüglich dem Present Value der künftig von den Versicherten noch zu leistenden Versicherungsprämien entspricht. Auf diesem Grundsatz basiert, ähnlich einer Pensionsrückstellung, die Kalkulation einer sog. Deckungsstockrückstellung: Künftige finanzielle Belastungen, die der Versicherung durch Inanspruchnahme diverser Vertragsleistungen durch ihre Versicherten erwachsen, sind auszuweisen und es ist ein entsprechender Geldanlageprozess auf der Aktivseite einzuleiten (u. a. Reinvestition der Prämien, die über die Rückstellungsbildung am zeitgleichen Abfließen aus der Versicherung gehindert werden), der zum Deckungsstock bzw. zum Sicherungsvermögen führt. Da aus diesem Vermögensbestand bspw. die Ab-

laufleistungen von Lebensversicherungsverträgen, laufende Rentenzahlungen aus privater Altersvorsorge, Erstattungsleistungen von privaten Kranken-, Pflege-, Unfallversicherungen usw. im Interesse der Kunden sicher finanziert werden müssen, verbieten sich riskante Geldanlagen weitgehend. Entsprechend wird beim Schuldscheindarlehen das Vorliegen einer hohen Kreditwürdigkeit (Bonität) beim Darlehensnehmer auch als sog. Deckungsstockfähigkeit bezeichnet. Ohne diese Fähigkeit erfolgt seitens Versicherungsgesellschaften keine Darlehensvergabe bzw. werden Risikozuschläge zum marktüblichen Darlehenszinssatz und/oder weitere ergänzende Sicherheiten (bspw. durch ein anderes Konzernunternehmen) verlangt.

Der Darlehensvertrag kann einerseits direkt zwischen Unternehmen und Darlehensgeber erfolgen. Da das Darlehensvolumen aber in aller Regel mehrere Mio. EUR umfasst, sind mehrere Kreditgeber an der Finanzierung zu beteiligen, was das Problem der Fristentransformation verschärft: Die gewünschte Überlassungsdauer aus Unternehmenssicht weicht von den (zumeist kürzeren) Bindungsdauervorgaben seitens der Darlehensgeber ab. Daher übernimmt vielfach ein Finanzmakler die Aufgabe der Darlehensvermittlung (einschließlich treuhänderischer Sicherheitenverwaltung) und versucht eine friktionslose Finanzierung über das Betreiben eines sog. Revolving-Systems sicherzustellen: Zunächst sichert der Makler dem Unternehmen das gewünschte Darlehensvolumen zu festen Konditionen zu und tritt Darlehensteilbeträge an seine Refinanzierungspartner, die letztlich die Darlehensgeber darstellen, ab. Da sich die verschiedenen Darlehensgeber nur zu unterschiedlichen bzw. kürzeren Kapitalüberlassungsfristen bereit erklären, lässt der Makler während der mit dem Unternehmen vereinbarten Gesamtdarlehenslaufzeit die beteiligten Kreditgeber entsprechend der individuell gewünschten Bindungsdauer ausscheiden und ersetzt diese sukzessiv durch neue Darlehensgeber. Das Kredit nehmende Unternehmen bleibt organisatorisch von diesem revolvierenden Prozess unberührt. Für diese Leistung erhält der Makler vom Unternehmen eine gesonderte Vergütung, da er das sog. Fristentransformationsrisiko trägt.

Problematisch erweisen sich die kürzeren Kapitalüberlassungen in einer Welt steigender Kapitalmarktzinsen. In einer derartigen Situation werden

die im Zeitablauf vorzunehmenden Anschlussfinan-
zierungen teurer, da potenzielle Kapitalgeber ihr
Geld alternativ ertragreicher am Kapitalmarkt investieren können. Entsprechend würde der Makler
ein Zinsänderungsrisiko tragen: Einerseits hat er
dem Unternehmen ein fest verzinstes Schuldscheindarlehen gewährt; andererseits belasten steigende
Zinsen seine Refinanzierungskonditionen im Rahmen des Revolvingprozesses. Folglich wird der Finanzmakler im Darlehensvertrag gegenüber dem
Unternehmen für derartige Fälle auf das Vereinbaren einer Anpassungsklausel bestehen. Dabei kann
das zusätzliche Zinsänderungsrisiko des Revolvingprozesses ganz oder zumindest teilweise auf das
Unternehmen abgewälzt werden, was letztlich eine
individuell zu lösende Verhandlungsfrage darstellt,
die auch von den künftigen Zinserwartungen der
beteiligten Parteien abhängt. Eine Einigung wird
bei gleichgerichteten Erwartungen eher erschwert:
Bspw. könnte das Unternehmen gerade deshalb ein
langfristiges Schuldscheindarlehen mit Zinsgaran-
tie aufnehmen wollen, weil es mit künftig steigenden Zinsen rechnet. Teilt der Makler diese Einschätzung, wird er das Zinsänderungsrisiko auf das
Unternehmen abwälzen wollen. Hat er aber eine
gegenteilige Erwartung, wird er eher geneigt sein,
zumindest einen Teil des Risikos aus dem Revol-
vingprozess mit zu tragen; schließlich geht er davon
aus, dass sich die Zinskonditionen und damit auch
seine Gewinnmargen im Zeitablauf verbessern.

3.3.3 Finance Leasing

Eine Alternative zu den bislang erörterten Formen
einer langfristigen Kreditfinanzierung stellt das sog.
Finance Leasing (auch: Finanzierungsleasing) dar.
Unter Leasing versteht man allgemein eine besondere Vermietung von Wirtschaftsgütern (Leasing-
objekten) auf der Grundlage eines Leasingvertrages
zwischen Leasinggeber (Vermieter) und Leasingnehmer (Mieter) gegen Entgelt (Leasingrate). Ein
Leasingvertrag kann einerseits direkt zwischen dem
Hersteller des Leasingobjektes und dem Leasingnehmer geschlossen werden (sog. Herstellerlea-
sing) oder alternativ durch Zwischenschaltung einer
Leasinggesellschaft (sog. indirektes Leasing), die
zunächst vom Hersteller den Gegenstand erwirbt
und an ein Unternehmen weitervermietet. Hinsicht-

lich der Ausgestaltung von Leasingverträgen sind
zwei Grundformen zu differenzieren:

- Operate Leasing: Hierbei handelt es sich um
  normale Mietverträge im Sinne des BGB mit
  kurzfristiger Kündigungsmöglichkeit und zumeist kurzer Laufzeit. Das sog. Investitionsrisiko (insb. die Gefahr des Untergangs des Ge-
  genstandes sowie der technischen Veralterung)
  sowie die Instandhaltungsverpflichtungen liegen beim Leasinggeber. Aufgrund der Kurz-
  fristigkeit wird diese Grundform nicht weiter
  betrachtet.
- Finance Leasing: Hierbei handelt es sich um zumeist mehrperiodige Verträge mit einer festen
  unkündbaren Grundmietzeit, so dass diese
  Grundform als eine alternative Form der Darlehensfinanzierung interpretiert werden kann.
  Entgegen dem Operate Leasing trägt bei diesen
  Verträgen der Leasingnehmer sowohl das Investitionsrisiko als auch die Verpflichtungen zur In-
  standhaltung, die regelmäßige Wartungen (Ins-
  pektionen) und ggf. Instandsetzungsmaßnahmen
  (bspw. nach einer Beschädigung des Objektes)
  umfasst. Sofern gefordert, sind auch geeignete
  Versicherungen abzuschließen. Da auch im
  Falle des Objektuntergangs die Pflicht zur Zahlung der Leasingraten besteht, hat Finance Leasing eine Hohe Nähe zu einem Kreditkauf von
  Investitionsobjekten. Allerdings schränken die
  Pflichten gegenüber dem Leasinggeber die Frei-
  heiten in der Objektverwendung ein: Bei einem
  Kreditkauf interessiert sich ein Kreditgeber lediglich für die termingerechte Erfüllung seiner
  Zins- und Tilgungsansprüche. Im Falle eines
  Finanzierungsleasingvertrages ist der Leasinggeber an einem ordentlichen bzw. noch ge-
  brauchsfähigen Zustand des Objektes interessiert, da er in vielen Fällen das Objekt am Ende
  der Vertragslaufzeit noch verwerten möchte.
  Dies schränkt die Gebrauchsfreiheiten des Leasingnehmers faktisch ein.

Im Rahmen des weiter betrachteten Finance
Leasing werden sog. Teil- von sog. Vollamortisa-
tionsverträgen unterschieden:

- Bei einem Teilamortisationsvertrag muss ein
  Leasinggeber den Gegenstand mehrfach ver-

mieten können, damit er im Laufe des Objekt-
lebenszyklus aus den Vermietungen einen Gewinn erwirtschaftet (bspw. mehrmalige
Vermietung von Baumaschinen). Aus Sicht
des Leasingnehmers ist dies vorteilhaft, wenn
die Nutzung von ggf. bereits gebrauchten Gegenständen zur Erfüllung der leistungswirt-
schaftlichen Sachziele hinreichend erscheint
und sich damit auch relativ niedrige Mietzahlungen vereinbaren lassen. Die Teilamortisation wird hier nicht weiter betrachtet.

- Liegt ein Vollamortisationsvertrag vor, decken
die Leasingraten und die anschließende Ob-
jektverwertung (bspw. Verkauf am Gebrauchtmarkt oder Verkauf an den bisherigen Leasingnehmer) bereits bei einmaliger Vermietung
die vom Geber zu leistenden Investitionsauszahlungen sowie seine Nebenkosten (einschließlich Gewinnmarge). Entsprechend werden die Mietzahlungen im Vergleich zum Fall
der Teilamortisation c.p. höher für das anmie-
tende Unternehmen ausfallen und die Leasingraten sowohl Zins- als auch Tilgungsanteile enthalten.

Auf Basis von Finance Leasing verfolgt ein
anmietendes Unternehmen, neben der Finanzierungsfunktion, zudem vielfach das Ziel einer
Entlastung des eigenen Bilanzbildes: Das Unternehmen als Leasingnehmer möchte die entstehende Bilanzverlängerung im Rahmen eines
normalen Kreditkaufs vermeiden um bilanzielle
Kennzahlenrelationen nicht zu verschlechtern.
So würde zum Zeitpunkt des Kreditkaufs die
Fremdkapitalquote, definiert als Verhältnis aus
Schulden und Bilanzsumme, ansteigen und damit ggf. Sanktionierungen bei künftigen Fremd-
kapitalaufnahmen auslösen (bspw. Kürzung von
bisherigen Kreditlinien, Verschlechterung von
Kreditkonditionen, Rückstufung bei Kredit-Ra-
tings). Daher hat das Unternehmen ein starkes
Interesse, dass der Leasinggegenstand wirtschaftlich dem Leasinggeber zugeordnet wird.
Diesem Wunsch wird bei der Gestaltung dadurch
entsprochen, indem die vom Steuergesetzgeber
definierten Kriterien, die eine Bilanzierung beim
Vermieter im Rahmen eines Vollamortisations-
vertrages erlauben, eingehalten werden:

- Liegt ein Vertrag ohne jegliche Optionsrechte
für den Mieter vor, darf die feste Grundmietzeit
zwischen 40 % und 90 % der betriebsgewöhn-
lichen Nutzungsdauer liegen, da in dieser Zeitspanne eine sinnvolle Weiterverwendung des
Objektes durch den Vermieter in der Regel
noch möglich erscheint.
- Wird dem Mieter eine Kaufoption auf den Gegenstand nach Ablauf der Grundmietzeit gewährt, darf die Mietdauer ebenfalls nur innerhalb der oben genannten Bandbreite liegen.
Zusätzlich muss der zu entrichtende spätere
Kaufpreis mindestens noch dem bilanziellen
Restbuchwert des Leasinggebers entsprechen.
- Sollte dem Mieter eine Mietverlängerungsop-
tion bei Vertragsabschluss eingeräumt sein,
muss neben der oben genannten Bandbreite
zur Grundmietzeit eine Anschlussmiete auf
einem Niveau erfolgen, die mindestens der
weiteren Abschreibung entspricht.
- Wird das Leasingobjekt speziell nach den
Wünschen des Mieters hergestellt (sog. Spe-
zialgüterleasing), ist stets nur eine Zuordnung
zur Bilanz des Leasingnehmers möglich, da
anderweitige Verwertungen für den Leasinggeber ausscheiden.

Aufgrund der hohen praktischen Verbreitung
von Finanzierungsleasingverträgen in Form der
einmaligen Objektvermietung betrachten wir abschließend ein ausführliches Beispiel, bei dem
eine zu treffende Investitions- und Finanzie-
rungsentscheidung analysiert wird.

Beispiel zum Leasing

Betrachtet wird ein Freiberufler (bspw. ein Steu-
erberater), der nicht der deutschen Gewerbe-
steuer, sondern lediglich der Einkommensteuer
mit einem (vereinfacht) konstanten Steuersatz in
Höhe von 40 % unterliegt. Dies bedeutet, dass
das Unternehmen selbst keine Steuern zahlt,
sondern lediglich der Eigentümer. Der Unternehmer plant eine Kapazitätserweiterung: Er
möchte einen neuen Mitarbeiter einstellen, der
ihn bei der Mandantenberatung unterstützen soll
und überlegt ob er diesem Mitarbeiter ein neues
Firmenfahrzeug durch Aufnahme eines Kredites

oder über einen Leasingvertrag für vier Jahre zur Verfügung stellen soll. Eine Kreditaufnahme wäre zu einem Zinssatz (i) von 10 % möglich. Der Kredit würde ebenfalls eine vierjährige Laufzeit haben und in Form eines Endfälligkeitsdarlehens zurückgezahlt. Zwischenzeitliche Geldanlagen oder -aufnahmen seien im Verlauf der Investitionsmaßnahme ebenfalls zu 10 % realisierbar (Annahme eines vollkommenen Kapitalmarktes). Die proportionale Einkommensteuer werde stets sofort am Jahresende fällig und vom privaten Bankkonto des Unternehmers bezahlt. Eine negative Steuerbemessungsgrundlage würde zu einer Steuererstattung führen (sofortiger Verlustausgleich) und die Besteuerung beeinflusst weder Höhe noch zeitliche Struktur der durch die Kapazitätserweiterungsinvestition geschätzten zusätzlichen finanziellen Konsequenzen, die, mit Ausnahme der Investitionsauszahlung, jeweils am Periodenende anfallen. Durch diese Annahmen ist das sog. steuerliche Standardmodell der Kapitalwertmethode beschrieben, die mit dem Kapitalwert die allein interessierende finanzielle Zielgröße des Unternehmers beschreibt. Durch die Kapazitätserweiterungsinvestition erwartet der Unternehmer für die vier Folgejahre ein sog. (zahlungswirksames) EBITDA in Höhe von 6000,- GE p.a. Nach Ablauf dieser Jahre wird der Unternehmer keine weitere Unterstützung durch den Mitarbeiter und damit kein neues Fahrzeug benötigen (Annahme einer einmaligen Investition), bspw. weil er sich dann zur Ruhe setzt oder einen nachhaltigen Rückgang seiner Mandantenanzahl erwartet. Wir vergleichen nun zwei Entscheidungsalternativen mit ergänzenden Annahmen aus Sicht des Unternehmers:

Variante Leasing: Der Unternehmer könnte den PKW von einem Leasinggeber fest über

vier Jahre zu einer konstanten Rate in Höhe von 2500,- GE ohne Sonderzahlungen und ohne weitere Optionen mieten. Die Bilanzierung des Leasinggegenstandes (PKW) liegt, wie in der Praxis zumeist üblich, beim Leasinggeber. Aus Sicht des Leasingnehmers stellen die zu entrichtenden Leasingraten (LR_t) zugleich Aufwendungen dar, die bei der Einkommensteuerberechnung zu berücksichtigen sind.

Variante Kreditkauf: Im Falle einer Kreditfinanzierung ist in t = 0 an einen PKW-Händler ein Kaufpreis (I_0) in Höhe von 10.000,- GE zu entrichten, der zeitgleich in gleicher Höhe zu einer Kreditaufnahme (FK_0) über vier Jahre führt. Durch die Kreditfinanzierung würde der Unternehmer den PKW steuerrechtlich linear über fünf Jahre abschreiben. Die Jahresabschreibung (Afa_t) beträgt damit 2000,- GE. Entsprechend verbleibt nach vier Jahren ein Restbuchwert (RBW_T) von 2000,- GE. Der Unternehmer unterstellt nach vier Jahren den Verkauf des PKW zu 2200,- GE (sog. Liquidationserlös L_T). Der Unterschiedsbetrag aus Liquidationserlös und Restbuchwert ist am Ende (in t = T) zu versteuern. Die Zinszahlungen (Z_t) aus dem Kredit sind steuerlich absetzbar und betragen aufgrund des Endfälligkeitsdarlehens während der vier Jahre stets 1000,- GE. Die Tilgungen (T_t) erfolgen hier im Beispiel lediglich in t = 4.

Für die Leasingvariante ergibt sich mit den festgelegten Daten die in Tab. 3.13 dargestellte Zahlungsfolge (einschließlich Besteuerung) für den Unternehmer. Der Kapitalwert beträgt rund 7277,- GE. Formal ergibt sich der Kapitalwert der Leasingvariante (KW_L):

$$KW_L = \sum_{t=1}^{T} EBITDA_t \cdot q^{-t}$$
$$-\sum_{t=1}^{T} LR_t \cdot q^{-t} - \sum_{t=1}^{T} s \cdot EBIT_t \cdot q^{-t}. \quad (3.24)$$

Tab. 3.13 Variante Leasing mit den Beispieldaten aus Unternehmersicht

Zeitpunkte t	0	1	2	3	4
EBITDA		6000,00	6000,00	6000,00	6000,00
− Leasingraten		−2500,00	−2500,00	−2500,00	−2500,00
= Cashflow vor Steuern = EBIT = EBT	0,00	3500,00	3500,00	3500,00	3500,00
− Steuern (auf EBIT bzw. EBT); 40 %		−1400,00	−1400,00	−1400,00	−1400,00
= Cashflow nach Steuern	0,00	2100,00	2100,00	2100,00	2100,00
Kalkulationszinssatz nach Steuern	6,00 %				
Kapitalwert Leasing	7276,72				

Der Zinsfaktor q ergibt sich aus:

$$q = \left(1 + i \cdot (1 - s)\right) = \left(1 + i_s\right) \quad (3.25)$$

Gl. (3.25) bedeutet, dass die sog. „Zeitpräferenz des Geldes" über einen Nach-Steuer-Zinssatz (i_s) berücksichtigt wird: So kann der Unternehmer anfallende Überschüsse (bspw. aufgrund von EBITDA) zu i (vor Steuern) reinvestieren, müsste darauf aber Einkommensteuer mit dem Steuersatz s entrichten. Damit ist der Diskontierungszinssatz auf 6 % nach Steuern festgelegt.

Für die in (3.24) enthaltene Größe „EBIT" gilt:

$$EBIT_t = EBITDA_t - LR_t \quad (3.26)$$

Für Gl. (3.24) lässt sich unter Nutzung von (3.26) alternativ schreiben:

$$KW_L = \sum_{t=1}^{T} EBITDA_t \cdot (1 - s) \cdot q^{-t}$$
$$- \sum_{t=1}^{T} LR_t \cdot (1 - s) \cdot q^{-t} \quad (3.27)$$

Betrachten wir nun die Variante eines Kreditkaufs. Die Ergebnisse auf Basis der Beispieldaten zeigt Tab. 3.14 aus Sicht des Unternehmers. Wir erhalten hier lediglich einen Kapitalwert in Höhe von rund 6926,- GE. Formal ergibt sich folgender Kapitalwert (KW_K),

wobei analog zu (3.25) der identische Zinsfaktor anzuwenden ist.

$$KW_K = \left(-I_0 + FK_0\right)$$
$$+ \sum_{t=1}^{T} EBITDA_t \cdot q^{-t} + L_T \cdot q^{-T}$$
$$- \sum_{t=1}^{T} \left(Z_t + T_t\right) \cdot q^{-t} - \sum_{t=1}^{T} s \cdot EBT_t \cdot q^{-t} \quad (3.28)$$

Auf der rechten Seite von Gl. (3.28) zeigt der erste Term den Finanzierungsbeitrag des Unternehmers, den dieser aus seinem Privatvermögen leisten würde, falls die Kreditaufnahme in t = 0 (FK_0) geringer als der zu zahlende Kaufpreis (I_0) wäre. Dieser Fall liegt im Beispiel nicht vor. Der zweite Term zeigt die dank der Investitionsmaßnahme zusätzlichen laufenden operativen Cashflows, die zudem eine Zwischengröße (daher: EBITDA) im Rahmen der (steuerlichen) Gewinn- und Verlustrechnung eines Jahres darstellen. Neben diesen Cashflows entsteht am Ende der Laufzeit (t = T) eine weitere Einzahlung durch den Verkauf des PKWs (L_T). Der vierte Term erfasst die Zins- und Tilgungszahlungen ($Z_t + T_t$), die der Unternehmer an den Kreditgeber zu entrichten hat. Der letzte Term zeigt die Steuerzahlungen (s • EBT_t) und mit der Größe

Tab. 3.14 Variante Kreditfinanzierung mit den Beispieldaten aus Unternehmersicht

Zeitpunkte t	0	1	2	3	4
− Kaufpreis Firmenfahrzeug	−10.000,00				
+ Aufnahme Fahrzeugdarlehen	10.000,00				
+ EBITDA		6000,00	6000,00	6000,00	6000,00
+ Liquidationserlös					2200,00
− Zinszahlungen		−1000,00	−1000,00	−1000,00	−1000,00
− Tilgungszahlungen					−10.000,00
= Cashflow vor Steuern	0,00	5000,00	5000,00	5000,00	−2800,00
− Steuerzahlungen		−1200,00	−1200,00	−1200,00	−1280,00
= Cashflow nach Steuern	0,00	3800,00	3800,00	3800,00	−4080,00
Kalkulationszinssatz (nach Steuern)	6,00 %				
Kapitalwert Kreditkauf	6925,70				
Steuerberechnung					
EBITDA		6000,00	6000,00	6000,00	6000,00
− Abschreibungen		−2000,00	−2000,00	−2000,00	−2000,00
− Zinszahlungen		−1000,00	−1000,00	−1000,00	−1000,00
+ Liquidationserlös					2200,00
− Restbuchwert					−2000,00
= EBT		3000,00	3000,00	3000,00	3200,00
=> Steuern (auf EBT)	40,00 %	−1200,00	−1200,00	−1200,00	−1280,00

„EBT" (Earnings Before Taxes) die Steuer-bemessungsgrundlage. Für diese gilt:

$$EBT_t = EBITDA_t - AfA_t - Z_t$$
für die Perioden t = 1 bis t = T – 1 sowie (3.29)

$$EBT_T = EBITDA_T - AfA_T - Z_T$$
$$+ (L_T - RBW_T) \text{für die Periode t = T.}$$ (3.30)

Gl. (3.28) lässt sich weiter vereinfachen, indem die Steuerbemessungsgrundlage aus (3.29) und (3.30) den übrigen Termen zugeordnet wird und zudem eine Bündelung der finanziellen Konsequenzen erfolgt, die im originären Zusammenhang mit der Kreditfinanzierung stehen. Wir erhalten für die Variante „kreditfinanzierter Kauf" in (3.31) zwei große Terme auf der rechten Seite, dargestellt durch die eckigen Klammern:

$$KW_K = \begin{bmatrix} -I_0 + \sum_{t=1}^{T} EBITDA_t \cdot (1-s) \cdot q^{-t} + L_T \cdot (1-s) \cdot q^{-T} \\ + \sum_{t=1}^{T} s \cdot AfA_t \cdot q^{-t} + s \cdot RBW_T \cdot q^{-T} \end{bmatrix} +$$
$$+ \left[FK_0 - \sum_{t=1}^{T} (Z_t \cdot (1-s) + T_t) \cdot q^{-t} \right]$$
(3.31)

Der erste „Klammer-Term" ([...]) von (3.31) stellt den Kapitalwertbeitrag aus Sicht des Unternehmers unter der (fiktiven) Annahme einer völligen Eigenfinanzierung der Investition dar: Würde er keinen Kredit aufnehmen, müsste der Unternehmer aus seinem Vermögen den Betrag I_0 investieren. Der relevante Oppor-

tunitätskostensatz wäre ebenfalls i_s. Dank dem Ansatz von Abschreibungen und dem Restbuchwert am Ende der Investition erhält er eine steuerliche Subvention bzw. wird die (vorläufig) zu hohe Besteuerung beim EBITDA und dem Liquidationserlös wieder korrigiert.

In der zweiten Zeile von (3.31) sind die Konsequenzen der Fremdkapitalaufnahme (Einzahlung in t = 0, Verzinsung unter Berücksichtigung der steuerlichen Abzugsfähigkeit sowie die Tilgungszahlungen) für den Unternehmer gebündelt und damit der Kapitalwertbeitrag der Kreditfinanzierung aus dessen Sicht bestimmt. Wenn der Kredit in t = T vollständig getilgt ist, wovon wir im Beispiel ausgehen, ist der Saldo dieses zweiten „Klammer-Terms" unter den festgelegten Annahmen exakt Null. Folglich kann man den aus Sicht des Unternehmers entstehenden „Mehrwert" auch unter der Annahme einer Eigenfinanzierung korrekt bestimmen. Dies führt zur „Irrelevanz der Fremdfinanzierung". Tab. 3.15 bestätigt diese Aussage.

Im vorliegenden Beispiel hat der Alternativenvergleich ergeben, dass die Variante Leasing relativ vorteilhaft aus Unternehmersicht ist. Dies ist nicht zwangsläufig so. Von Interesse ist deshalb, als Unternehmer seine „kritische Leasingrate" zu kennen, bei der die Leasingalternative genauso vorteilhaft erscheint wie die Kaufvariante. Diese kritische Rate lässt sich bestimmen, indem man die Gleichungen (3.27) und (3.31)

Tab. 3.15 Alternative Berechnung des Kapitalwertes für die Variante des kreditfinanzierten Kaufs aus Unternehmersicht

Zeitpunkte t	0	1	2	3	4	
– Kaufpreis Firmenfahrzeug	–10.000,00					
+ EBITDA nach Steuern		3600,00	3600,00	3600,00	3600,00	
+ Liquidationserlös nach Steuern					1320,00	
+ Steuerersparnis dank AfA		800,00	800,00	800,00	800,00	
+ Steuerersparnis dank RBW					800,00	
= Cashflow nach Steuern	–10.000,00	4400,00	4400,00	4400,00	6520,00	
Kalkulationszinssatz (nach Steuern)	6,00 %					
Kapitalwert Eigenfinanzierung	6925,70					
Zeitpunkte t	0	1	2	3	4	
+ Aufnahme Fahrzeugdarlehen	10.000,00					
– Zinszahlungen nach Steuern		–600,00	–600,00	–600,00	–600,00	
– Tilgungszahlungen					–10.000,00	
= Cashflow wg. Fremdfin. nach St.	10.000,00	–600,00	–600,00	–600,00	–10.600,00	
Kalkulationszinssatz (nach Steuern)	6,00 %					
Kapitalwertbeitrag Fremdfinanzierung	0,00					

Tab. 3.16 Kritische Leasingrate führt zum gleichen Kapitalwert wie die Kreditvariante Erweiterung des Beispiels

Zeitpunkte t	0	1	2	3	4
EBITDA		6000,00	6000,00	6000,00	6000,00
− kritische Leasingraten		−2668,83	−2668,83	−2668,83	−2668,83
= Cashflow vor Steuern (=EBIT)	0,00	3331,17	3331,17	3331,17	3331,17
− Steuern (auf EBIT bzw. EBT)	40,00 %	−1332,47	−1332,47	−1332,47	−1332,47
= Cashflow nach Steuern	0,00	1998,70	1998,70	1998,70	1998,70
Kalkulationszinssatz (nach Steuern)	6,00 %				
Kapitalwert Leasing	6925,70				

gleichsetzt. Sofern man alle Annahmen unverändert lässt, kann man sich bei (3.31) auf jenen Teil beschränken, der den Kapitalwertbeitrag bei angenommener Eigenfinanzierung repräsentiert. Davon geht Gl. (3.32) aus, die man nach elementaren Umformungen erhält.

$$LR_{krit} = \frac{I_0 - L_T \cdot (1-s) \cdot q^{-T} - \sum_{t=1}^{T} s \cdot AfA_t \cdot q^{-t} - s \cdot RBW_T \cdot q^{-T}}{(1-s) \cdot \sum_{t=1}^{T} q^{-t}}$$

$$\text{mit} \sum_{t=1}^{T} q^{-t} = RBF[i_s;T] \qquad (3.32)$$

Im Beispiel würde sich für den Unternehmer eine kritische Rate von rund 2.668,83 GE p.a. ergeben, bei der er gegenüber einem Kauf indifferent wäre. Dies lässt sich leicht überprüfen, indem man die kritische Rate durch die in Tab. 3.16 bislang eingetragene Rate ersetzt und den neuen „Leasingkapitalwert" nach Gl. (3.27) bestimmt. Dieser muss mit dem des „Kreditkaufkapitalwertes" aus (3.28) bzw. (3.31) übereinstimmen (im Beispiel also zu 6925,70 GE führen). Tab. 3.16 bestätigt die Richtigkeit der Überlegung.[3]

Betrachten wir abschließend den Leasinggeber. Aus dessen Sicht macht die Bestimmung einer kritischen Leasingrate ebenfalls Sinn, die er mindestens vom Leasingnehmer fordern sollte. Wir nehmen an, dass alle bisherigen Beispieldaten zur Kaufvariante nun auch für den

Leasinggeber identisch gelten. Aus Gebersicht würde die Leasingrate sein EBITDA p.a. darstellen. Analog zur Kaufvariante beim Unternehmer würde er das Leasingobjekt bilanzieren und abschreiben. Die Leasingrate wäre, reduziert um Abschreibungen, zu versteuern. Zudem erhält er am Ende der Leasinglaufzeit einen Liquidationserlös, von dem er ebenfalls den Differenzbetrag zum Restbuchwert zu versteuern hätte. Leasing ist für den Geber sinnvoll, wenn sein Kapitalwert (KW_{LG}) mindestens den Wert Null aufweist. Damit können wir (3.31) bzw. (3.32) direkt auf diesen Fall übertragen. Da der Kapitalwertbeitrag einer ggf. auch vom Leasinggeber durchgeführten Fremdfinanzierung irrelevant ist, folgt unmittelbar:

$$KW_{LG} =$$
$$-I_0 + \sum_{t=1}^{T} LR_t \cdot (1-s) \cdot q^{-t} + L_T \cdot (1-s) \cdot q^{-T}$$
$$+ \sum_{t=1}^{T} s \cdot AfA_t \cdot q^{-t} + s \cdot RBW_T \cdot q^{-T} \overset{!}{=} 0 \qquad (3.33)$$

Wird (3.33) im letzten Schritt nach der gesuchten laufzeitkonstanten Leasingrate, die der Geber mindestens fordern sollte (LR_{min}), umgestellt, erhalten wir exakt das gleiche Ergebnis wie in Gl. (3.32): Die kritische Leasingrate aus Sicht des Leasingnehmers (LR_{krit}), die dieser maximal zu zahlen bereit wäre, ist identisch mit der mindestens zu erhebenden Rate aus Sicht des Leasinggebers:

$$LR_{min} = LR_{krit} \qquad (3.34)$$

Unter den getroffenen, für beide Leasingparteien identischen Annahmen, haben Leasinggesellschaften keine Existenzberechtigung, da kein Leasingvertrag entstehen könnte, der einer Partei einen „Mehrwert" beschert: Würde der Leasinggeber seine Ratenforderung über (3.34) hinaus erhöhen, würde dies zur Ablehnung

---

[3]Für s = 0 stellt (3.32) die prinzipielle Situation für einen privaten PKW-Leasingvertrag dar. Falls eine Leasinggesellschaft eine Rate vorgibt, sollte man den kritischen Liquidationserlös bzw. den gerade noch hinnehmbaren Werteverlust ($-I_0 + L_T \cdot q^{-T}$) bestimmen. In der Praxis wären zudem noch Sonderzahlungen am Anfang der Leasingbeziehung sowie Ausgleichszahlungen am Laufzeitende im Falle von Unter- bzw. Überschreitungen bei der vereinbarten Gesamtfahrleistung zu berücksichtigen.

beim Leasingnehmer führen und umgekehrt. Mehr als die Erwirtschaftung der eigenen Opportunitätskosten (i_s) wäre bei beiden nicht drin.

Warum aber gibt es Leasing in der Praxis? Weil es Abweichungen zwischen den hier festgelegten Annahmen gibt, insbesondere:

- Vorliegen von (finanzierungstheoretischer) Unwissenheit bei einem Vertragspartner,
- Unterschiede bei den realisierbaren Beschaffungskonditionen für Leasinggegenstände (bspw. könnte ein Leasinggeber beim Hersteller aufgrund seines Beschaffungsvolumens höhere Einkaufsrabatte durchsetzen),
- Abweichungen bei den Annahmen zum erzielbaren Liquidationserlös (bspw. könnte ein Leasinggeber aufgrund seiner vielen Leasinggegenstände unter einem höheren „Verwertungsdruck" stehen als ein Unternehmer im Rahmen seiner Kreditkaufalternative),
- Divergenzen hinsichtlich Abschreibungsverfahren, Zinssatzannahmen zur Finanzierung, zu den Konditionen einer intertemporären Geldanlage bzw. einer Opportunität, Steuerbemessungsgrundlagen und Steuersätzen (bspw. bedingt durch Rechtsformunterschiede zwischen den Parteien).

Zudem könnten sich die Risikopositionen beider Parteien unterscheiden, die zu abweichenden Kalkulationszinssätzen und damit zu unterschiedlichen Kapital- bzw. Entscheidungswerten führen können: So ist beim betrachteten Unternehmer eine EBITDA-Prognose der operativen Investitionswirkungen erforderlich. Diese führt zu unsicheren Zahlungsfolgen, da sie dem operativen Geschäftsrisiko des Unternehmers unterworfen sind. Daher könnte sich im Falle der Risikoaversion zur Bewertung ein anderer, dieses Risiko inkludierender Diskontierungszinssatz anbieten. Hingegen kann ein Fremdkapital- bzw. Leasinggeber auf Basis des Finanzierungsvertrages von einer bevorzugten Erfüllung seiner Ansprüche ausgehen und befindet sich damit prinzipiell in einer „sichereren" Position.

Durch die beschriebenen möglichen Annahmenunterschiede ergeben sich im praktischen Einzelfall Verhandlungsspielräume zwischen Leasinggeber und -nehmer, die für beide Seiten vorteilhaft sein können.

3.3.4 Anleihenfinanzierung

In diesem Abschnitt wird analog zur Aktienfinanzierung eine weitere an der Börse handelbare Finanzierungsform, die sog. Anleihe bzw. Schuldverschreibung, betrachtet. Sie hat im Rahmen der Unternehmensfinanzierungen in den letzten Jahren an Bedeutung gewonnen. Besonders stark verbreitet ist sie aber in Form von sog. öffentlichen Schuldverschreibungen, bei denen der Staat (Bund, Land oder Kommune) die Rolle des Kreditnehmers übernimmt. Neben dem Grundkonzept wird hier auch auf die sog. Zero-Bonds, die Floating Rate Notes sowie auf Indexanleihen eingegangen. Verbleibende Sonderformen sind dem Abschn. 3.3.5 (Mezzanine Financing) zugeordnet.

Grundkonzept einer Schuldverschreibung
Eine Schuldverschreibung (Anleihe, Obligation) ist in ihrer Grundform ein langfristiges, großvolumiges sowie fest verzinsliches Darlehen, das ein Großunternehmen oder der Staat über die Börse von einer Vielzahl von Darlehensgebern aufnimmt, wobei eine Stückelung der Gesamtdarlehenssumme in sog. Teilschuldverschreibungen erfolgt. Durch die Zerlegung des Großkredites, in der Regel mehrere 100 Mio. EUR, in Teilschuldverschreibungen mit Nenn- bzw. Nominalwerten zwischen zumeist 100 EUR und 1000 EUR, kann eine hohe Anzahl von Kreditgebern bzw. Geldanlegern mobilisiert werden.

Als Darlehensgeber kommen daher, neben klassischen Kapitalsammelstellen wie Versicherungen, Banken oder Investmentgesellschaften, auch Privatanleger in Frage, für die eine Anleihe aufgrund ihrer festen Verzinsung und garantierten Rückzahlung des investierten Nominalbetrages am Laufzeitende eine sichere Geldanlage im Falle guter Schuldnerbonität darstellen. Die Darlehenslaufzeiten bewegen sich vielfach zwischen 5 und 20 Jahren. Da die Teilschuldverschreibungen als Wertpapiere an der Börse emittiert werden, können sie, analog zu Aktien, börsentäglich vom Anleger zum aktuellen Kurs, der in Prozent des Nominalwertes einer Teilschuldverschreibung angegeben wird, veräußert werden. Sie stellen daher i. d. R. Inhaberpapiere dar. Damit das Kredit aufnehmende Unternehmen, also der Wertpapieremittent, das geliehene Geld bis zum Ende der Laufzeit der Anleihe benutzen kann, ist eine durch den Anleger gewünschte vorzeitige Rückforderungsmöglichkeit ausgeschlossen. Vielmehr besitzt das Unternehmen auf der Grundlage der konkreten Emissionsbedingungen ggf. ein vorzeitiges Tilgungsrecht.

In der Praxis ist es üblich, Obligationen nach der Art des Kreditnehmers bzw. des Kreditzwecks oder nach ihrer Besicherung zu differenzieren. So werden bspw. die von Unternehmen emittierten Schuldverschreibungen, unabhängig von der konkreten Branchenzugehörigkeit, als Industrieobligationen bezeichnet; Schuldverschreibungen von Bund und Land als Staatsanleihen, emittierte Wertpapiere von Hypothekenbanken als Pfandbriefe[4] und die von Gebietskörperschaften (Gemeinden) als Kommunalobligationen.[5]

Aus Sicht eines Unternehmens sind folgende Aspekte bei der Emission einer Anleihe zu bedenken:

Die Ausgabe einer Schuldverschreibung ist nicht an eine bestimmte Rechtsform des Unternehmens gebunden. So kann bspw. auch eine GmbH diese Kreditform wählen. Viel entscheidender als die Rechtsform sind aber Bekanntheitsgrad und Reputation des Unternehmens aus Sicht des Kapitalmarktes. Daher greifen insbesondere bereits börsennotierte Aktiengesellschaften auf das Instrument der Industrieobligation zurück.

Bevorzugt werden Anleihen unter Einschaltung von Banken emittiert (sog. Fremdemission). Dabei übernehmen die Banken Beratungs- und ganz besonders Vertriebsfunktionen (bspw. Anbieten der Anleihe bei ihren Kunden). Zudem können sie auch das sog. Unterbringungs- bzw. Platzierungsrisiko der Anleihe übernehmen, indem sie diese auf eigene Rechnung fest übernehmen und sukzessiv an die Kapitalanleger veräußern. Das Unternehmen würde dann sofort über den gesamten Emissionsbetrag (abzüglich verlangter Emissionsprovision für die Bank) verfügen können. Manchmal sind auch mehrere Banken an der Fremdemission beteiligt. Die Eigenemission stellt bei Industrieobligationen angesichts fehlenden Knowhows und Vertriebskanälen die Ausnahme dar.

Die Emissionsbedingungen sind in einem Prospekt zur Information potenzieller Anleger vorab festzulegen. Zudem unterstützt ein zentraler Kapitalmarktausschuss sowie die Börse, bei der die Zulassung zum Wertpapierhandel beantragt wird, die Emission (u. a. erfolgen Bonitätsprüfungen und es wird die Aufnahmefähigkeit am Kapitalmarkt beurteilt, um das Platzierungsrisiko zu mildern). Vorteilhaft, aber keine Bedingung, ist analog zur Aufnahme eines Schuldscheindarlehens die Deckungsstockfähigkeit der Anleihe, damit auch seitens der Versicherungen eine Wertpapiernachfrage entsteht.

Zur Besicherung der Gläubigeransprüche werden vielfach Grundpfandrechte, Bürgschaften und sog. Negativklauseln in den Emissionsbedingungen vereinbart.

Die Gläubigeransprüche bestehen insbesondere in der Rückzahlung des Kapitalbetrages am Ende der Anleihenlaufzeit sowie in den fest terminierten Zinszahlungen, die meistens nachschüssig am Ende eines Jahres oder eines Halbjahres getätigt werden.

Die Ausgabe der Teilschuldverschreibungen ist am Emissionstag, entgegen einer Aktienemission, auch unterhalb des Nenn- bzw. Nominalwertes möglich (sog. Unter-pari-Emission), damit das Unternehmen auf eine kurzfristige Änderung des Marktzinssatzes noch angemessen reagieren kann. Zudem besteht auch die Möglichkeit, eine nachträgliche Änderung des Nominalzinssatzes (sog. Konversion) in den Anleihebedingungen festzulegen.

Ändert sich der Marktzinssatz für Neuemissionen im Zeitablauf, so beeinflusst dies den Börsenkurs der bereits am Kapitalmarkt gehandelten Obligationen: Im Falle eines Anstiegs (Rückgangs) des Marktzinses ist mit einem Abfallen

---

[4]Pfandbriefe sind Obligationen der Realkreditinstitute (Hypothekenbanken), die i. d. R. durch Hypotheken und Grundschulden gedeckt sein müssen.

[5]Kommunalobligationen sind Obligationen von Realkreditinstituten, deren Gegenwerte zur Finanzierung öffentlicher Vorhaben von Gemeinden dienen (bspw. größere Baumaßnahmen).

(Ansteigen) ihrer Kurse zu rechnen, was im folgenden Beispiel näher erläutert wird.

Zur Rückzahlung der Kapitalbeträge stehen alle Tilgungsformen, die bereits beim unverbrieften Darlehen dargestellt wurden, zur Verfügung. Aufgrund des Börsenhandels der Teilschuldverschreibungen besteht ferner die Möglichkeit, die emittierten Wertpapiere direkt über die Börse zurückzukaufen, was sich bei einem Anleihekurs empfiehlt, der unter dem bei Fälligkeit zurückzuzahlenden Nominalwert liegt. Die durch den Schuldner ausgelöste Wertpapiernachfrage stützt zudem den Kurs, was aktuelle Anleger ggf. zum vorzeitigen Verkauf motiviert. Des Weiteren wird vielfach von der Möglichkeit Gebrauch gemacht, die Tilgung erst nach Ablauf einiger tilgungsfreier Jahre zu beginnen. Insbesondere in Kombination mit einer gleichmäßigen Tilgung analog zum Ratendarlehen ergibt sich die Besonderheit, dass das Unternehmen die Summe an Teilschuldverschreibungen in sog. Tranchen bzw. Serien unterteilt. Da zum jeweiligen Tilgungszeitpunkt die Inhaber der Anleihen über Verkaufstransaktionen an der Börse gewechselt haben könnten, kann ein aktueller Anleger (Obligationär) den für ihn relevanten Anlagehorizont und damit auch seine zu erwartende Effektivverzinsung (Rendite) aus der Obligation vorab nicht exakt bestimmen, da seine Teilschuldverschreibungen ganz oder teilweise einer bzw. mehreren Tilgungstranchen zugeordnet sein könnten. Daher hat sich

in der Praxis mittlerweile eine Anleihefinanzierung mit Tilgung bei Endfälligkeit durchgesetzt.

Beispiel: Investition in eine festverzinsliche Teilschuldverschreibung

Ein Anleger steht vor der Frage, ob er eine Teilschuldverschreibung von Unternehmen A oder von Unternehmen B erwerben soll. Beide Unternehmen bieten im Emissionsprospekt vergleichbare Bedingungen mit Ausnahme des Zinszahlungstermins: Unternehmen A wird die Zinsen jährlich am Ende des Jahres, Unternehmen B dagegen am Ende eines jeden Halbjahres zahlen. Der Emissionszeitpunkt (t = 0) sei der 01.01. eines beliebigen Jahres. Die weiteren Beispieldaten zeigt Tab. 3.17. Danach handelt es sich um eine Obligation mit endfälliger Tilgung. Der tatsächliche Ausgabekurs liegt mit 97 % unter dem Nennwert, was seine Ursache in einer Veränderung des aktuellen Marktzinsniveaus für vergleichbare Geldanlagen haben könnte oder der Nachfragebelebung kurz vor dem Emissionstermin dient. Transaktionskosten und Steuern seien vernachlässigt.

Zunächst stellen wir in Tab. 3.18 die Zahlungsstruktur für die Anleihe des Unternehmens A unter der Annahme auf, das der betrachtete Anleger bis zum Ende der Laufzeit seine Finanzinvestition behält. Über diese Ge-

Tab. 3.17 Beispieldaten zu einer Teilschuldverschreibung

Ausstattung einer Obligation		Unternehmen A	Unternehmen B
Nenn- bzw. Nominalwert einer Teilschuldverschreibung	GE	100,-	100,-
Emissions- bzw. Ausgabekurs	%	97	97
Nominalzinssatz p.a.	%	6	6
Zinstermin (nachschüssig)	-	jährlich	halbjährlich
Laufzeit der Obligation	Jahre	8	8
Tilgungsform	-	am Laufzeitende	am Laufzeitende

Tab. 3.18 Zahlungsstruktur und Effektivverzinsung der Anleihe von Unternehmen A

Zeitpunkte (Jahre)	0	1	2	…	8
Auszahlung	−97			…	
Zinszahlungen		+6	+6	…	+6
Rückzahlungen				…	+100
Nettozahlungen	−97	+6	+6	…	+106
Interner Zinssatz bzw. Effektivverzinsung (Jahreszinssatz)					6,49 %

samtlaufzeit ist dann seine Rendite bzw. Effektivverzinsung p.a. auf der Grundlage der Internen Zinssatzmethode bestimmt worden. Demnach beträgt für den Anleger die jährliche Durchschnittsverzinsung (i_{krit}) rund 6,49 %. Auf einem vollkommenen Anleihemarkt kann diese Verzinsung auch als gegenwärtig herrschendes Marktzinsniveau ($i_{Markt} = i_{krit}$) interpretiert werden.

Die Anleihe von Unternehmen B zahlt pro Jahr zwar die gleiche Zinssumme, allerdings verteilt auf zwei Zahlungstermine innerhalb eines Jahres. Unter der Annahme, dass der Anleger die per Halbjahr erhaltenen Zinsen zum Effektivzinssatz reinvestieren (wiederanlegen) kann, wird seine tatsächliche Jahreszinssumme die von Unternehmensanleihe A aber übersteigen und er insgesamt eine höhere effektive Verzinsung erzielen.

Vor diesem Hintergrund erfolgt die, zunächst auf Halbjahresbasis vorgenommene, Effektivzinssatzberechnung für B in Tab. 3.19. Sie ergibt den Wert 3,24 % pro Halbjahr.

Zwecks Vergleichbarkeit mit Unternehmensanleihe A ist nun der jahreskonforme Effektivzinssatz (i_{eff}) zu bestimmen, der sich belastungsäquivalent zum ermittelten Halbjahreszinssatz ($i_{eff,H}$) verhält. Da wir es hier mit zwei Zinsterminen innerhalb eines Jahres zu tun haben, lautet der Ansatz:

$$\left(1 + i_{eff}\right)^1 \overset{!}{=} \left(1 + i_{eff,H}\right)^2 \text{ bzw } i_{eff} \overset{!}{=} \left(1 + i_{eff,H}\right)^2$$
$$-1 \text{ und hier}: i_{eff} \overset{!}{=} \left(1 + 0,0324\right)^2 - 1 \approx 0,0659 \quad (3.35)$$

Ein abschließender Renditevergleich zeigt, dass die Anleihe des Unternehmens B aufgrund der früher einsetzenden und häufigeren (aber freilich je Zahlungstermin geringeren)

Zinszahlungen einen leichten Vorteil gegenüber der Obligation von Unternehmen A aufweist, weshalb diese aus Anlegersicht präferiert werden sollte.

Beide Unternehmen haben ihre Anleiheemission erfolgreich durchgeführt. Unmittelbar danach ändert sich überraschend (bspw. aufgrund einer Leitzinssenkung der Notenbanken) das Zinsniveau am Kapitalmarkt (i_{Markt}) auf exakt 8 % p.a. Über den Börsenhandel möchten andere Investoren die bereits emittierte Anleihe A nachfragen. Eine Nachfrage nach dieser Anleihe wird sich nur dann einstellen, wenn auch sie eine jährliche effektive Durchschnittsverzinsung von 8 % p.a. für einen Investor bietet, wie dies bei künftigen Neuemissionen der Fall sein würde. Per Emissionsvertrag ist aber bei der A-Anleihe ein Nominalzinssatz von 6 % p.a. fest vereinbart. Damit sich nun für neue Anleger eine Rendite von 8 % ergibt, muss der Kaufpreis für die bestehende Anleihe geringer werden, also ihr Kurs gegenüber dem Ausgangsbeispiel sinken. Auf Basis der Beispieldaten kann man den zu erwartenden neuen Kurs berechnen, indem man die künftigen finanziellen Konsequenzen, die einem Inhaber der A-Anleihe ausbezahlt werden, mit dem aktuellen Kapitalmarktzinsniveau auf t = 0 diskontiert. Das Ergebnis stellt der Present Value bzw. Ertragswert (E_0) der Anleihe dar. Für diesen gilt:

$$E_0 = \sum_{t=1}^{T} \left(Z_t + T_t\right) \cdot \left(1 + i_{Markt}\right)^{-t} \quad (3.36)$$

In Gl. (3.36) sind also die künftigen Zins- (Z_t) und Tilgungszahlungen (T_t) an den Obligationär mit dessen aktueller Opportunität (alternative Geldanlage zum aktuellen Markt-

Tab. 3.19 Zahlungsstruktur und Effektivverzinsung der Anleihe von Unternehmen B

Zeitpunkte (Halbjahre)	0	1	2	…	16
Zeitpunkte (Jahre)	0	0,5	1	…	8
Auszahlung	−97			…	
Zinszahlungen		+3	+3	…	+3
Rückzahlungen				…	+100
Nettozahlungen	−97	+3	+3	…	+103
Interner Zinssatz bzw. Effektivverzinsung (Halbjahreszinssatz)					3,24 %
Interner Zinssatz = Effektivverzinsung (Jahreszinssatz)					6,59 %

zinssatz) zu diskontieren, um den derzeitigen Ertragswert zu bestimmen. Dieser lässt sich als „fairer Marktpreis" bzw. „fairer Kurs" für die Anleihe interpretieren. Setzen wir die Beispieldaten für die Gesamtlaufzeit von 8 Jahren (T) in (3.36) ein, erhalten wir rund 88,51 GE für eine Teilschuldverschreibung mit einem Nominalwert von 100,- GE und 6,- GE Nominalzinszahlungen p.a. Als Kursangabe müsste die Schuldverschreibung also in etwa in Höhe von 88,51 % an der Börse notieren. Freilich ergibt sich der tatsächlich zu beobachtende Kurs durch das konkrete Angebots- und Nachfrageverhalten der Marktteilnehmer und kann vom „fairen Preis" abweichen.

Nachdem ein Investor die A-Anleihe zum Kurs von 88,51 GE erworben hat, trennt er sich von ihr nach 30 Monaten durch Verkauf an der Börse. Sein erzielter Verkaufspreis sei 99,- GE. Das Zinsniveau am Kapitalmarkt ist also in der Zwischenzeit wieder gesunken, was den Anleihekurs auf 99 % erhöht hat. Damit stellt sich die Frage nach der erzielten Rendite bzw. Effektivverzinsung des hier betrachteten Investors.

Bei einer Haltedauer von 30 Monaten ergeben sich rechnerisch 2,5 Jahre, die der Investor im Besitz der A-Anleihe war. Da im Kurs von Teilschuldverschreibungen keine Zinsansprüche, die dem bisherigen Inhaber für angefangene Zinsperioden anteilig zustehen, enthalten sind, werden dem neuen Inhaber künftig (also bereits in einem halben Jahr) die gesamten Nominalzinszahlungen vom Unternehmen A zufließen. Folglich muss der neue Inhaber dem bisherigen Inhaber einen Teil der Zinsen (im Beispiel für das angebro-

chene dritte Zinsjahr) erstatten. Dies erfolgt als sog. Stückzinsen bereits zum Verkaufszeitpunkt und erhöht beim Anleihenkäufer dessen tatsächlichen Kaufpreis. Für die Stückzinsenberechnung eines angebrochenen Zinsjahres t (SZ_t) wird eine einfache Zinsermittlung auf Basis von 360 Tagen durchgeführt, indem die aus der A-Anleihe fließenden Nominalzinszahlungen eines Jahres (Z_t) mit der im angefangenen Zinsjahr bestehenden Haltedauer (HT_t) des Verkäufers, gemessen in Tagen, multipliziert und durch die (vereinfachte) Anzahl an Tagen im Jahr dividiert werden:

$$SZ_t = Z_t \cdot \frac{HT_t}{360} \text{ für eine angebrochene Zinsperiode } t \quad (3.37)$$

Im Beispiel ergibt sich eine Haltedauer von 180 Tagen bzw. von einem halben Jahr. Da der Verkäufer im angebrochenen Zinsjahr über eine Zeitstrecke von 50 % der Inhaber der A-Anleihe war, stehen ihm zum Verkaufszeitpunkt, neben dem Kurs von 99,- GE, zusätzlich 3,- GE Stückzinsen zu.

Tab. 3.20 wird die Zahlungsstruktur aus Sicht des Anleihenverkäufers dargestellt. Analog zum Ausgangsbeispiel wurde zunächst auf Halbjahresbasis eine effektive Zinssatzberechnung durchgeführt und das Ergebnis abschließend in einen jahreskonformen Zinssatz transformiert. Am Ende ergibt sich eine Anlegerrendite in Höhe von 11,18 % p.a.

Zerobonds
Zerobonds sind eine Sonderform der Obligation und stellen Anleihen ohne laufende Nominal-

Tab. 3.20 Effektivverzinsung für einen Investor bei vorzeitigem Verkauf der Anleihe A

Zeitpunkte (Halbjahre)	0	1	2	3	4	5
Zeitpunkte (Jahre)	0	0,5	1	1,5	2	2,5
Kaufpreis Anleihe A	−88,51					
Zinseinzahlungen		0	+6	0	+6	0
Stückzinsen vom Käufer						+3
Verkaufskurs Anleihe A						+99
Nettozahlungen	−88,51	0	+6	0	+6	+102
Interner Zinssatz bzw. Effektivverzinsung (Halbjahreszinssatz)						5,44 %
Interner Zinssatz bzw. Effektivverzinsung (Jahreszinssatz)						11,18 %

verzinsung dar (auch: Null-Kupon-Anleihen). Analog zum unverbrieften Darlehen mit Endwerttilgung finden zwischen Ausgabe- und Rückzahlungszeitpunkt keine zwischenzeitlichen Zahlungen statt. Dem Anleger werden die Zinsen einschließlich Zinseszinsen erst am Laufzeitende zusammen mit dem originär überlassenen Kreditbetrag vom Unternehmen zurückgezahlt. Konkret ergibt sich die Anlegerverzinsung dadurch, dass die Anleihe deutlich unter ihrem Einlösungs- bzw. Rückzahlungsbetrag ausgegeben (Abzinsungsanleihe) oder – seltener – über ihrem Ausgabebetrag zurückgezahlt (Aufzinsungsanleihe) wird.

Für das Kapital suchende Unternehmen bedeutet dies eine Liquiditätsschonung während der Laufzeit, da keine regelmäßigen Zins- und Tilgungszahlungen zu leisten sind. Die jährlichen Zinsansprüche hat das Unternehmen zusätzlich als Verbindlichkeit zu bilanzieren bzw. es ist in jeder Periode der sich hypothetisch ergebende Rückzahlungsbetrag einschließlich bislang angefallener Zinsansprüche der Anleger auszuweisen. Zerobonds bieten gegenüber einer klassischen Obligation Vorteile, wenn das Unternehmen künftig mit eher steigenden Zinsen rechnet, da sich dann ggf. die Refinanzierung für die zu leistenden laufenden Zinszahlungen verteuern würde.

Bei steigenden Marktzinsen müssen Anleger damit rechnen, dass die Börsenkurse der Zerobonds stärker fallen als bei normalen Obligationen, da in den Kursen zwangsläufig auch die bislang kumulierten Zinsansprüche der Anleger enthalten sind. Entsprechend umgekehrt sieht es bei sinkenden Zinsniveaus aus. Für die Nachfrage potenzieller Anleger nach Zerobonds ist dieser Zusammenhang relevant (gegenläufige Zinserwartungen von Emittent und Anlegern). Aus Anlegersicht kommt zudem der Bonität des Schuldners eine sehr hohe Bedeutung zu, da Zahlungen erst am Laufzeitende erfolgen. Allerdings ist zwischenzeitlich ein Verkauf an der Börse möglich. Vorteilhaft ist zudem, dass das Reinvestitionsproblem für ausgezahlte Zinsen entfällt, was im Falle sukzessiv sinkender Kapitalmarktzinsen für den Anleger zu einem geringeren Ver-

mögenszuwachs führen würde. Folglich erscheinen Zero-Bonds als Geldanlage im Vergleich zu klassischen Obligationen in Hochzinsphasen gut geeignet, dieses Zinsniveau langfristig zu konservieren. Bei gleicher Erwartungsbildung des Kredit suchenden Unternehmens dürfte dieses aber kaum zu einer Emission in Form von Zero-Bonds motiviert sein.

Bei der Berechnung von Effektivzinssätzen bzw. Renditen kann auf das Vorgehen bei Darlehen mit Endwerttilgung verwiesen werden und es bietet sich zudem eine analytische Lösung der gesuchten Anlegerrendite an, wie das folgende Beispiel verdeutlichen soll.

Beispiel zu Zerobonds

Ein Unternehmen emittiert Zerobonds mit einer Laufzeit von 8 Jahren und einem Nominalzinssatz von 7 % p.a. in Form einer sog. Abzinsungsanleihe. Der Nominalzinssatz entspricht dem aktuellen Marktzinssatz vergleichbarer Anleihen. Gesucht ist der Ausgabebetrag (A_0), der zu dem in den Emissionsbedingungen genannten Rückzahlungs- bzw. Einlösungsbetrag von 1000,- GE je Teilschuldverschreibung in t = 8 führt. Dazu ist der Rückzahlungsbetrag um 8 Perioden mit 7 % zu diskontieren, um den Ausgabebetrag in t = 0 zu bestimmen:

$$A_0 = 1000 \cdot (1{,}07)^{-8} \approx 582{,}01 \text{GE} \quad (3.38)$$

Erwirbt ein Anleger also zu 582,01 GE eine Teilschuldverschreibung, wird er nach 8 Jahren exakt mit einer jährlichen Rendite von 7 % rechnen können.

Am Ende des ersten Jahres würde ein Unternehmen diese betrachtete Teilschuldverschreibung mit dem Ausgabebetrag, aufgezinst um eine Zinsperiode mit 7 %, bilanzieren (rund 622,75 GE). Dies würde sich in jeder kommenden Periode bis zur Endfälligkeit der Anleihe fortsetzen, bis in t = 8 der versprochene Rückzahlungsbetrag von 1000,- GE je Teilschuldverschreibung erreicht würde.

Nehmen wir nach Ablauf eines Jahres an, dass sich das vergleichbare Marktzinsniveau für Anleihen mit einer Restlaufzeit von nur noch 7 Jahren überraschend auf 4 % p.a. erniedrigt hätte. Ein Inhaber eines Zero-Bonds würde nun den versprochenen Rückzahlungsbetrag über 7 Perioden mit 4 % diskontieren. Wir erhalten als „fairen Marktpreis" in t = 1 (A_1):

$$A_1 = 1000 \cdot (1,04)^{-7} \approx 759,92 \text{GE} \quad (3.39)$$

Hätte das Marktzinsniveau weiterhin 7 % p.a. betragen, würde sich analog zur Bilanzierung beim Darlehensnehmer ein Ertragswert bzw. Kurs von rund 622,75 GE einstellen. Durch das Absinken des Zinsniveaus hat sich der mögliche Verkaufspreis des betrachteten Zero-Bonds zudem deutlicher erhöht als bei einer vergleichbaren klassischen Obligation, da aus dieser bereits die erste(n) Zahlungen an den Anleger abgeflossen wären und damit nicht mehr in der kursbestimmenden Ertragswertberechnung enthalten sind, bei der stets nur zukünftige Rückflüsse diskontiert werden.

Nehmen wir abschließend an, dass der bislang betrachtete Anleger seine Teilschuldverschreibung an einen (neuen) Wertpapierkäufer in t = 1 für tatsächlich exakt 760,- GE verkauft. Wie sieht die Anlagerendite des Verkäufers aus? Er hat für 582,01 GE gekauft und nun zu 760,- GE nach Ablauf eines Jahres verkauft. Daraus folgt eine Zwei-Zeitpunkt-Zahlungsstruktur und es gilt für die Bestimmung einer Jahresrendite in diesem Fall allgemein:

$$A_0 \cdot \left(1 + i_{eff}\right)^T \overset{!}{=} V_T \text{ bzw } i_{eff} = \left(\frac{V_T}{A_0}\right)^{1/T} - 1. \quad (3.40)$$

In Gl. (3.40) bezeichnet A_0 den Kaufpreis der Anleihe aus Anlegersicht und V_T den von ihm erzielten Verkaufspreis am Ende seiner Haltedauer (T). Der gesuchte Effektivzinssatz (i_{eff}) kann als periodendurchschnittliche Wachstumsrate des Kaufpreises interpretiert werden. Auch auf Basis der Internen Zinssatzmethode würden sich identische Ergebnisse für alle Fälle mit lediglich zwei Zahlungszeitpunkten ergeben. Mit den Beispieldaten erhalten wir:

$$i_{eff} = \left(\frac{760}{582,01}\right)^{1/1}$$
$$-1 \approx 0,3058 \text{ bzw. rund } 30,58 \% \text{p. a.} \quad (3.41)$$

Für die Renditeberechnung des neuen Wertpapierkäufers würde, unter der Annahme, dass er den Zero-Bond bis zur Endfälligkeit weitere 7 Jahre hält und dann einlöst, gelten:

$$i_{eff} = \left(\frac{1.000}{760}\right)^{1/7}$$
$$-1 \approx 0,0399 \text{ bzw. rund } 4 \% \text{p. a.} \quad (3.42)$$

Aufgrund des Kursanstiegs des Zero-Bonds, induziert durch ein Absinken des Zinsniveaus am Anleihemarkt, wird der Wertpapierkäufer künftig nur noch das aktuelle Niveau (4 %) als Ertrag realisieren.

Floating Rate Notes
Floating Rate Notes (kurz: Floater) sind eine Sonderform der Obligation, bei denen der Zinssatz regelmäßig (meistens alle 3 oder 6 Monate auf Basis internationaler Leitzinssätze) neu festgesetzt wird, so dass eine im Zeitablauf variable Verzinsung vorliegt. Die Leitzinssätze, an denen sich die gewährten Nominalzinsen orientieren, sind im Euro-Raum der Euro-LIBOR (Euro London Interbank Offered Rate) sowie der EURIBOR (Euro Interbank Offered Rate). Sie stellen Referenzzinssätze dar, die im kurzfristigen Geldhandel zwischen den Banken (sog. Interbankenmarkt) untereinander erhoben und mindestens zweimal im Jahr überprüft werden.

Der endgültige für einen Floater maßgebliche Nominalzinssatz ergibt sich, indem aufbauend auf solch einem Referenzzinssatz zusätzlich ein sog. Spread berücksichtigt wird. Bei diesem Spread kann es sich um einen Zu- oder um einen Abschlag handeln, dessen Richtung und Höhe sich u. a. aus der Kreditwürdigkeit eines Emittenten ergibt. So gibt es durchaus Geschäftsbanken, die vom Referenzzinssatz einen Abschlag vornehmen und ihren Anlegern damit eine geringere variable Verzinsung anbieten, da sie über eine besonders hohe Bonität verfügen bzw. dies auf dem Kapitalmarkt durchsetzen können.

Aufgrund der regelmäßigen Anpassung des Zinsatzes notieren an der Börse gehandelte

Floater in aller Regel um einen Kurs von 100 %: Ermäßigt sich bspw. das Zinsniveau am Interbankenmarkt, wird der eigentlich zu erwartende Kursanstieg sofort durch die künftig in die Kurswertberechnung eingehenden geringeren Zinszahlungen entsprechend des Ertragswertgedankens verhindert. Analoges gilt spiegelbildlich im Falle eines Zinsanstiegs.

Für Kreditgeber bzw. Anleger bedeutet dies die nahezu völlige Elimination etwaiger Kursrisiken, wie sie bei den anderen Obligationen grundsätzlich bestehen, falls der Anleger während der Laufzeit von seiner Verkaufsmöglichkeit über die Börse Gebrauch machen, also Fristentransformation betreiben möchte.

Ein Anleger wird insbesondere dann in Floater investieren, wenn er in absehbarer Zeit mit Zinssteigerungen rechnet. Entgegengerichtet liegen die Erwartungen beim Unternehmen: Es rechnet demnächst mit Zinssenkungen am Interbankenmarkt, was die eigenen künftigen Zinskosten reduzieren würde.

Damit die Zinsentwicklungen für beide Finanzierungspartner kalkulierbar bleiben, ist es möglich, Floater mit sog. Zinsbegrenzungsvereinbarungen zu kombinieren (sog. Caps bzw. Floors), die eigenständige Zinsderivate darstellen. Dabei stellt ein Cap eine Zinshöchstgrenze dar, die ein Unternehmen maximal an seine Obligationäre zahlen muss, auch wenn das Referenzzinsniveau weiter ansteigt. Umgekehrt garantiert ein Floor dem Anleger einen vom Interbankenzinssatz entkoppelten Mindestzinssatz, um bspw. Extremfälle wie eine denkbare „Negativ- oder Nullverzinsung" zu vermeiden. Dies ist insbesondere dann aus Anlegersicht sinnvoll, wenn der Floater eines Emittenten mit einem Abschlag versehen ist.

Abschließend ist darauf hinzuweisen, dass es auch im Bereich der unverbrieften Darlehen mittlerweile Angebote mit variabler Zinsvereinbarung auf Basis von Referenzzinssätzen gibt. In letzter Zeit hat sich diese Variante u. a. im Bereich der privaten Immobilienfinanzierung etabliert, bei der üblicherweise Darlehen mit langer Zinsbindungsfrist angestrebt werden, bei denen vielfach nur eingeschränkte Sondertilgungsmöglichkeiten für den Schuldner bestehen. Eine vari-

able Zinsvereinbarung kann sich in Situationen als sinnvoll erweisen, falls das gegenwärtige kurzfristige Zinsniveau, welches bspw. durch einen EURIBOR abgebildet wird, als sehr niedrig im Vergleich zu einem Zinssatz bei langer Zinsbindung gilt und der Darlehensnehmer in absehbarer Zeit einen außerordentlichen Geldeingang erwartet, den er dann zur kurzfristigen Tilgung des (teils) zinsvariabel gestalteten Immobiliendarlehens verwendet.

Indexanleihen

Unter Indexanleihen kann man allgemein die Kopplung des Rückzahlungsbetrages und/oder von Zinszahlungen an einen Index (bspw. Aktienindex oder Inflationsrate) verstehen. Folglich können weder das Kapital aufnehmende Unternehmen noch der Investor die jeweils fälligen Zins- und/oder Tilgungszahlungen im Voraus genau kennen. Damit beruht die Emission derartiger Anleihen ganz entscheidend auf unterschiedlichen Erwartungen der Finanzierungspartner über die künftige der Anleihe zugrunde liegenden Indexentwicklung.

Als Beispiel für eine Kopplung von Zinszahlungen und Rückzahlungsbetrag an einen Index sei auf sog. inflationsindexierte Anleihen (sog. Linker) hingewiesen, die seit 2006 auch von der Bundesrepublik Deutschland emittiert werden und eine 10-jährige Laufzeit aufweisen. Bei dieser Bundesanleihe wird analog zur Grundform einer Schuldverschreibung eine feste Verzinsung angeboten, die allerdings um die in den üblichen Anleihen enthaltene Inflationserwartung bereinigt ist. Daher ist die Basis der festen Verzinsung ein niedriger Realzinssatz. Die konkrete (nominale) Zinszahlung eines Jahres ergibt sich, indem der festgelegte Realzinssatz um einen Inflationsindex korrigiert wird. Im betrachteten Beispiel handelt es sich um den harmonisierten Verbraucherpreisindex (ohne Tabak), dessen Verlauf die Finanzagentur des Bundes (im Internet) bereitstellt. Bei einem Indexanstieg (Fall der Inflation), würde ein Anleger eine höhere Zinszahlung erhalten. Im Falle einer Deflation (Erniedrigung des Verbraucherpreisindizes) würde die garantierte Realverzinsung zum Emissionstag verringern. Damit kann man sagen, dass die vereinbarte Festverzinsung tendenziell das aktuelle Kaufkraftniveau abbildet und im Falle eines Anstiegs des allgemeinen Lebenserhaltungsniveaus dem Anleger die aktuelle Inflationsrate zusätzlich bzw. nachträglich erstattet. Insofern bietet ein Linker einen Inflationsschutz. Allerdings ist zu bedenken, dass die Nominalverzinsungen von üblichen Anleihen ebenfalls eine durchschnittliche Inflationserwartung mit beinhalten. Daher ist es für einen Anleger interessant abzuschätzen, welche „Durchschnittsinflation" in normalen Anleihen des Bundes in den Kursen bereits „eingepreist" ist. Durch Vergleich dieser eingerechneten Inflation mit der eigenen Inflationserwartung des Anlegers kann er die relative Vorteilhaftigkeit zwischen einem Linker und einer üblichen Bundesanleihe in etwa erkennen. So könnte man die reale Rendite des Linkers, die sich ergibt, wenn nur die garantierten Zinsen (also ohne spätere Inflationsanpassung über den Verbraucherpreisindex) gezahlt würden, mit der aktuellen Rendite einer üblichen laufzeitkongruenten Anleihe vergleichen. Die Renditedifferenz dürfte in etwa die vom Kapitalmarkt in den Kursen der üblichen Anleihe implizit enthaltene Inflationserwartung darstellen. Ergibt sich bei der Differenzbildung bspw. ein Wert von 2 %, müsste die subjektive Inflationserwartung eines Anlegers, der sich für eine Geldanlage in einen Linker interessiert, im Periodendurchschnitt über diesem Niveau liegen, damit seine Investition gegenüber einer nominalen Schuldverschreibung vorteilhaft erscheint.

Als eine Alternative zu einer Anleihe mit Inflationsschutz kann man in gewisser Hinsicht auch einen Floater begreifen: Steigende Zinsen am Interbankenmarkt sind oftmals eine Folge der vielfach zu beobachtenden Neigung der Zentralbanken, im Inflationsfalle vorsorglich die Leitzinsen zu erhöhen. Damit würden Anleger, sofern ihr Floater nicht an eine Cap-Grenze stößt, zumindest teilweise über den höheren variablen Zinssatz das allgemeine Inflationsrisiko begrenzen.

Neben den drei dargestellten Sonderformen „Zero-Bonds", „Floating Rate Notes" sowie „Indexanleihen" existieren weitere Varianten von Schuldverschreibungen (insb. Wandel- und Optionsanleihen), die in Abschn. 3.4 der Finanzierungsform „Mezzanine Financing" zugeordnet sind, da sie neben einer Fremdkapital- auch Merkmale einer Eigenkapitalfinanzierung enthalten.

Zusammenfassung (zu Teil 3.3)

Unternehmen stehen eine Reihe von langfristigen Fremdfinanzierungsmaßnahmen zur Verfügung. Neben der klassischen unverbrieften Darlehensfinanzierung durch Kreditinstitute haben langfristige Finance Leasing-Beziehungen, bei denen der Investitionsgegenstand für einen bestimmten unkündbaren Zeitraum angemietet wird, eine hohe praktische Bedeutung erlangt. Entsprechend trifft die Praxis regelmäßig Entscheidungen zwischen dem Kauf oder dem Leasing eines Objektes. Hierzu kann sie ein Kapitalwertkalkül nutzen, welches Bestandteil der dynamischen Investitionsrechnung ist.

Ebenfalls eine hohe Bedeutung haben Anleihefinanzierungen: Hierbei emittiert das Kredit suchende Unternehmen sog. Schuldverschreibungen am Kapitalmarkt (verbriefte Darlehen) und bietet dem Geldgeber (Investor) in der Grundform eine feste Verzinsung sowie eine über die Stellung von Sicherheiten garantierte Kapitalrückzahlung am Ende der Kreditlaufzeit. In der Finanzierungspraxis haben sich mittlerweile eine Vielzahl an Sonderformen etabliert, unter anderem der sog. Zero Bonds (Kapitalrückzahlung an den Kreditgeber inklusive aller Zinsansprüche am Ende der Laufzeit) sowie die Floating Rate Notes (regelmäßige Anpassung des Kreditzinssatzes während der Kreditlaufzeit). In den letzten Jahren haben sich zudem sog. inflationsindexierte Anleihen etabliert, bei denen die Zins- und Tilgungszahlungen an einen Inflationsindex gekoppelt sind und damit die Kaufkrafterhaltung des investierten Geldes für den Anleger unterstützen soll.

3.4 Mezzanine Finanzierung

3.4.1 Begriff und Merkmale

Der Begriff „Mezzanine" kommt ursprünglich aus der Architektur und bezeichnet dort ein in der Renaissance typisches Zwischengeschoss in einem Gebäude (italienisch: „Mezzanino"). Dieses aus der Architektur stammende Sinnbild bedeutet übertragen auf den Bereich der Unternehmensfinanzierung, dass die hier zu behandelnden Finanzierungsformen eine Zwischenstellung zwischen Eigen- und Fremdfinanzierung einnehmen können.

Während „idealtypisches" Fremdkapital weitgehend risikolos konzipiert ist, können Kreditgeber im Einzelfall bspw. auf die Stellung von Sicherheiten (bewusst) verzichten, was sie näher an die Position eines „idealtypischen" Eigenkapitalgebers rückt. Dieses „Hinüberwandern" in eine eigenkapitalähnliche Position wird verstärkt, wenn ein Kreditgeber für den Verzicht auf Sicherheitenstellung eine Gewinnbeteiligung oder sogar Mitspracherechte bei der Unternehmensführung fordert. Allerdings wird ein solcher Kreditgeber auf eine zeitliche Begrenzung der Kapitalüberlassung bestehen. Eine zeitlich begrenzte Nutzung finanzieller Mittel liegt auch beim sog. Venture Capital vor, das meistens als Beteiligungsfinanzierung konzipiert ist, um jungen Pionierunternehmen, denen aufgrund fehlender Sachsicherheiten der Weg einer klassischen Kreditfinanzierung verbaut ist, das weitere Unternehmenswachstum zu ermöglichen.

Auch im Lebenszyklus einer Finanzierungsform können Veränderungen stattfinden. Wandel- und Optionsanleihen als Sonderformen von Schuldverschreibungen stellen im Emissionszeitpunkt Fremdfinanzierungsformen dar. Durch das Recht auf Wandlung bzw. auf Aktienbezug, kann im Zeitablauf eine Eigenkapitalfinanzierung entstehen. Entsprechend kann man von einer dynamischen Veränderung des Kapitalgeberstatus sprechen.

Beiden kurzen Beispielen ist gemeinsam, dass Kapitalgeber im Rahmen einer Mezzanine Finanzierung Renditeerwartungen besitzen, die über denen eines typischen Fremdkapitalgebers lie-

gen. Deshalb ist es für viele dieser Finanzierungsformen kennzeichnend, dass sie neben einer reinen Zinskomponente auch eine Eigenkapital- bzw. Gewinnkomponente (sog. Equity Kicker) beinhalten.

Zusammenfassend können alternativ folgende Merkmale als besonders charakteristisch für Formen der Mezzanine Finanzierung gelten:

- dynamische Veränderung des Kapitalgeberstatus möglich, daher
- fallweise Mitspracherechte,
- teilweise Ergebnisabhängigkeit (Basisverzinsung zzgl. Risikoprämie),
- oftmals fixierte Rückzahlungstermine bzw. zeitlich limitierte Kapitalüberlassung,
- keine bevorzugte Kapitalrückzahlung gegenüber anderen Gläubigern des Unternehmens im Liquidationsfall, aber noch vor dem Residualanspruch der Eigenkapitalgeber liegend.

3.4.2 Wandelanleihen

Wandelanleihen (Convertible Bonds) stellen Schuldverschreibungen dar, die neben einer regelmäßigen Verzinsung mit der Möglichkeit ausgestattet sind, diese nach einer bestimmten Sperrfrist in Aktien der emittierenden Gesellschaft umzutauschen. Damit steht diese Finanzierungsform lediglich Aktiengesellschaften offen. Machen die Wandelobligationäre von ihrem Wandlungsrecht Gebrauch, erfolgt ein Wechsel von einer Fremd- hin zu einer Eigenkapitalfinanzierung.

Die Emission einer Wandelanleihe ist aus Sicht des emittierenden Unternehmens sinnvoll, falls

- ein aktuell hohes Zinsniveau auf den Kapitalmärkten herrscht und/oder
- der Aktienkurs des Unternehmens aktuell relativ niedrig erscheint.

Durch die Ausstattung der Wandelanleihe mit einem Umtauschrecht auf Aktien kann das Unternehmen eine geringere Nominalverzinsung gegenüber klassischen Anleihen anbieten, da die

Wandelmöglichkeit für die Anleger eine zusätz-
liche Ertragschance aus dem später möglichen
Aktienbezug beinhaltet. Es ist zu erwarten, dass
Anleger bei künftigen Kurssteigerungen am Ak-
tienmarkt verstärkt von ihrem Wandlungsrecht
Gebrauch machen werden.

Sind die Aktien des Unternehmens aktuell
aufgrund einer geringen Nachfrage niedrig be-
wertet, wird eine ordentliche Kapitalerhöhung
durch Ausgabe junger Aktien schwer am Aktienmarkt realisierbar sein. Die Vorschaltung einer
Wandelanleihe erlaubt dann zunächst eine Versorgung mit benötigten Finanzmitteln und zum
Emissionszeitpunkt ggf. auch die Festlegung eines über dem aktuellen Börsenkurs liegen Aus-
gabekurses für die Aktien, auf deren Bezug Wandelobligationäre später einen Anspruch haben.

Zudem bedeutet die (teilweise) Umwandlung
von einer Gläubiger- in eine Anteilseignerposi-
tion, dass das Unternehmen im Zeitpunkt der
Endfälligkeit der Anleihe durch die geringeren
Rückzahlungsverpflichtungen seine Liquidität
schont, da gewandelte Beträge nicht zurückzuzahlen sind.

Durch das Sonderrecht der späteren Um-
tauschmöglichkeit in Aktien werden die Rechte
bisheriger Aktionäre des Unternehmens berührt
(Veränderung der Beteiligungsquoten, der Dividendenanteile und der Anteile am Liquidationserlös im Falle der Auflösung einer Aktiengesellschaft). Deshalb darf die Emission einer
Wandelanleihe nur mit Zustimmung der Hauptversammlung (3/4-Mehrheit) erfolgen. Den
Altaktionären ist, analog zur ordentlichen Kapitalerhöhung, ein Bezugsrecht auf die Wandelanleihen einzuräumen. Das Umtauschrecht der
Obligationäre wird durch eine bedingte Kapitalerhöhung gesichert. Entsprechend erfolgt
eine Eigenkapitalerhöhung nur insoweit, als die
Gläubiger von ihrem Wandlungsrecht Gebrauch
machen.

Gegenüber einer klassischen Obligation unterscheiden sich Wandelanleihen im Wesentlichen durch die Bezugs- und Wandlungsbedin-
gungen. Im Einzelnen handelt es sich hierbei um

- die Festlegung eines Bezugsverhältnisses für
  die Altaktionäre,

- die Fixierung von Wandlungsfrist, eines
  Wandlungsverhältnisses und eines Wand-
  lungspreises sowie
- Regelungen im Zusammenhang mit Kapitalerhöhungen.

Bezugsrecht für die Altaktionäre
Da Altaktionäre ein Bezugsrecht auf die Wandelanleihe haben, ist für diese ein Bezugsverhältnis festzulegen. Es ergibt sich aus dem Verhältnis Grundkapital zum Anleihenennwert
bzw. aus der Aktienanzahl zur Anzahl der Teilschuldverschreibungen. Analog zur Aktienemission kann das Bezugsrecht an der Börse gehandelt werden und erlaubt damit Altaktionären
über ihren Anteil hinaus den Erwerb weiterer
Teilschuldverschreibungen. Da der Aktiennennwert in vielen Fällen vom Nennwert einer Teilschuldverschreibung abweichen dürfte, empfiehlt sich die Bestimmung des mengenmäßigen
Bezugsverhältnisses, wie folgendes Beispiel
verdeutlicht.

Beispiel zum Bezugsverhältnis

Eine AG hat ein Grundkapital von 180 Mio.
GE, das in Nennwertaktien zu jeweils 50 GE
pro Aktie unterteilt ist. Folglich verfügen die
Aktionäre über insgesamt 3,6 Mio. Aktien.
Emittiert wird eine Wandelanleihe mit einem
Nennwert von insgesamt 30 Mio. GE, zerlegt
in Teilschuldverschreibungen zu je 100 GE
Nennwert, was zu 300.000 Teilschuldverschreibungen führt. Hieraus ergibt sich ein
mengenmäßiges Bezugsverhältnis von 3,6 Mio.
Aktien zu 0,3 Mio. Obligationen bzw. von
12:1. Damit berechtigt der Besitz von 12 Aktien (Summe Nennwert: 12 × 50 GE/Ak-
tie = 600 GE) zum Kauf einer Teilschuldverschreibung (Nennwert: 100 GE). Das
wertmäßige Bezugsverhältnis ist damit 6:1
(180 Mio. GE Grundkapital zu 30 Mio. Nennwert der Anleihe). Da der Nennwert einer Aktie nur der Hälfte des Nennwertes einer Wandelanleihe entspricht, muss die Aktienanzahl
aus Sicht eines Aktionärs, der zunächst das
wertmäßige Bezugsverhältnis bestimmt hat,
verdoppelt werden.

Wandlungsfrist, -verhältnis und – preis für die Obligationäre

Die Wandlungs- bzw. Umtauschfrist definiert den Zeitraum, in dem das Wandlungsrecht (Tausch in Aktien der Gesellschaft) ausgeübt werden darf (aber nicht ausgeübt werden muss). Die Frist erstreckt sich meistens über mehrere Jahre.

Das Wandlungsverhältnis informiert darüber, wie viele Teilschuldverschreibungen für den Bezug einer (neuen) Aktie aus der bedingten Kapitalerhöhung einzutauschen sind. Bspw. bedeutet ein Wandlungsverhältnis von 3:1, dass für 3 Teilschuldverschreibungen eine Aktie bezogen werden kann. Über das Wandlungsverhältnis wird der Umfang der Grundkapitalerhöhung sowie die Zuführung in die Kapitalrücklage beeinflusst.

Mit dem Wandlungspreis ist derjenige Preis fixiert, zu dem in eine Aktie gewandelt werden kann. Er ist eine Folge des Wandlungsverhältnisses sowie der ggf. zu leistenden Zuzahlungen. Die Zuzahlungen haben aus Sicht der emittierenden Gesellschaft insbesondere die Funktion, den Zeitpunkt der Wandlung durch die Obligationäre zu beeinflussen: Bspw. verzögern hohe Zuzahlungen zu Beginn der Wandlungsfrist meistens den Zeitpunkt der Ausübung des Wandlungsrechts. Werden keine Zuzahlungen vereinbart, entsteht durch den Wandlungsvorgang kein weiterer Liquiditätszufluss für das Unternehmen.

Beispiel zur Wandlungsfrist, zum Wandlungspreis sowie zum Wandlungsverhältnis

Die Klausur AG emittiert eine Wandelanleihe mit einer Laufzeit von 8 Jahren zum Nennwert von 400 Mio. GE. Der Emissionskurs beträgt 99 %, so dass sich ein Emissionserlös von 396 Mio. GE ergibt. Die Wandelanleihe ist in 400.000 Teilschuldverschreibungen im Nennwert von je 1.000 GE zerlegt. Eine Teilschuldverschreibung wird mit 2 % p.a. verzinst und bei Endfälligkeit zurückgezahlt, falls nicht vorher durch den Anleiheinhaber gewandelt wurde. Die Wandlungsfrist betrage 8 Jahre. Für eine Teilschuldverschreibung erhält er 50 Stückaktien. Zuzahlungen seien nicht vereinbart. Der Wandlungspreis entspricht demnach

20 GE/Aktie, das Wandlungsverhältnis beträgt 1:50. Im Falle von Zuzahlungen wären diese zum Wandlungspreis noch zu addieren.

Aus Sicht eines am Erwerb von Wandelanleihen interessierten Anlegers kann das Wandlungsrecht in Aktien ein wichtiges Investitionsmotiv darstellen, wie die Fortführung des Beispiels verdeutlichen soll.

Ein Anleger, der über einen Geldbetrag von 1000,- GE verfügt, kann eine bereits emittierte Wandelanleihe an der Börse zum aktuellen Anleihekurs erwerben. Neben der (geringen) festen Verzinsung erwirbt er ein Recht auf Umtausch in Aktien bzw. auf Aktienbezug. Unterstellen wir einen Kurs der Anleihe von 100 %, so kann er eine Teilschuldverschreibung für 1000,- GE erwerben und diese dann in 50 Aktien zu einem Wandlungspreis von 20 GE/Aktie umtauschen.

Angenommen, der Anleger will primär Aktien der Gesellschaft erwerben. Der Börsenkurs einer Aktie sei 30 GE/Aktie. Erwirbt der Anleger die Wandelanleihe und tauscht diese in Aktien, erhält er folglich einen aktuellen Aktienwert von 1500,- GE bzw. einen Gewinn von 500,- GE, falls er die eingetauschten Aktien sofort an der Börse verkauft.

Da davon auszugehen ist, dass auch andere Kapitalmarktteilnehmer diese Gewinnmöglichkeit erkennen, werden sie ebenfalls die betrachtete Anleihe verstärkt nachfragen. Durch die Nachfrage wird sich der Anleihekurs voraussichtlich auf das Niveau des damit korrespondierenden Aktienwertes, der sich durch das Wandlungsrecht ergibt, hinbewegen. Dies könnte man als eine durch den Aktienkurs determinierte Kursuntergrenze der Anleihe bezeichnen.

Angenommen, der Aktienkurs beträgt aktuell lediglich 10 GE/Aktie. Nun würde für den Anleger ein Umtausch in Aktien zu keinem finanziellen Vorteil führen. Entsprechend würde die Nachfrage nach der Anleihe sinken. Eine Kursuntergrenze bei deutlich sinkendem Aktienkurs dürften Wandelanleihen aber durch ihre feste Basisverzinsung finden: Sie würden sich mindestens auf einem Kursniveau (Kmin) stabilisieren, dass dem Niveau vergleichbar verzinster Schuldverschreibungen ohne Sonderrechte entspricht. Abb. 3.1 veranschaulicht den Kursverlauf einer Teilschuldverschreibung in Abhängigkeit des Aktienkurses schematisch.

Angenommen, der Marktzinssatz für vergleichbare Anleihen ohne Wandlungsrechte sei 4 % p.a., so würde sich mit den Beispieldaten folgende Kursuntergrenze (K_{min}) für die Anleihe (direkt nach der Emission) ergeben:

$$K_{min} = 0,02 \cdot 1.000 \cdot RBF\left[0,;04,;8\right]$$
$$+1.000 \cdot (1,04)^{-8} \approx 865,34\,GE\,bzw.86,534\,\%$$
$$(3.43)$$

Regelungen in Zusammenhang mit Kapitalerhöhungen

Da Anleger in Wandelanleihen relativ günstige Bezugsmöglichkeiten von Aktien erwarten, würden sie Maßnahmen der Aktiengesellschaft, die den Aktienkurs ungünstig beeinflussen, ablehnend gegenüberstehen und wirksame Regelungen in den Anleihebedingungen begrüßen. Beschließt eine Aktiengesellschaft während der Laufzeit der Wandelanleihe bspw. eine Kapitalerhöhung aus Gesellschaftsmitteln, erfolgt eine Umstrukturierung des Eigenkapitals zugunsten des Grundkapitals. Die Aktienanzahl steigt bei unverändertem Börsenwert der Gesellschaft. Es ergibt sich als

Folge ein neuer Mischkurs, der unter dem Aktienkurs vor dieser Kapitalerhöhung liegt. Angenommen, der neue Aktienkurs würde hierdurch auf 20 GE/Aktie gegenüber 30 GE/Aktie in der Ausgangslage sinken. Der indirekte Erwerb von Aktien über den Kauf einer Wandelanleihe zu 100 % würde für den Anleger keinen Vorteil mehr beinhalten. Entsprechend würden Anleger bei den Anleihebedingungen auf Regelungen bestehen, die sie vor derartigen Nachteilen schützen. Im Beispiel müsste das Wandlungsverhältnis von 1:50 auf 1:75 angepasst werden, damit der Anleger durch die Wandlung erneut einen Aktiengegenwert von 1500,- GE (= 75 Aktien × Mischkurs von 20 GE/Aktie) erhält.[6] Derartige Regelungen, die die Rechte von Wandelobligationären bei Kapitalerhöhungen der Aktiengesellschaft schützen sollen, werden als sog. Verwässerungsschutzklauseln bezeichnet.

Initiiert das Unternehmen während der Laufzeit der Wandelanleihe eine ordentliche Kapitalerhöhung, so entsteht bei einem Emissionskurs der jungen Aktien unterhalb des aktuellen Börsenkurses ebenfalls ein niedrigerer Mischkurs und damit erneut ein Verwässerungseffekt der Obligationärsrechte. Dem kann dadurch begegnet werden, indem der originäre Wandlungspreis nachträglich reduziert wird.

In der aktuellen Finanzierungspraxis hat sich neben der oben skizzierten Wandelanleihe die Sonderform einer „Zwangswandelanleihe" (sog. Mandatory Convertible) etabliert, die ebenfalls von der Hauptversammlung zu genehmigen ist. Hierbei wird definitiv festgelegt, dass ein Wandelobligationär von seiner Gläubigerin eine Beteiligungsposition spätestens bei Fälligkeit der Anleihe wechseln muss. Ein Recht auf Rückzahlung des geliehenen Kapitalbetrages besteht folglich nicht. Eine Zwangswandelanleihe stellt deshalb den Vorläufer einer späteren Eigenkapitalerhöhung dar. Aus Sicht eines Anlegers ergibt sich eine Rückzahlungsmöglichkeit des investierten Kapitals deshalb nur über den späteren Verkauf der jungen Aktien an der Börse.

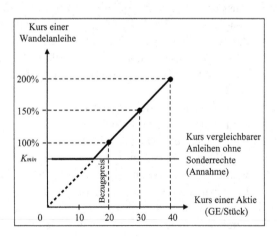

Abb. 3.1 Schematischer Kursverlauf der Wandelanleihe im Beispiel

---

[6]Entsprechend schreibt das Aktiengesetz vor, dass das bedingte Kapital entsprechend dem Verhältnis der Grundkapitalerhöhung anzupassen ist. Vgl. § 218 AktG.

3.4.3 Optionsanleihen

Optionsanleihen (Stock Warrant Bonds) stellen Schuldverschreibungen dar, die neben einer regelmäßigen Verzinsung mit der Möglichkeit für die Anleiheinhaber ausgestattet sind, nach einer bestimmten Sperrfrist zusätzlich Aktien des emittierenden Unternehmens zu einem festen Preis zu erwerben. Folglich ist diese Finanzierungsform nur für Aktiengesellschaften realisierbar. Machen Inhaber von Optionsanleihen von diesem sog. Optionsrecht Gebrauch, erhält das Unternehmen zusätzliche Finanzmittel von den Optionsobligationären, die rechtlich als Eigenkapital verbrieft sind. In einem solchen Fall werden bisherige Gläubiger zugleich Anteilseigner am Unternehmen. Das bedeutet, dass die Schuldverschreibung (im Vergleich zu einer Wandelanleihe) weiterhin bestehen bleibt, so dass neben der Fremd- ergänzend eine Eigenkapitalfinanzierung für das Unternehmen gegen Ausgabe neuer Aktien stattfindet.

Das Ausmaß der zusätzlichen Eigenkapitalfinanzierung hängt davon ab, inwieweit die Obligationäre ihr Optionsrecht ausüben. Das Recht auf Aktienbezug zu einem vorab festgelegten Bezugspreis stellt für die Anleiheinhaber lediglich eine Möglichkeit (Option), aber keine bindende Verpflichtung dar.

Durch das Sonderrecht der späteren Bezugsmöglichkeit von Aktien werden die Rechte bisheriger Aktionäre des Unternehmens berührt (Veränderung der Beteiligungsquoten, der Dividendenanteile sowie der Anteile am Liquidationserlös einer Aktiengesellschaft). Deshalb darf die Emission einer Optionsanleihe (analog zur Wandelanleihe) nur mit Zustimmung der Hauptversammlung (3/4-Mehrheit) erfolgen. Den Altaktionären ist auch hier ein Bezugsrecht auf die Optionsanleihe einzuräumen. Die Bestimmung des sog. Bezugsverhältnisses erfolgt analog zu den Ausführungen in Abschn. 3.4.2 zur Wandelanleihe. Üben die Obligationäre ihr Optionsrecht aus, werden zusätzlich junge Aktien im Rahmen einer bedingten Kapitalerhöhung emittiert.

Eine Optionsanleihe bzw. jede derartige Teilschuldverschreibung weist zwei wesentliche Bestandteile auf:

- die Schuldverschreibung selbst, in der die Anleihelaufzeit sowie die zumeist feste Nominalverzinsung während der Laufzeit geregelt ist sowie
- den sog. Optionsschein (warrant), der das Recht auf Aktienbezug zu einem zum Emissionszeitpunkt bereits fixierten Preis, dem sog. Bezugs-, Basis- oder Ausübungspreis, garantiert.

Beide Bestandteile können nach der Emission sowie nach Ablauf der festgelegten Sperrfrist an der Börse zusammen oder jeweils getrennt gehandelt werden, wodurch drei verschiedene Börsennotierungen entstehen:

- die Optionsanleihe mit Optionsschein (Notierung „cum"),
- die Optionsanleihe ohne Optionsschein (Notierung „ex") sowie
- der Optionsschein allein.

Damit ist es einem Anleger möglich, bspw. allein den Optionsschein zu verkaufen. Dies ist bei den ansonsten recht ähnlich konzipierten Wandelanleihen nicht möglich.

Bei der Emission der Anleihe sind

- das Bezugsverhältnis für die Altaktionäre, mit denen sie ihr Recht auf Erwerb der Optionsanleihe wahrnehmen können,
- das Bezugsverhältnis für die Anleiheinhaber (auch: Optionsverhältnis), das sie über die Anzahl der erwerbbaren Aktien je Optionsschein bzw. je Teilschuldverschreibung informiert,
- der Bezugspreis, zu dem die Obligationäre die Aktien erwerben dürfen (aber nicht müssen) sowie
- die Options- bzw. Ausübungsfrist, innerhalb der das Optionsrecht (Erwerb der Aktien zum festgelegten Bezugspreis) ausgeübt werden kann,

festzulegen.

Das Bezugsverhältnis der Anleiheinhaber (Optionsverhältnis) ergibt sich aus der Relation von Schuldverschreibung zu jungen Aktien.

Folglich lässt sich hiermit das Niveau der möglichen Grundkapitalerhöhung determinieren. Das gesamte Niveau an Eigenkapitalerhöhung entsteht letztlich durch den fixierten Bezugspreis für die jungen Aktien, die ein Obligationär unter Berücksichtigung des Optionsverhältnisses in der Optionsfrist erwerben kann.

Beispiel

Die Klausur AG emittiert eine 10-jährige Optionsanleihe zum Nennwert von 400 Mio. GE und zu einem Emissionskurs von 110 %. Der Nominalzinssatz beträgt 2 % p.a. Das Volumen der Anleihe ist in Teilschuldverschreibungen im Nennwert von jeweils 1000 GE gestückelt. Die Anleihe wird am Laufzeitende komplett zurückgezahlt.

Der Emissionserlös aus der Anleihe beträgt damit 440 Mio. GE. Hiervon sind 400 Mio. GE als Fremdkapital zu bilanzieren und 40 Mio. GE in die Kapitalrücklage einzustellen.

Bezogen auf den Nennwert der Anleihe existieren 400.000 Teilschuldverschreibungen. Jede Teilschuldverschreibung ist mit einem Optionsschein ausgestattet, der zum Bezug von 5 Aktien im Nennwert von 1 GE/ Aktie der AG berechtigt. Das (mengenmäßige) Optionsverhältnis für die Obligationäre beträgt damit 1:5.[7] Die Bezugsfrist sei 10 Jahre, d. h. eine Sperrfrist für die Optionsausübung sei nicht vereinbart. Der Bezugspreis je Aktie beträgt 20 GE/Aktie. Insgesamt können damit 2 Mio. Aktien erworben werden, was auch dem maximalen Umfang der bedingten Kapitalerhöhung entsprechen würde.

Machen alle Obligationäre von ihrem Bezugs- bzw. Optionsrecht Gebrauch, fließen dem Unternehmen zusätzliche Finanzmittel in Höhe von 40 Mio. GE zu, von denen 2 Mio. GE das Grundkapital und 38 Mio. GE die Kapitalrücklage erhöhen.

Bei Fälligkeit der Anleihe wird die Verbindlichkeit zum Nennwert, also in Höhe von 400 Mio. GE, vom Unternehmen getilgt: Die Obligationäre erhalten ihr geliehenes Fremdkapital zurück. Während der Laufzeit zahlt das Unternehmen die Nominalzinsen von 2 % auf den Anleihenennwert.

Aus Sicht der emittierenden Gesellschaft bietet eine Optionsanleihe den Vorteil, sich zu einem deutlich geringeren Nominalzinssatz zu finanzieren als im Rahmen einer klassischen Schuldverschreibung: Da die Anleihe zusätzlich das Recht auf Aktienbezug enthält, kann eine Verzinsung unterhalb des Zinsniveaus üblicher Obligationen realisiert werden. Aus Sicht der Anleger stellt die Ausstattung der Anleihe mit einem Optionsschein ein wesentliches Investitionsmotiv dar, aus dem sich folgender Vorteil ergeben kann: Da der Optionsschein von der Anleihe getrennt gehandelt wird, kann ein Obligationär

- durch Verkauf oder
- durch Ausübung des Optionsrechts

eine zusätzliche Verzinsung bzw. einen zusätzlichen Gewinn erzielen. Diese zusätzliche Gewinnmöglichkeit ist umso attraktiver, wenn Investoren von steigenden Aktienkursen der betrachteten AG ausgehen, da dies den Börsenkurs des Optionsscheins steigen lässt. Entsprechend kann das Management der AG die Nachfrage nach Optionsanleihen mit Erfolg versprechenden Geschäftsprognosen aktiv anregen.

Betrachten wir den Optionsschein, so setzt sich sein Preis aus zwei wichtigen Wertkomponenten zusammen, dem sog. inneren Wert sowie einem sog. Zeitwert:

- Der innere Wert ergibt sich aus der Differenz zwischen dem aktuellen Börsenkurs der Aktie und dem im Schein fixierten Bezugspreis für diese Aktie. Steigt der Börsenkurs der Aktie, erhöht sich der innere Wert des Optionsscheins im gleichen Ausmaß, da der Bezugspreis feststeht.
- Der Zeitwert verkörpert die Chance des Optionsscheininhabers, dass sich der Aktienkurs und damit auch der innere Wert in der verbleibenden Optionsfrist (Restlaufzeit des Optionsscheins) noch weiter

---

[7]Analog zum Wandlungsverhältnis kann das Optionsverhältnis auch genau umgekehrt definiert sein.

erhöht. Am Ende der Optionsfrist ist der Zeitwert Null, da die zeitliche Frist auf Aktienbezug abgelaufen ist.

Ein Inhaber einer Optionsanleihe im Nennwert von 1000,- GE besitzt das Recht, 5 Aktien im Nennwert von 1 GE/Aktie zum Bezugspreis von 20 GE/Aktie zu beziehen.

Der mit der Teilschuldverschreibung verbundene Optionsschein wird getrennt an der Börse gehandelt. Der aktuelle Aktienkurs des Unternehmens beträgt 30 GE/Aktie bzw. 150,- GE für 5 Aktien. Folglich ist der innere Wert des Optionsscheins (30–20 GE/Aktie =) 10 GE/Aktie × 5 Aktien = 50 GE/Schein. Nehmen wir an, der Zeitwert betrage 5 GE/Schein, dann wird der Optionsschein an der Börse einen aktuellen Kurs von 55 GE/Schein einnehmen. Der Inhaber kann nun zu diesem Preis sein Optionsrecht verkaufen und zusätzlich zur Anleihenverzinsung einen Gewinn erzielen.

Allerdings hat der Inhaber alternativ die Möglichkeit, mit dem Optionsschein sein Recht auf Aktienbezug auszuüben. Er besitzt mit seiner einen Teilschuldverschreibung das Recht, 5 Aktien für 20 GE/Aktie im Rahmen der bedingten Kapitalerhöhung zu erwerben. Dies bedeutet für ihn einen Kapitaleinsatz von 100,- GE (ohne Transaktionskosten). Der aktuelle Kurs der Aktie betrage 30 GE/Aktie. Nun könnte der Anleiheinhaber seinen Gewinn erhöhen, indem er die zum Bezugspreis von der Gesellschaft erworbenen Aktien an der Börse verkauft. Er erzielt einen Gewinn von 10 GE/Aktie bzw. von insgesamt 50,- GE. Weiterhin erhält er die Nominalverzinsung aus seiner Anleihe.

Betrachten wir abschließend noch mal den Verkauf des Optionsscheins. Das Kaufmotiv des Scheinkäufers ist darin zu sehen, dass er in der verbleibenden Optionsfrist mit weiterer Kurssteigerungen der Aktie rechnet. Der Optionsscheinkäufer hat ein Recht zum Aktienkauf erworben. Entsprechend spricht man von einer Kaufoption auf Aktien. Die geleistete Zahlung an den Verkäufer stellt den Optionspreis bzw. die Optionsprämie dar, um in den Besitz des Rechts zu gelangen. Im Beispiel beträgt sie aus Sicht des Käufers 55 GE/Schein, die er an den Verkäufer zu zahlen hat. Angenommen, der Aktienkurs steigt innerhalb der Optionsfrist um +10 GE/Aktie weiter auf 40 GE/Aktie.

Hätte der Käufer des Optionsscheins 5 Aktien direkt an der Börse zu 30 GE/Aktie erworben, hätte er einen Kursanstieg bzw. relativen Wertzuwachs bei Verkauf der Aktien zu 40 GE/Aktie in Höhe von 50/150 = +33,33 % erzielt.

Da der Kurs einer Aktie um 10 GE/Aktie gestiegen ist, ist der Optionsschein in seinem inneren Wert um 10 GE/Aktie × 5 Aktien, also ebenfalls um 50 GE/Schein gestiegen. Bei unverändertem Zeitwert würde der Optionsschein nun einen Wert von 105 GE/Schein haben. Dies ist ein relativer Wertzuwachs von 50/55 = rd. +90,91 %, den der neue Optionsscheininhaber bei Verkauf des Scheins an der Börse realisieren kann. Da der Optionsschein analog zum direkten Aktienkauf den gleichen Wertzuwachs (50 GE) bei geringerem Kapitaleinsatz (55 statt 150 GE) erzielen kann, spricht man diesbezüglich von einem Hebeleffekt des Optionsscheins. Auf diesen Effekt kommen wir in Kap. 4 im Rahmen von Aktienoptionen nochmals zurück.

3.4.4 Venture Capital

Der Begriff „Venture Capital" wird in Deutschland meistens mit Wagnis- oder Risikokapital umschrieben, aber auch manchmal als Private Equity bezeichnet. Hier soll unter Venture Capital eine spezielle Finanzierungsform für junge innovative bzw. wachstumsfähige nicht börsennotierte Unternehmen (sog. Start-ups) verstanden werden, bei der risikotragendes Kapital in Kombination mit spezifischer Managementunterstützung durch die Kapitalgeber (sog. Venture Capital-Geber oder Venture Capitalists) befristet bereitgestellt wird.

Zu den wichtigsten Merkmalen von Venture Capital zählen:

- Risikotragendes Kapital durch zeitlich befristete Bereitstellung von Finanzmitteln in Form von Eigenkapital, nachrangig haftendem bzw. ungesichertem Fremdkapital und/oder einer Kombination im Sinne einer Mezzanine Finanzierung, auf das in besonderem Maße im Verlust- oder Insolvenzfall zurückgegriffen wird.

- In der Regel keine aktive Geschäftsführung, aber unterstützende Beratung und umfangreiche Informationspflichten des mit Venture Capital finanzierten jungen Unternehmens.
- Um das Risiko zu begrenzen und die Motivation der Unternehmensgründer nicht zu reduzieren werden vielfach nur Minderheitsbeteiligungen durch die Kapitalgeber eingegangen.
- Start-up-Unternehmen als primäre Zielgruppe, die insbesondere dadurch gekennzeichnet sind, dass sie sich noch nicht in oder erst am Beginn einer erwarteten Wachstums- bzw. Gewinnphase befinden und entsprechend Finanzmittel zur Realisierung der Wachstumserwartungen benötigen (vgl. auch Abb. 3.2).
- Aufgrund fehlender aktueller Gewinne und weiterem Investitionsbedarf der jungen Unternehmen verzichten die Kapitalgeber meistens

auf eine regelmäßige jährliche Vergütung, weshalb die Kapitalgeber ihren Gewinn überwiegend aus dem Verkauf des Kapitalanteils zu realisieren versuchen (sog. Capital Gain) und dabei eine relativ hohe Renditeerwartung haben.

Die folgenden Ausführungen konzentrieren sich auf eine Versorgung des innovativen Unternehmens mit Eigen- bzw. Beteiligungskapital, was den bisherigen Regelfall in der Finanzierungspraxis darstellt.

Die o.g. Merkmale reflektieren die Problemlage, die sich für viele junge wachstumsorientierte Unternehmen ergibt: Personen mit innovativen Ideen (Erfinder) formieren sich zu einem Unternehmen (bspw. im Rechtskleid einer Personengesellschaft) und versuchen ein neues Produkt (echte Innovation bzw. Weltneuheit) zu etablieren, um damit ihre Einkommensziele zu realisieren. Vielfach fehlt es den Unternehmensgründern an betriebswirtschaftlichem Know-how (Erstellung Jahresabschluss und Finanzplanung, Marketingkonzept, Mitarbeiterführung, Organi-

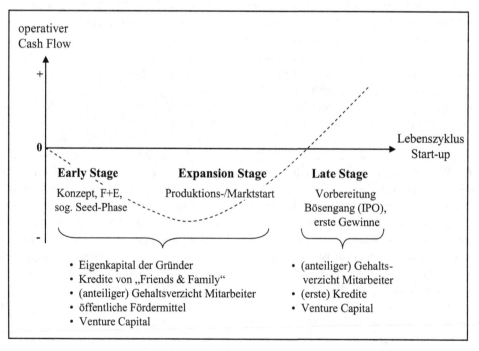

Abb. 3.2 Phasen und Finanzierungsalternativen eines Start-up. (Vgl. auch ähnliche Abbildung bei Achleitner und Nathusius (Venture Valuation 2004), S. 10)

sationsgestaltung usw.) sowie an finanziellen Ressourcen zur erfolgreichen Umsetzung ihrer Innovationen. Aus Sicht potenzieller Kapitalgeber stellt sich das Problem, dass der Prozess von der Invention (Erfindung) zur Innovation (marktfähiges Produkt) oftmals forschungsintensiv und das Ergebnis damit nicht sicher vorhersehbar ist. Ein Venture Capital-Geber muss deshalb eine hohe Risikobereitschaft besitzen und ggf. über mehrere Jahre auf sichere Erträge seiner Geldanlage verzichten können. Da das wichtigste „Asset" vieler junger Unternehmen ihre qualifizierten Mitarbeiter darstellen, ist der Anteil an Sachanlagevermögen, das sich für eine Kreditbesicherung eignen würde, in solchen Unternehmen eher gering bzw. kaum vorhanden, was eine klassische Kreditfinanzierung unmöglich macht. Zum anderen sind die Finanzierungsmöglichkeiten mit Eigenkapital aus dem privaten Umfeld der Unternehmensgründer bei nicht börsennotierten Unternehmen begrenzt. In einer solchen Problemlage stellt eine Finanzierung mit Venture Capital eine Finanzierungsalternative für junge wachstumsorientierte Unternehmen dar, wenn die Kapitalgeber von überdurchschnittlichen Gewinnaussichten des Start-ups überzeugt werden können.[8] Für junge Unternehmen ohne realistische Wachstumsperspektiven und überzeugendem Managementkonzept bleibt die Finanzierungsquelle „Venture Capital" verschlossen.

Die Einsatzfelder für Venture Capital sind allerdings nicht auf die Gründungsphase (Early Stage) beschränkt, sondern können auch in Expansionsphasen eines innovativen Unternehmens relevant werden und zudem auch als sog. Bridge-Finanzierung einen Börsengang (Going Public) vorbereiten. Ein weiteres Einsatzgebiet von Venture Capital kann im Rahmen eines sog. Management-Buy-Out (MBO) bzw. Management-Buy-In (MBI) entstehen, wenn bisherige angestellte Manager des jungen Unternehmens bzw.

fremde Manager Geschäftsanteile am Unternehmen erwerben wollen. Auch in Zusammenhang mit Sanierungsvorgängen als sog. Turnaround-Finanzierung oder zur Auszahlung von Altgesellschaftern, die das Unternehmen verlassen wollen (sog. Replacement-Capital), lässt sich Venture Capital nutzen.

Die wichtigsten Kapitalgeber sind sog. Venture Capital-Gesellschaften (auch: Kapitalbeteiligungsgesellschaften oder Private Equity-Fondsgesellschaften) aus dem erwerbswirtschaftlichen (z. B. 3i) und öffentlichen (z. B. KfW) Bereich, die vielfach Tochterunternehmen von Banken darstellen. Zusätzlich treten auch Pensionsfonds, Versicherungen, Industrieunternehmen (sog. Corporate Venture Capital) sowie vermögende Privatpersonen mit Managementerfahrung und ideellen Motiven (sog. Business Angels) als weitere Finanzierungspartner auf.

Entsprechend lässt sich eine direkte sowie eine indirekte Finanzierung unterscheiden:

- Bei einer direkten Finanzierung erfolgt eine unmittelbare Kapitalvergabe vom Kapitalgeber an das junge Unternehmen (sog. informeller Markt). Neben Familienmitgliedern und Freunden („Friends and Family") sind hierzu auch die Business Angels sowie die Corporate Venture Capital-Finanzierungen zu zählen. Auch Formen des Crowdfunding lassen sich hierzu zählen.
- Bei einer indirekten Finanzierung (sog. formeller Markt) tritt zwischen Kapitalgeber und jungen Unternehmen eine Venture Capital-Gesellschaft als Intermediär, die professionell in junge innovative Unternehmensfinanzierungen investiert. Im Falle einer erwerbswirtschaftlichen Venture Capital-Gesellschaft soll eine möglichst hohe Kapitalrendite durch Wertzuwachs ihrer Unternehmensanteile realisiert werden (sog. Capital Gain). Da das Erfolgsrisiko relativ hoch ist, beteiligen sich diese Gesellschaften stets an mehreren Start-up-Unternehmen (Risikodiversifikation) nach verschiedenen Investitionskriterien (u. a. fachliche und persönliche Merkmale der Unternehmensgründer, Business Plan, Kapitalvolumen, Wachstumschancen, Branche,

---

[8]Als zentrales „Überzeugungs- bzw. Marketinginstrument" gegenüber Venture Capitalists fungiert der sog. Business Plan, der ausführlich sowohl die Geschäftsstrategie des Start-up als auch die geplante Erfolgs- und Liquiditätslage beschreibt.

Region und Lebenszyklus der jungen Unternehmen). In der Regel wird ein gegebener Kapitalbedarf nicht in einer Summe, sondern in Teilbeträgen (Tranchen) gedeckt, wobei jede Teilzahlung vom Eintritt festgelegter Bedingungen (Erreichen von Meilensteinen, Einhalten von speziellen Erfolgskennzahlen usw.) abhängig gemacht wird. Auch eine Deckung des Kapitalbedarfs durch mehrere Venture Capital-Gesellschaften gleichzeitig ist möglich (sog. Co-Venturing).

Venture Capital ist zumeist als eine risikobehaftete Kapitalüberlassung auf Zeit konzipiert, um Finanzierungsengpässe beim weiteren Unternehmenswachstum zu beseitigen. Insbesondere erwerbswirtschaftliche Venture Capital-Gesellschaften suchen den Capital Gain durch einen termingerechten Ausstieg (Exit), durch den das Kapitalbeteiligungsverhältnis an dem innovativen Unternehmen beendet wird. Allerdings können sich einmal geplante Ausstiegszeitpunkte verschieben, bspw. aufgrund von Verzögerungen wichtiger Forschungsergebnisse, ungünstiger Branchensituation oder schwacher Börsenverfassung. Aufgrund der sehr hohen Risiken einer Eigenkapitalbeteiligung definiert der Venture Capitalist in Abhängigkeit der Lebenszyklusphase, in der sich das junge Unternehmen derzeit befindet,

entsprechende Verzinsungsansprüche an seine Beteiligung (vgl. Abb. 3.3), die er über seinen Ausstieg zu realisieren hofft.

Indem er den Verkaufserlös für seine Beteiligung zum Exit-Termin abschätzt und mit den in Abb. 3.3 dargestellten Zinssätzen, zu interpretieren als risikoadjustierte Opportunitätskostensätze, auf den Anfangszeitpunkt seines Beteiligungsverhältnisses diskontiert, wird sein maximales Beteiligungsvolumen definiert, das abschließend bspw. in einen (jungen) Aktienanteil für den Investor umzurechnen wäre.

Entsprechend Abb. 3.3 werden, ausgehend von einem sicheren Basiszinssatz (bspw. Umlaufrendite öffentlicher Anleihen), mehrere Risikozuschläge erhoben:

- Zuschlag für die Mitübernahme der operativen Risiken, die im Geschäftsmodell des Start-ups gesehen werden,
- Prämie für die fehlende Handelbarkeit der Beteiligungsanteile zum Beteiligungszeitpunkt (sog. Illiquiditätsprämie oder auch Fungibilitätszuschlag),
- Prämie für die Gefahr, dass die im Business Plan festgelegten Etappenziele nicht (ganz) termingerecht erreicht werden („Planzahlabweichungen") sowie

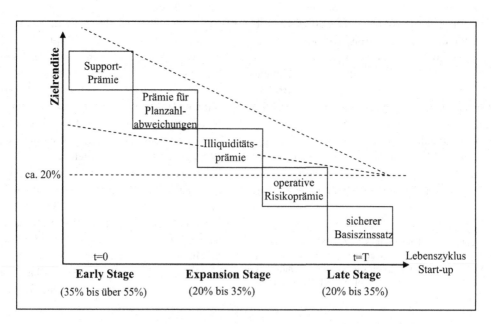

Abb. 3.3 Renditeerwartungen von erwerbswirtschaftlichen Venture Capitalists

- Vergütung für die bereitgestellten Beratungsleistungen („Supportprämie").

Da sämtliche Vergütungsansprüche bzw. Risiken im Diskontierungszinssatz als Zielrendite inkludiert sind, legt der Venture Capitalist die Angaben im Business Plan des Start-ups gedanklich als sog. „Best Case" der Bewertung zugrunde.

Beispiel für eine Beteiligungsbewertung aus Sicht eines Venture Capitalist auf Basis der Venture Capital Method

Ein Start-up-Unternehmen will in fünf Jahren (t = T) einen Jahresüberschuss vor Steuern (EBT) von 2 Mio. GE erzielen (sog. Best Case). Bis zu diesem Zeitpunkt werden keine Gewinnausschüttungen an die Gesellschafter möglich sein. Die Unternehmensgründer, die aktuell (t = 0) 1,5 Mio. (Stück-)Aktien am Unternehmen halten, benötigen zum weiteren Wachstum sofort neue Finanzmittel in Höhe von 1 Mio. GE, damit das EBT-Ziel in fünf Jahren realisiert werden kann. Ein Venture Capitalist V ist zu einer entsprechenden fünfjährigen Beteiligungsfinanzierung bereit. Aus Sicht von V ist zu klären, welcher Beteiligungsanteil (hier: Anzahl an neuen Aktien) in t = 0 für die bereitgestellten Geldmittel (1 Mio. GE) zu fordern ist. Unter Einsatz der sog. Venture Capital Methode identifiziert V aus einer Datenbank aktuelle EBT-Multiplikatoren von vergleichbaren börsennotierten Unternehmen (Peer Group). Als Median wird ein Multiplikator in Höhe von 20 ermittelt bzw. festgelegt. Dies bedeutet, dass bei der Peer Group auf eine erwirtschaftete „Geldeinheit EBT" 20 „Geldeinheiten Aktien- bzw. Eigenkapitalwert" entfallen. Da das Start-up sich noch in der sog. Early Stage befindet, legt V eine Zielrendite von 60 % p.a. fest. Durch Einsatz der Multiplikatortechnik wird der in fünf Jahren (t = T) erwartete sog. Future Value für die Eigenkapitalposition geschätzt, indem das Ziel-EBT des Start-ups (2 Mio. GE) mit dem aktuellen Multiplikator der Peer Group (20)

multipliziert wird (40 Mio. GE). Der Future Value stellt den in t = T erwarteten Erlös für die Anteilseigner dar, falls sie ihre Unternehmensanteile verkaufen wollten. Durch Diskontierung dieses Future Values mit der geforderten Zielrendite auf t = 0 erhält man einen aktuellen Eigentümerwert von circa 3,8 Mio. GE, der nur erzielt wird, wenn V die benötigten Geldmittel sofort investiert (sog. Post-Money-Bewertung). Für die Mittelbereitstellung verlangt V in t = 0 einen Eigentumsanteil am Start-up. Dieser Anteil ergibt sich, indem das Investitionsvolumen von V (1 Mio. GE) ins Verhältnis zum aktuellen Eigentümerwert (3,8 Mio. GE) gesetzt wird. Danach sollte V einen Beteiligungsanteil von knapp (1/3,8 =) 26,32 % am Start-up erhalten. Wenn V sich beteiligt, repräsentieren die bereits bestehenden 1,5 Mio. Aktien der Gründer nur noch einen Beteiligungsanteil von circa (100 % − 26,32 % =) 73,68 %. Im Wege eines Dreisatzes wird die gesuchte Anzahl an neuen Aktien (x), die einen Anteil am gesamten Eigenkapital nach Beteiligungsfinanzierung von 26,32 % ausmachen, bestimmt:

$$x = \frac{1.500.000 \cdot 0,2632}{1 - 0,2632} \approx 535.714 \text{ Stück} \quad (3.44)$$

Der Venture Capital-Geber V sollte also gut 535.700 Aktien für seine Beteiligungsfinanzierung in t = 0 verlangen.

Die vier wichtigsten Ausstiegsmöglichkeiten für eine erwerbswirtschaftliche Venture Capital-Gesellschaft sind

- der Rückkauf durch die übrigen Gesellschafter des innovativen Unternehmens (Buy-back),
- der Verkauf an strategisch motivierte Investoren (Trade-Sale),
- der Weiterverkauf an eine neue Venture Capital-Gesellschaft (Secondary Purchase) sowie
- der Beteiligungsverkauf in Form eines Börsengangs des innovativen Unternehmens (Going Public bzw. Initial Public Offering, kurz: IPO).

Im Rahmen eines Buy-back erwerben die Altgesellschafter (Unternehmensgründer) die Kapitalanteile, die bislang der Venture Capital-Geber gehalten hat (sog. Share Deal). Dadurch erlangen die Gründer wieder die vollständige Kontrolle über ihr Unternehmen zurück und sind von externen Gesellschaftern unabhängig. Nachteilig ist allerdings der mit dem Buy-back verbundene Abfluss an Liquidität bei den Gründern, die einen Kaufpreis an die ehemaligen Eigenkapitalgeber zu entrichten haben. Um den Verkaufspreis für die Anteile der Venture Capital-Gesellschaft festzulegen, ist eine Bewertung des innovativen Unternehmens erforderlich (sog. Unternehmensbewertung). Abweichende Preisvorstellungen zwischen Alt- und Venture Capital-Gesellschaftern können zu Konflikten führen.

Ein Verkauf an strategisch motivierte Investoren liegt vor, wenn die Eigenkapitalbeteiligung bspw. an einen an den Produkten des innovativen Unternehmens interessierten Industriekonzern veräußert wird. Hierbei kann es sich auch um Konkurrenten, Zulieferer oder Abnehmer handeln. Strategische Investoren haben nicht nur ein finanzielles Interesse entsprechend der kapitalmäßigen Beteiligung; meistens soll mit dem Anteilskauf gezielt Einfluss auf die Unternehmenspolitik des innovativen Unternehmens ausgeübt werden, so dass die Unabhängigkeit in der Geschäftsführung vielfach verloren geht.

Eine Verlängerung der Venture Capital-Finanzierung liegt beim Secondary Purchase vor, da hier im Kern nur ein Austausch der Venture Capital-Gesellschaft bzw. der Anteilsverkauf an einen anderen Finanzinvestor (ggf. mit anderen Vertragsinhalten) erfolgt.

Eine sehr populäre Ausstiegsvariante ist das Going Public durch Aktienemission an der Börse. Dies verbessert insbesondere bei künftigem Kapitalbedarf im Lebenszyklus des innovativen Unternehmens die Versorgungsmöglichkeiten mit Eigenkapital. Zudem können die Anteile des bisherigen Venture Capital-Gebers einem breiten Börsenpublikum nach der Emission bzw. nach Ablauf einer vorgeschriebenen Haltedauer (sog. Lock-up-Period) zum Verkauf angeboten werden. Dieses Vorgehen entspricht vielfach der Interessenlage eines Venture Capital-Gebers, um einen hohen Veräußerungserlös (Capital Gain) erzielen zu können und wird manchmal auch von den Unternehmensgründern sowie ihren Mitarbeitern, die oftmals bevorzugt bei der Erstemission Aktien des innovativen Unternehmens erhalten, als privates Ziel verfolgt. Insbesondere aus Mitarbeitersicht wird dadurch ein finanzieller Ausgleich für den zwischenzeitlich ggf. vereinbarten teilweisen Gehaltsverzicht in den ersten Lebensphasen eines Start-ups gegenüber einer Angestelltentätigkeit bei einem bereits etablierten Unternehmen geschaffen.

3.4.5 Weitere Formen von Mezzanine Financing

Crowdfunding
Über Internetplattformen vermittelte Mikro- bzw. Kleinstkredite zwischen einer Vielzahl von privaten Anbietern und Nachfragern, zumeist zwischen Künstlern und Kreativen, können seit Anfang des 21. Jahrhunderts als Vorläufer des heutigen Crowdfunding angesehen werden. Im Mittelpunkt steht immer ein konkret zu finanzierendes Projekt bzw. eine spezielle Firmenidee, wobei Art und Anzahl der meist privaten Geldgeber im Vorfeld nicht bekannt sind, weshalb es auch gerne als „Schwarmfinanzierung" bezeichnet wird. Derzeit lassen sich vier Modelle differenzieren:

- **Crowdlending** als Darlehensmodell umfasst die Finanzierung von zumeist kleinen Unternehmen (Start-ups), deren Kreditwürdigkeit nicht für einen Bankkredit ausreicht, durch Privatpersonen unter Einschaltung eines Finanzintermediärs in Form einer Internetplattform. Die privaten Geldgeber erhalten einen festen Zins für den zur Verfügung gestellten Geldbetrag, der sich meistens unter 1000,-

EUR pro Person bewegt. Da die Kreditnehmer keine Sicherheiten stellen können, kann man von einem ungesicherten Kleinkredit sprechen. Die Bereitschaft zur Geldüberlassung hängt damit einerseits von der Gründungsidee der Unternehmer ab; andererseits reduziert die relativ geringe Kredithöhe beim Gläubiger die Verlustaversion. Nicht unterschätzt werden darf auch die ethische Motivation des Geldgebers, mit dem Kredit Gutes zu tun bzw. zu unterstützen.

- Beim **Crowdinvesting** erhalten die meist privaten Geldgeber Stimmrechte und/oder eine Gewinnbeteiligung an dem Unternehmen bzw. Start-up. Insofern liegt eine Eigenkapital- bzw. Beteiligungsfinanzierung vor. Analog zum Venture Capital existiert für die Beteiligungsrechte kein organisierter Börsenhandel, was auch an den bereitgestellten Kleinbeträgen mit liegen dürfte.
- Werden private Finanzmittel einfach gespendet, spricht man derzeit vom sog. **Crowddonating** (to donate = spenden). Die Geldgeber verzichten aus idealistischen Motiven und/oder zwecks eigener Rufförderung auf eine finanzielle bzw. materielle Gegenleistung. Bei den unterstützten Projekten handelt es sich meistens um solche, die einen gemeinnützigen Charakter aufweisen (bspw. Aufbau eines Krankenhauses oder einer Schule).
- Erhalten die privaten Investoren für ihre Geldüberlassung allein eine materielle Gegenleistung (bspw. eine bestimmte Menge eines landwirtschaftlichen Erzeugnisses), wird dies als **Crowdrewarding** bezeichnet. Die Gegenleistung fällt zeitlich erst nach erfolgreichem Projektabschluss (bspw. Kauf und Relaunch eines Weinberges) bzw. nach erster erfolgreicher Betriebsphase (bspw. Abfüllung des ersten Jahrgangs in Weinflaschen) an. Anderweitige Rechte (wie bspw. Stimmrechte) liegen beim Crowdrewarding nicht vor. Kann die materielle Gegenleistung vom jungen Unternehmen nicht erbracht werden, besteht für den Geldgeber kein Anspruch auf Ersatz, so dass auch hier der Totalverlust des investierten Geldes nicht auszuschließen ist.

Für alle Modelle ist charakteristisch, dass auf den Internetplattformen nach dem „Alles-oder-nichts"-Prinzip verfahren wird: Das eingesammelte Geld wird nur dann an die Unternehmer bzw. Kapitalnachfrager überwiesen, wenn das vorab festzulegende Finanzierungsziel (Funding Level) erreicht wird. Eine Überfinanzierung ist allerdings möglich. Wichtige Internetplattformen stellen im internationalen Kontext die Angebote von „Crowdcube", „Kickstarter" und „Lending-Club" dar. In Deutschland sind u. a. „Startnext" und „Auxmoney" zu erwähnen. Der typische Ablauf einer Crowdfunding-Transaktion besteht in etwa aus folgenden Schritten:

1. Der Kapitalnehmer sendet eine Bewerbung an die entsprechende Plattform.
2. Die Bewerbung enthält Informationen zum Projekt bzw. zum geplanten Start-up sowie zum Finanzierungsvorhaben in Form eines Businessplans.
3. Auf der Plattform registrierte Nutzer erhalten bei Annahme der Bewerbung durch die Plattform einen Zugriff auf die Projektinformationen.
4. Die Plattformbetreiber organisieren gegen Gebühr den Vertragsabschluss zwischen Kapitalgeber und -nehmer.
5. Der Kapitalgeber zahlt den von ihm festgelegten Finanzierungsbetrag an die Plattform.
6. Die Plattform transferiert den eingehenden Betrag in der Regel unter Beachtung des § 1 KWG weiter an einen Treuhänder bzw. Finanzintermediär, der die Verwaltung und ggf. die Auszahlung an die Kapitalnehmer übernimmt.

Fragt man nach den Motiven für Crowdfunding aus Sicht der Start-up-Unternehmer, werden, neben dem Einsammeln von Geld, das Erlangen von öffentlicher Aufmerksamkeit, das Bilden von Netzwerken sowie das Erhalten von Feedback über das geplante Produkt genannt. Zudem löst diese Form der Außenfinanzierung keine Berichtspflichten gegenüber den Geldgebern aus und es lassen sich bereits heute die späteren Konsumenten in den Kreis der Investoren integrieren.

Crowdfunding dürfte daher auch in den nächsten Jahren eine Finanzierungsalternative für ungewöhnliche Ideen bzw. für Start-ups in ihrer frühen Lebensphase darstellen und damit das zeitlich meist erst etwas später verfügbare Venture Capital ergänzen. Die Entwicklung wird auch durch das aktuell sehr niedrige Zinsniveau unterstützt, das dem privaten Anleger bei den etablierten Anlageformen wie insbesondere den Schuldverschreibungen nur geringe Erträge bietet. Zudem lassen sich ethische Anlagemotive, die oftmals eine große Rolle spielen, einbinden und Privatanleger können sich aufgrund des geringen Geldeinsatzes je Projekt gut diversifizieren. Allerdings, und das soll abschließend nochmals klar gesagt werden, bietet Crowdfunding dem Geldgeber keine Sicherheiten. Dieses Investitionsrisiko zeigt sich auch bei den bislang realisierten Erfolgsquoten auf den Internetplattformen, die zwischen 40 % und 60 % schwanken. Grob gesagt: Aus jeder zweiten Geldüberlassung folgt der Totalverlust. Entsprechend sollten Anleger das hinter der Geldnachfrage stehende Geschäftsmodell auf Basis zu definierender Erfolgsfaktoren und zu erwartender Branchenstruktur kritisch würdigen – einschließlich der mit dem Start-up verknüpften Unternehmerpersönlichkeit. An dieser Stelle wird, wie letztlich auch beim Venture Capital, eine enge Verzahnung mit dem Fachgebiet des strategischen Managements deutlich.

Stille Gesellschaft

Ein stiller Gesellschafter beteiligt sich mit seiner Vermögenseinlage am Handelsgewerbe eines anderen, ohne dass dieses Beteiligungsverhältnis nach außen hin erkennbar ist. Dies ist grundsätzlich für alle Rechtsformen möglich. Die vom stillen Gesellschafter gemachte Vermögenseinlage geht in das Vermögen des Unternehmens über und kann zur Unternehmensfinanzierung verwendet werden. Der stille Gesellschafter partizipiert stets am Gewinn des Unternehmens, seine Haftung ist im Innenverhältnis auf die Höhe seiner Einlage beschränkt. Der Umfang der im Gesellschaftsvertrag vereinbarten Mitwirkungs- und Kontrollrechte, die sich individuell gestalten las-

sen, entscheidet über die Einordnung als typische oder atypische stille Gesellschaft:

- Bei einer **typisch stillen Gesellschaft** ist der stille Gesellschafter lediglich Geldgeber und kein Mitunternehmer. Die Bareinlage wird daher als Verbindlichkeit beim Unternehmen bilanziert, was im Insolvenzfall Vorteile für den stillen Partner haben kann, sofern kein Nachrang gegenüber anderen Gläubigern vereinbart wurde. Die Gewinnbeteiligung erfolgt zumeist durch eine feste Verzinsung des eingelegten Kapitalbetrages[9] sowie ggf. einer gewinnabhängigen Zusatzverzinsung. Eine Verlustbeteiligung kann per Vertrag ausgeschlossen werden. Die Laufzeit der Kapitalüberlassung ist meist begrenzt, der Vertrag enthält aber vielfach eine Verlängerungsoption. Die Rückzahlung des Kapitalbetrages erfolgt zum Nominalwert. Aufgrund des fremdkapitalähnlichen Charakters sind die Zinsen steuerlich abzugsfähig. Üblicherweise werden dem stillen Partner nur Kontrollrechte gewährt.
- Im Falle einer **atypischen stillen Gesellschaft** erhält der stille Finanzpartner die Stellung eines Mitunternehmers, da er, neben gewährten Kontrollrechten, direkten Einfluss auf die laufende Geschäftsführung des Unternehmens ausübt und/oder am Unternehmensvermögen bzw. den offenen sowie stillen Reserven beteiligt ist, d. h. im Falle des Ausscheidens eines solchen Gesellschafters würde er einen Anteil am Unternehmenswert verlangen. Der stille Gesellschafter erhält also seinen investierten Kapitalbetrag über den Verkauf seines Geschäftsanteils zurück. Während seiner Beteiligungszeit partizipiert er am laufenden Gewinn und Verlust. Feste Zinszahlungen gibt es aufgrund seiner Mitunternehmerschaft nicht, so

---

[9]Der stille Gesellschafter erzielt dann Zinserträge bzw. steuerlich Einkünfte aus Kapitalvermögen.

[10]Für den stillen Gesellschafter entstehen Einkünfte aus Gewerbebetrieb (falls Beteiligung an einer Personengesellschaft erfolgt) oder Einkünfte aus Kapitalvermögen (falls Gewinnausschüttungen aus einer Kapitalgesellschaft erfolgen).

dass die gewinnabhängige Vergütung des stillen Partners steuerlich nicht abzugsfähig für das Unternehmen ist.[10] Aufgrund seiner eigenkapitalgeberähnlichen Stellung kann hier die Bilanzierung seiner Beteiligung auf einem gesonderten Eigenkapitalkonto erfolgen.

Der wesentliche Vorteil einer stillen Beteiligung ist ihre große Flexibilität. So ist es möglich, die operativen Gesellschafterrechte des stillen Partners einzuschränken, die Verlustbeteiligung auszuschließen und der Beteiligung damit fremdkapitalähnlichen Charakter zu verleihen. Umgekehrt besteht die Option, ihm weitreichenden Einfluss auf die Unternehmensführung zu gewähren und damit den Eigenkapitalcharakter zu betonen. Art und Umfang der Zinszahlungen sowie der gewinnabhängigen Bestandteile sind frei regelbar, so dass der damit verbundene Liquiditätsabfluss seitens des Unternehmens gesteuert werden kann. Sofern das Motiv der atypisch stillen Gesellschaft in der Realisierung eines sog. „Capital Gain" über den Anteilsverkauf an einen anderen Investor besteht, wird die Liquidität des Unternehmens geschont.

Gesellschafterdarlehen
Wenn Eigentümer von Kapitalgesellschaften (wie GmbH oder AG) ihren Unternehmen Darlehen gewähren, liegt ein sog. Gesellschafterdarlehen vor. Eigentümer, die eine Eigenkapitalbeteiligung am Unternehmen besitzen, nehmen dann zugleich eine Gläubigerposition ein.
Diese „Doppelrolle" kann für die Eigentümer folgende Vorteile aufweisen:

- Gesellschafterdarlehen stellen Fremdkapital dar, weshalb die Zinsen (analog zu vergleichbaren Darlehen) von den ertragsteuerlichen Bemessungsgrundlagen der Kapitalgesellschaft absetzbar sind.
- Es entstehen keine Kosten im Rahmen der Kreditbeschaffung (bspw. sind keine Kreditwürdigkeitsprüfungen notwendig).
- Ggf. entfallen Kreditlimitierungen aus anderen Kreditbeziehungen für das Unternehmen, falls ein anderer Kreditgeber kein Darlehen mehr anbieten würde.

- Aktuelle Liquiditätsengpässe, die ggf. zu einer Insolvenz führen würden, können beseitigt werden.
- Die Vertragsbedingungen lassen sich flexibel gestalten.
- Gesellschafterdarlehen könnten im Insolvenzfall im Vergleich zu einer Eigenkapitalerhöhung eine bessere Position für den Eigentümer bieten.

Eine Aufnahme von Gesellschafterdarlehen kann allerdings bei den übrigen Gläubigern des Unternehmens zu einer erhöhten Risikostellung führen. Dies ist insbesondere dann der Fall, wenn ein Gesellschafterdarlehen zur Abwendung akuter Zahlungsunfähigkeit vom Eigentümer initiiert wird und dabei Sicherheiten durch die Gesellschaft für die Darlehensaufnahme gestellt werden. Kommt es zur Insolvenz, ist die vorhandene Vermögensmasse auf mehr Gläubiger aufzuteilen. Ungesicherte Gläubiger des Unternehmens würden dann mit ihrer Kreditgewährung einem erhöhten Ausfallrisiko unterliegen. Aus diesem Grund wird ein Gesellschafterdarlehen in einem solchen Insolvenzfall wie haftendes Eigenkapital behandelt und tritt damit im Haftungsrang, auch wenn hierfür Sicherheiten gestellt wurden, hinter den übrigen Gläubigern des Unternehmens (richtigerweise) zurück. Damit erscheint es vielfach geboten, Gesellschafterdarlehen als sog. Nachrangdarlehen der (eigenen) Kapitalgesellschaft zu gewähren, auf das im folgenden Abschnitt eingegangen wird.

Nachrangdarlehen
Unter einem Nachrangdarlehen (auch: nachrangiges Darlehen, Subordinated Debt oder Junior Debt) versteht man ein Darlehen mit Anspruch auf vertraglich fixierten Zins- und Tilgungszahlungen, das allerdings gegenüber klassischen unverbrieften Darlehen oder Schuldverschreibungen mit einem sog. Nachrang ausgestattet ist. Der Nachrang bedeutet, dass der Kreditgeber im Insolvenzfall bei der Befriedigung seiner finanziellen Ansprüche gegenüber anderen Gläubigern des Unternehmens zurücksteht. In der Regel verzichtet der Kreditgeber eines Nachrangdarlehens auf die Stellung von Sicherheiten durch das Un-

ternehmen, um dessen weitere Kreditaufnahme-möglichkeiten nicht zu beeinträchtigen. Für die Risikoübernahme des Kreditgebers hat das Unternehmen eine Risikoprämie in Form höherer Kreditzinssätze zu akzeptieren. Nachrangdarlehen werden in der Bilanz unter der Position Verbindlichkeiten mit einem sog. Nachrangvermerk ausgewiesen, der im Anhang des Jahresabschlusses näher zu erläutern ist.

Neben der oben skizzierten Form sind in der Praxis zwei weitere Varianten üblich:

Eine Sonderform eines Nachrangdarlehens stellt das sog. partiarische Darlehen dar, welches neben einer festen Nominalverzinsung für den Darlehensgeber mit einer (i. d. R. limitierten) Gewinnbeteiligung ausgestattet ist. Wird ein solcher Kredit als Schuldverschreibung gewährt, könnte man die Gewinnschuldverschreibung als Nachrangdarlehen interpretieren.

In Zusammenhang mit Unternehmensverkäufen stellt ein sog. Verkäuferdarlehen („Seller's Note") eine weitere Variante für ein Nachrangdarlehen dar. Charakteristisch für ein Verkäuferdarlehen ist, dass der Verkäufer des Unternehmens (also der bisherige Eigentümer) auf eine sofortige Zahlung des gesamten vereinbarten Kaufpreises vom Erwerber verzichtet und in Höhe der noch offenen Kaufpreisforderung dem neuen Eigentümer ein Schuldscheindarlehen mit Nachrangcharakter gewährt. Hierdurch signalisiert der Verkäufer dem neuen Eigentümer, dass dieser ein wettbewerbsfähiges Unternehmen mit nachhaltiger Fähigkeit zur Einkommenserzielung erworben hat, da er auch noch nach dem Eigentumsübergang bereit ist, eine risikobehaftete Finanzierung einzugehen.

Genussscheine

Genussscheine lassen sich vielfach als Eigenkapitalsurrogat begreifen und können rechtsform-unabhängig ausgegeben werden, wobei in der Praxis zumeist Unternehmen in der Rechtsform einer AG auf diese Finanzierungsform zurückgreifen, wovon wir im Folgenden ausgehen.

Genussscheine gewähren dem Inhaber gewisse verbriefte Genussrechte (i. d. R. Anspruch

auf Gewinnanteile), aber keine Stimmrechte und können aus ökonomischer Sicht zu einer Position führen, die der von Eigenkapitalgebern vergleichbar ist (deshalb auch vielfach die Bezeichnung als „Eigenkapitalsurrogat"). Sie können an der Börse gehandelt werden und zeichnen sich durch eine große Gestaltungsbreite aus. Die Ausgabe von Genussscheinen erfordert aufgrund des Gewinneinflusses eine ¾-Mehrheit auf der Hauptversammlung. Die Aktionäre haben ein Bezugsrecht auf ihren Erwerb.

Eine gesetzliche Definition oder Regelung besteht nicht, was eine präzise Darstellung erschwert. Vielmehr kommt es auf die individuelle Vertragsgestaltung an. Aus Sicht eines potenziellen Kapitalgebers bedeutet dies, die konkreten Genussscheinbedingungen genau zu studieren, bevor er investiert. Die fehlende gesetzliche Standardisierung hat aber den Vorteil, dass Vertragsgestaltungen entstehen können, die den spezifischen Erfordernissen des Genussscheinausgebers (hier: der AG) besser gerecht werden.

Reflektieren wir noch einmal die idealtypischen Merkmale von Eigenkapital, so begründet es grundsätzlich einen „Restbetragsanspruch" an den Zahlungsströmen des Unternehmens im Fortführungs- als auch im Zerschlagungsfall. Das für Banken relevante Kreditwesengesetz (KWG) zählt in § 10 V KWG Bedingungen auf, nach denen Genussrechtskapital dem haftenden Eigenkapital von Banken zugerechnet werden darf. Einige davon lauten:

• Teilnahme am Verlust in voller Höhe,
• Rückforderung des Kapitals im Insolvenzfall durch die Genussscheininhaber erst nach Befriedigung der Gläubiger,
• Überlassungsdauer des Kapitals mindestens 5 Jahre,
• Rückzahlungsanspruch der Genussscheininhaber erst in 2 Jahren oder später.

Man erkennt, dass diese Bedingungen sehr ähnlich den typischen Merkmalen von Eigenkapital sind, insb. wenn man die Auflistung des KWG um eine ergebnisabhängige Vergütung des Genussrechtskapitals ergänzt. „Ergebnis" kann dabei sein: Jahresüberschuss, Bilanzgewinn, Umsatz usw. Wichtig ist zudem, dass das Genussscheinkapital am Verlust teilnimmt (buchmäßige Reduktion) und die Befriedigung von Gläubigern im Liquidationsfall Vorrang hat.

In der Finanzierungspraxis sind drei Genusscheintypen üblich:

*   Festverzinsliche Scheine mit Verlustbeteiligung,
*   Scheine mit Mindestausschüttung und dividendenabhängigem Bonus,
*   Scheine mit vollkommen dividendenabhängiger Ausschüttung.

Aus steuerrechtlicher Sicht zählen Genusscheine ggf. zum Fremdkapital. Entsprechend wäre die Verzinsung für bzw. Zahlung der AG an Genussscheininhaber von der steuerlichen Bemessungsgrundlage abziehbar (Voraussetzung: keine Beteiligung am Liquidationserlös des Unternehmens). Nun sind die Vorteile aus Sicht der emittierenden AG offensichtlich:

*   Das Unternehmen gewinnt neue Risikokapitalgeber (ergebnisabhängige Verzinsung und Verlustteilnahme) ohne Stimmrecht und
*   hat ggf. den Vorteil einer Abzugsfähigkeit der gewährten Verzinsung von der Körperschaft- und (teilweise) von der Gewerbeertragsteuer; hingegen sind Aktiendividenden aus bereits versteuertem Bilanzgewinn zu zahlen (keine steuerliche Abzugsfähigkeit).

Zusammenfassung (zu Teil 3.4)

Mezzanine Finance kombiniert zu Beginn oder im Laufe einer Finanzierungsbeziehung Merkmale von Eigenkapital- sowie von langfristigen Fremdkapitalfinanzierungen. Besonders hervorzuheben sind dabei die Finanzierungen über die Ausgabe von Wandel- und Optionsanleihen, bei denen Altaktionäre zunächst die Position eines Obligationärs einnehmen, sowie die für nicht börsennotierte Firmen mit Wachstumspotenzial (sog. Start-ups) gedachte Finanzierungsform Venture Capital sowie als aktuelle Organisationsform das sog. Crowdfunding. Zudem lassen sich alle klassischen Darlehensformen als „mezzanine" klassifizieren, wenn diese auf die Stellung von Sicherheiten verzichten (wie bspw. beim Nachrangdarlehen) und/oder die Kapitalüberlassung durch Gesellschafter erfolgt (sog. Gesellschafterdarlehen).

Die auf Start-ups fokussierte Beschaffung von Venture Capital erfolgt zumeist in Form einer besonderen Beteiligungsfinanzierung, bei dem die neuen Eigenkapitalgeber eine möglichst hohe Beteiligungsquote als Gegenleistung für die Geldüberlassung anstreben. Daher werden die entscheidenden Einflussgrößen im Rahmen der Beteiligungsbewertung (Venture Capital-Methode) auf Basis eines Beispiels aufgezeigt.

3.5 Innenfinanzierung

3.5.1 Begriff und Merkmale

Im Rahmen der Innenfinanzierung fließen dem Unternehmen entweder

*   Gelder aus dem operativen Leistungserstellungsprozess, die an einem Verlassen aus dem Unternehmensbereich gehindert werden („Überschussfinanzierung"), oder
*   Gelder durch vom Management bzw. den Eigentümern veranlasste Umschichtungen in der Vermögensstruktur („Umschichtungsfinanzierung")

zu. Eine unmittelbare Beteiligung externer Geldgeber liegt in beiden Fällen nicht vor.

Im ersten Fall müssen verdiente Überschüsse vom Unternehmen bereits erzielt worden sein. Diesen verdienten Überschüssen (operativer Cashflow) dürfen dann nicht in gleicher Höhe

Auszahlungen aus dem Unternehmensbereich gegenüberstehen (bspw. Dividendenzahlungen), damit Finanzmittel im Unternehmen liegen bleiben (bspw. um geplante Investitionen zu finanzieren). Diese Überschussfinanzierung in einer Periode leisten also letztlich die Eigentümer durch (teilweisen) Verzicht auf Gewinnausschüttungen.

Im zweiten Fall werden Maßnahmen eingeleitet, die entweder einmalig das Einzahlungsvolumen steigern (bspw. Verkauf nicht benötigter Vermögensgegenstände) oder auf eine dauerhafte Verbesserung der Zahlungsstruktur ausgerichtet sind (Beschleunigung von Einzahlungen bzw. Verlangsamung von Auszahlungen).

3.5.2 Überschussfinanzierung

Grundsätzlich verzichten Eigentümer dann gerne auf Gewinnausschüttungen, wenn sie

* nicht auf diese Ausschüttungen angewiesen sind, da sie ihren privaten Lebensunterhalt durch andere Einkommensquellen bestreiten können und/oder
* im Unternehmensbereich lukrativere Investitionsprojekte realisieren können als im Rahmen einer privaten Geldanlage.

Für diese Zwecke nutzen Manager Investitionsrechnungen und überzeugen Eigentümer bspw. mit positiven Kapitalwerten.

Jedoch sind gerade in Personengesellschaften und in den freien Berufen viele Eigentümer auf regelmäßige Gewinnausschüttungen zwecks Gestaltung ihres privaten Lebensunterhaltes angewiesen und stehen einem Ausschüttungsverzicht eher ablehnend gegenüber. Allerdings gibt es Sachverhalte, bei denen es sich empfiehlt, Eigentümer zu einem teilweisen Ausschüttungsverzicht „hinzulenken": Unterstellen wir, dass ein Unternehmen (bspw. ein Taxibetrieb) auf Dauer betrieben werden soll, benötigt es für einen Going-concern in regelmäßigen Abständen (bspw. alle 5 Jahre) Ersatzinvestitionen im Fuhrpark. Würde ein Unternehmen immer das insgesamt verdiente Geld ausschütten, müsste im Jahr des Anlagenersatzes der Neukauf des Fuhrparks

mit dem operativen Cashflow bezahlt werden. Eine Gewinnausschüttung wäre dann ggf. gar nicht mehr möglich. Ggf. wäre sogar auf eine externe Finanzierungsmaßnahme wie Kreditaufnahme zurückzugreifen. Um dem Unternehmer stets eine laufende Gewinnausschüttung zu ermöglichen, wäre es sinnvoller, bereits während der Nutzungsdauer des Fuhrparks für dessen Ersatz kontinuierlich anzusparen. Eine beliebte Möglichkeit, dies leichter zu erreichen, stellt die Reduktion des handelsrechtlichen Jahresüberschusses (Saldo der G + V) durch Ansatz von Abschreibungen dar. Der Jahresüberschuss ist in der Praxis der Anknüpfungspunkt für Entscheidungen zur Gewinnverwendung. Wird lediglich der erzielte Jahresüberschuss entnommen, verbleiben verdiente Kundengelder in Höhe der Abschreibungen im Unternehmen. Mit anderen Worten: Durch einen jährlichen Ausschüttungsverzicht in Höhe der Fuhrparkabschreibung können die Investitionsmittel für die spätere Ersatzbeschaffung auf der Aktivseite der Firmenbilanz (bspw. auf einem Tagesgeldkonto einschließlich Zinseszinsen) gehortet werden.

3.5.2.1 Selbstfinanzierung

Auf der Grundlage eines Jahresüberschusses nach HGB basiert die Gewinnverwendungsentscheidung eines Unternehmens: Das Unternehmen wird i. d. R. einen Teil des Jahresüberschusses einbehalten (Gewinnthesaurierung) und den Restbetrag an die Gesellschafter ausschütten (Gewinnausschüttung). Eine dokumentierte Einbehaltung von Teilen des erzielten Jahresüberschusses nennt sich **offene Selbstfinanzierung**. Gewinnthesaurierung durch bewusste Nutzung von Bewertungsspielräumen im Rahmen der handelsrechtlichen Bilanzierung wird als **stille Selbstfinanzierung** bezeichnet.

Voraussetzung für eine Finanzierung mittels verdienter Überschüsse ist die Existenz tatsächlich erwirtschafteter Finanzmittel durch das eigentliche operative Geschäft. Insbesondere müssen Umsatzerlöse als einzahlungswirksame Erträge entstanden sein. Hat ein Unternehmen in einer Periode lediglich Zielverkäufe getätigt, sind dadurch noch keine Einzahlungen bzw. Überschüsse generiert worden.

Unterstellen wir, dass alle Umsatzerlöse auch zu Einzahlungen in einer Periode geführt haben, sind diesen alle betrieblichen Aufwendungen, die zu Auszahlungen führen, gegenüberzustellen. Die Differenz stellt einen Cashflow im Sinne eines zahlungswirksamen Jahresüberschusses dar. Dieser Cashflow ist der verdiente Überschuss an Finanzmitteln aus der aktuellen operativen Unternehmenstätigkeit vor Berücksichtigung einer Gewinnausschüttung an die wirtschaftlichen Eigentümer. Erfolgt nun eine Gewinnausschüttung, reduziert sich der Cashflow in Höhe des Ausschüttungsbetrages.

Geht man vom handelsrechtlichen Jahresüberschuss (JÜ) aus, so kann man sich den Cashflow (CF) wie folgt herleiten:

$$JÜ = ER - AW = JÜ^{lw} + JÜ^{nlw}$$
$$= \left(ER^{lw} - AW^{lw}\right) + \left(ER^{nlw} - AW^{nlw}\right)$$
$$= CF + JÜ^{nlw} \qquad (3.45)$$

Nach Gl. (3.45) ist der Cashflow eine Teilmenge des Jahresüberschusses: Erträge (ER) und Aufwendungen (AW), die in gleicher Periode zu Ein- und Auszahlungen führen, also liquiditätswirksam (lw) sind. Damit gilt auch:

$$CF = \left(ER^{lw} - AW^{lw}\right)$$
$$= JÜ - JÜ^{nlw} = JÜ - ER^{nlw} + AW^{nlw} \quad (3.46)$$

Gl. (3.46) zeigt: Um zum Cashflow zu gelangen, kann man einerseits die Differenz aus allen zahlungswirksamen Erträgen und Aufwendungen bilden (erster Teil) oder den Jahresüberschuss JÜ um Erträge und Aufwendungen korrigieren, die nicht zugleich zu Zahlungen führen (zweiter Teil; nlw steht für „nicht liquiditätswirksam"). Im ersteren Fall spricht man von direkter, im zweiten Fall von indirekter Ermittlung.

Zusätzlich berücksichtigen wir noch die Gewinnausschüttung. Wir nehmen hierfür an, dass auf der Basis des Jahresüberschusses (JÜ) ein Teil in die Gewinnrücklagen eingestellt wird (EGR für „Einstellung Gewinnrücklage"). Der Restbetrag ergibt den Bilanzgewinn (BG), der annahmegemäß sofort zur Ausschüttung (AS) an die Eigenkapitalgeber gelangt und aus Unternehmenssicht einen Geldabfluss darstellt. Damit erhalten wir für die Gewinnausschüttung (AS):

$$AS = BG = JÜ - EGR \qquad (3.47)$$

Entsprechend gilt für den Cashflow nach Ausschüttungen (CFnAS):

$$CF_{nAS} = \left(ER^{lw} - AW^{lw}\right) - AS = JÜ - JÜ^{nlw} - AS$$
$$= EGR - ER^{nlw} + AW^{nlw} \qquad (3.48)$$

Gl. (3.48) zeigt, dass das Niveau des Cashflows nach Ausschüttung abhängt von

- den Einstellungen in die Gewinnrücklage bzw. vom Umfang der Gewinnthesaurierung,
- dem Umfang an Erträgen und Aufwendungen, die nicht in der gleichen Periode zu Zahlungen führen.

Da man die Einstellung in Gewinnrücklagen (EGR) im Jahresabschluss nachvollziehen kann, liegt eine offene Selbstfinanzierung vor. Die nicht zahlungswirksamen Erträge bzw. Aufwendungen in (3.48) entziehen sich vielfach einer Nachvollziehbarkeit: Beispielsweise können Abschreibungsverfahren oder Rückstellungszuführungen genutzt werden, um den Umfang an nicht zahlungswirksamen Aufwendungen zu steigern und damit das Gewinnausschüttungspotenzial (AS bzw. BG bzw. JÜ) zu schmälern. Denn entsprechend (3.48) ist ersichtlich: Je höher (niedriger) der Anteil nicht zahlungswirksamer Aufwendungen (Erträge) in einer Periode ist, umso größer ist das Volumen an Innenfinanzierung aus verdienten Überschüssen für das Unternehmen. Für dieses legale „window dressing" hat sich die Bezeichnung stille Selbstfinanzierung durchgesetzt.

Die Cashflow-Definition in (3.48) beinhaltet noch nicht alle möglichen Zahlungen einer Periode in einem Unternehmen. Unberücksichtigt bleiben insbesondere

- Zahlungen aus externen Finanzierungsmaßnahmen (bspw. Bareinlage der Gesellschafter, Kreditaufnahme oder -tilgung) sowie
- Zahlungen in Zusammenhang mit aktivierungspflichtigen Investitionsauszahlungen (bspw. Bankabbuchung für den Zugang von Sachanlagen).

Bei diesen Zahlungen handelt es sich (analog zur Gewinnausschüttung) um zunächst

erfolgsneutrale Vorgänge, die den Jahresüberschuss in der Gewinn- und Verlustrechnung
nicht tangieren, aber den Geldbestand im Unternehmen verändern. Für eine vollständige
Cashflow-Berechnung, die über die gesamte
Geldbestandsveränderung einer Periode informiert, wären diese Sachverhalte mit zu berücksichtigen, was mittels sog. Geldflussrechnungen bzw. Cashflow-Statements geschieht.[11]

Beispiel für eine offene Selbstfinanzierung

Gegeben ist eine GuV-Rechnung nach dem
Gesamtkostenverfahren (vgl. Tab. 3.21). Die
Umsatzerlöse, der Personal- und Materialauf-
wand, die Ertragsteuern sowie der zur Aus-
schüttung kommende Bilanzgewinn seien alle
sofort zahlungswirksam für das Unternehmen.
Zunächst ermitteln wir den Cashflow direkt
(Tab. 3.22).

Nun zeigen wir die indirekte Ermittlung
auf Basis des Jahresüberschusses(Tab. 3.23).

Tab. 3.21 GuV nach dem Gesamtkostenverfahren (vereinfacht)

GuV-Rechnung	GE
Umsatzerlöse	1000
+ Bestandserhöhung Fertigprodukte	+ 400
– Personal- und Materialaufwand	–400
– Abschreibungen	–100
– Zuführung Pensionsrückstellungen	–100
– Ertragsteuern	–100
= Jahresüberschuss	+700
– Einstellung in Gewinnrücklagen	–300
= Bilanzgewinn = Gewinnausschüttung	+400

Tab. 3.22 Direkte Cash-flow-Ermittlung

Direkte Cashflow-Rechnung	GE
Umsatzerlöse	1000
– Personal- und Materialaufwand	–400
– Ertragsteuern	–100
= Cashflow vor Gewinnausschüttung	+500
– Gewinnausschüttung	–400
= Cashflow nach Gewinnausschüttung	+100

Tab. 3.23 Indirekte Cashflow-Ermittlung

Indirekte Cashflow-Rechnung, ausgehend vom Jahresüberschuss	GE
Jahresüberschuss	+ 700
– Bestandserhöhung	– 400
+ Abschreibungen	+ 100
+ Zuführung Pensionsrückstellungen	+ 100
= Cashflow vor Gewinnausschüttung	+ 500
– Gewinnausschüttung	– 400
= Cashflow nach Gewinnausschüttung	+ 100

Tab. 3.24 Indirekte Cash-flow-Ermittlung auf Basis von
Gl. (3.48)

Indirekte Cashflow-Rechnung nach Gewinnausschüttung	GE
Einstellung Gewinnrücklage	+ 300
– Bestandserhöhung	– 400
+ Abschreibungen	+ 100
+ Zuführung Pensionsrückstellungen	+ 100
= Cashflow nach Gewinnausschüttung	+ 100

Der Cashflow vor Ausschüttung („verdiente
Überschüsse") beträgt demnach +500 GE. Nach
Ausschüttung beträgt der Cashflow im Unternehmensbereich nur noch +100 GE. Letzteren
Wert kann das Unternehmen durch seine Ge-
winnverwendungspolitik beeinflussen. Um dies
zu verdeutlichen, ist in Tab. 3.24 der Cashflow
nach Gewinnausschüttung nochmals alternativ
dargestellt, wobei die Einstellung in die Gewinnrücklagen den Startpunkt der Ermittlung
darstellt und Gl. (3.48) nutzt.

Hätte das Unternehmen mehr in die Ge-
winnrücklagen eingestellt (z. B. den gesamten
Jahresüberschuss in Höhe von 700 GE), würde
der gesamte verdiente Überschuss von 500
GE im Unternehmen verbleiben. Eine höhere
Gewinnthesaurierung hätte damit mehr ver-
diente Finanzmittel am Abfließen aus dem
Unternehmen gehindert.

Beispiel zur stillen Selbstfinanzierung

Ein der Abnutzung unterliegender Vermögens-
gegenstand kann mit unterschiedlichen Abschreibungsverfahren oder Nutzungsdauern in
der GuV-Rechnung als Aufwand behandelt
werden. Da die Aufwands- bzw. Abschrei-
bungshöhe unterschiedlich gestaltet werden

---

[11]In der Unternehmenspraxis werden auch die Begriffe
„Kapitalflussrechnung", „Finanzflussrechnung", „Veränderung der liquiden Mittel" oder „Veränderung von Geld
und Geldanlage" verwendet.

kann, lässt sich damit auch die Höhe des Jahresüberschusses beeinflussen, auf dessen Grundlage die Gewinnverwendung einer Periode basiert. Damit allerdings ein Finanzierungseffekt entsteht, müssen verdiente Überschüsse bzw. Cashflows vor Gewinnausschüttung vorliegen, damit durch Reduktion der Ausschüttungen (über zuvor reduzierten Jahresüberschuss) weitere Finanzmittel im Unternehmensbereich verbleiben. Würde man im obigen Beispiel die Abschreibungen von 100 GE auf 200 GE erhöhen würden sich ceteris paribus der Jahresüberschuss sowie die Gewinnausschüttung um 100 GE reduzieren, so dass der im Unternehmen gebundene Cashflow nach Gewinnausschüttung um 100 GE auf 200 GE ansteigen würde.

3.5.2.2 Finanzierung mittels Abschreibungen

Der Einfluss von Abschreibungen auf den Jahresüberschuss und die damit bezweckte Reduktion von Gewinnausschüttungen wurde in Abschn. 3.5.2 bereits angesprochen. Die Reduktion der Ausschüttungen ist dabei kein Selbstzweck. Vielmehr soll sie der Finanzierung von künftigen Ersatzinvestitionen für benötigte Betriebsmittel des Anlagevermögens dienen und eine Unabhängigkeit von Außenfinanzierungsmaßnahmen bewirken. Hierdurch wird der Fortbestand der Einkommensquelle „Unternehmen" unterstützt. Der Finanzierungseffekt aus Abschreibungsgegenwerten ist in der Literatur auch als Marx-Engels- oder Lohmann-Ruchti-Effekt bekannt und könnte sachgerechter als „Auszahlungsverhinderungseffekt" bezeichnet werden, wie das folgende Beispiel verdeutlicht.

Beispiel zum Auszahlungsverhinderungseffekt von Abschreibungen

Betrachtet wird ein Unternehmen, das ausschließlich aus einer einzigen Sachanlage, einem Taxi, besteht. Der Anschaffungswert ist 50.000,- GE und das Auto wird fünf Jahre planmäßig genutzt. Wir unterstellen ferner, dass in jeder künftigen Periode ausreichend finanzielle Überschüsse (positiver Saldo aus einzahlungswirksamen Umsätzen und auszahlungswirksamen Aufwendungen, kurz: EBITDA) mit der Sachanlage erzielt werden und in gleicher Höhe in jedem Jahr anfallen (bspw. 20.000,-). Der Steuersatz sei 30 %. Die Unternehmertätigkeit folge dem Going-concern-Prinzip, weshalb nach fünf Jahren eine Ersatzinvestition in ein neues Taxi notwendig wird. Der Jahresüberschuss (JÜ) dient als Maßstab für eine Gewinnverwendung: Falls eine Gewinnausschüttung bzw. Privatentnahme erfolgt, unterstellen wir, dass diese in Höhe des Jahresüberschusses getätigt wird, wodurch bereits verdiente Finanzmittel den Unternehmensbereich verlassen.

In Tab. 3.25 vergleichen wir eine Welt ohne sowie eine Welt mit Abschreibungen für das betrachtete Betriebsmittel, wobei wir Inflation ausklammern. Zudem integrieren wir zwei Annahmen: vollständige Gewinnthesaurierung (Annahme 1) sowie den hier interessierenden Fall der Gewinnausschüttung (Annahme 2) in Höhe JÜ.

Wird der Jahresüberschuss fünf Jahre in Folge thesauriert (Annahme 1), ist die Finanzierung der Ersatzbeschaffung (Kaufpreis 50.000,- GE) nach 5 Jahren auch ohne Bildung

Tab. 3.25 Auszahlungsverhinderung dank Abschreibungen im Fall von Gewinnausschüttungen

Unsere Welt in jedem Jahr …	ohne Abschreibungen	mit Abschreibungen
EBITDA (operativer Cashflow vor Steuern)	20.000	20.000
− Abschreibungen	0	−10.000
= Jahresüberschuss vor Steuern = Steuerbemessungsgrundlage	20.000	10.000
− Steuern (30 %) = Auszahlungen	−6000	−3000
= Jahresüberschuss nach Steuern (JÜ)	14.000	7000
Annahme 1: JÜ wird thesauriert		
− Privatentnahme (bar) = Null (Thesaurierung)	0	0
= verbleibende Finanzmittel im Unternehmen	14.000	17.000
Annahme 2: JÜ wird ausgeschüttet		
− Privatentnahme (bar) = JÜ (Gewinnausschüttung)	−14.000	−7000
= verbleibende Finanzmittel im Unternehmen	0	10.000

von Abschreibungen möglich, es liegt dann der Fall der offenen Selbstfinanzierung vor.

Betrachten wir nun den Fall der Gewinnausschüttung (Annahme 2), für den die Abschreibungspflicht konzipiert ist: Dank Abschreibungen verbleiben mehr verdiente Überschüsse in Höhe des Abschreibungsbetrages (hier: 10.000,-) Jahr für Jahr im Unternehmen als dies in einer Welt ohne Abschreibungsregel der Fall wäre. Diese im Unternehmen verbleibenden Gelder nennt man Abschreibungsgegenwerte. Das sukzessiv über den Lebenszyklus des Betriebsmittels angehortete Geld kann verwendet werden, um sich nach 5 Jahren erneut ein Taxi zu kaufen. Freilich ist auch eine andere Mittelverwendung möglich. Würde es keine Abschreibungsbuchungen geben, würde ein höherer Cashflow in den Privatbereich der Gesellschafter abfließen.

Eine Ersatzbeschaffung wäre ohne Inanspruchnahme anderer Finanzierungsmaßnahmen (bspw. Außenfinanzierung in Form einer Privateinlage oder Kreditaufnahme) nicht möglich. Deshalb ist es sinnvoll, den Jahresüberschuss um Abschreibungen zu kürzen und nur den Restbetrag an die Eigentümer auszuschütten. Abschreibungen sind damit Ausdruck eines internen, vom Gesetzgeber gewollten Sparvorgangs, um den dauerhaften Fortbestand der Unternehmertätigkeit realisieren zu helfen. Dieser Sparvorgang funktioniert freilich nur, wenn das Unternehmen Geld verdient hat bzw. wenn im Beispiel der operative Cashflow (EBITDA) nach Abzug von Steuern mindestens ein Niveau in Höhe der Abschreibungen erreicht.

Neben dem skizzierten Effekt einer Auszahlungsverhinderung verdienter Überschüsse an die Eigentümer, reduzieren Abschreibungen die steuerliche Bemessungsgrundlage. Dies kann man als eine indirekte Subvention begreifen: Durch die steuerliche Abzugsfähigkeit lässt der Fiskus den Eigentümern einen höheren Anteil vom cashwirksamen Zwischengewinn (EBITDA) übrig: In einer Welt mit Abschreibungen verlangt der Fiskus lediglich 3000,- GE vom erwirtschafteten EBITDA und damit im Beispiel nur 50 % gegenüber einer Welt ohne Abschreibungsvorschriften. Die geringere Steuerzahlung ergibt sich alternativ aus der Multi-plikation des Steuersatzes (30 %) mit dem jährlichen Abschreibungsbetrag (10.000,-).

Beispiel zum Kapazitätserweiterungseffekt von Abschreibungen

Obiges Beispiel hat für den Fall der Gewinnausschüttung gezeigt, dass es einem Unternehmen dank Abschreibungen gelingt, in betragsgleicher Höhe Gelder im Unternehmen zu binden. Diese sog. Abschreibungsgegenwerte können genutzt werden, um die Periodenkapazität des Unternehmens zu steigern. Um dies zu zeigen, erweitern wir unser Beispiel in der Weise, dass das betrachtete Unternehmen zum Gründungszeitpunkt (t = 0) jetzt nicht nur ein Taxi (Anschaffungswert von 50.000,-), sondern mehrere Betriebsmittel (hier: 10 Taxen zu 500.000,-) beschafft. Die Strategie des Unternehmers soll nun darin bestehen, die pro Jahr anfallenden Abschreibungsgegenwerte (im ersten Nutzungsjahr sind dies 100.000,- bei einer 5-jährigen Nutzungsdauer im Falle linearer Abschreibung) in den Kauf neuer Taxen zu reinvestieren. In Tab. 3.26 wird diese Investitionsstrategie verdeutlicht, wobei wir Inflation ausklammern, aber die Tatsache, dass man nur ganze Taxen erwerben kann, berücksichtigen. Abschreibungsgegenwerte, die nicht zum Erwerb einer Taxe ausreichen, werden zinslos gehortet und in späteren Perioden zur Finanzierung verwendet. Auf den Ansatz von Liquidationserlösen am Ende der Nutzung wird verzichtet.

Wie Abb. 54 zu entnehmen ist, baut sich am Ende des vierten Jahres (t = 4) ein Taxenbestand von 20 Stück auf. Nach Ablauf der fünften Periode (t = 5) sinkt der Bestand temporär auf 14 Stück: Im fünften Nutzungsjahr (t = 5) kommen dank der Investition aktuell erzielter Abschreibungsgegenwerte (200.000,-) vier neue Betriebsmittel dazu. Aber die Erstausstattung des Taxiunternehmens (10 Taxen aus t = 0) wird komplett ausgemustert. Die weitere Entwicklung zeigt, dass sich in dem hier gewählten Modellrahmen ein langfristiger Taxenbestand von 16 Stück ergibt, der dem Unternehmen jedes Jahr zum Geldverdienen zur Verfügung steht.

Tab. 3.26 Kapazitätserweiterungseffekt durch verdiente Abschreibungen

Zeitpunkt (t)	Taxenbestand per t (Stück)	Zugang Taxen in t (Stück)	Abgang Taxen in t (Stück)	Abschreibungsgegenwerte in t (GE)	Reinvestition der Abschreibungsgegenwerte in t (GE)	Rest Abschreibungsgegenwerte kumuliert per t (GE)
0	10	10	0	-	-	-
1	12	2	0	100.000	100.000	0
2	14	2	0	120.000	100.000	20.000
3	17	3	0	140.000	150.000	10.000
4	20	3	0	170.000	150.000	30.000
5	14	4	10	200.000	200.000	30.000
6	15	3	2	140.000	150.000	20.000
7	16	3	2	150.000	150.000	20.000
8	16	3	3	160.000	150.000	30.000
9	16	3	3	160.000	150.000	40.000
10	16	4	4	160.000	200.000	0
11	16	3	3	160.000	150.000	10.000
12	16	3	3	160.000	150.000	20.000
13	16	3	3	160.000	150.000	30.000
14	16	3	3	160.000	150.000	40.000
15	16	4	4	160.000	200.000	0

… und das „Spiel" geht im gleichen Rhythmus weiter!

Freilich wird ein Unternehmer nur dann diese Anzahl an Betriebsmitteln wünschen, wenn er dafür einen Markt sieht und über keine lukrativere Mittelverwendung verfügt.

Das in Tab. 3.26 dargestellte Modell der Kapazitätserweiterung ist vom „Erstausstattungsniveau" abhängig: Wer in $t = 0$ über nur ein Taxi verfügt, hat eine Reinvestitionsperiode von 5 Jahren und kann daher nur am Ende der Nutzungsdauer lediglich den reinen Anlagenersatz tätigen. Ein zusätzlicher Kapazitätsaufbau wäre in einer solchen Startsituation, folgt man dem hier vorgestellten Gedankenmodell, nicht möglich. Dies widerspricht aber allen praktischen Erfahrungen: Selbstverständlich ist ein im Zeitablauf sukzessiver Kapazitätsaufbau auch bei nur einem angeschafften Betriebsmittel im Gründungszeitpunkt $t = 0$ möglich. Denn allein die Höhe des bislang erzielten und künftig erwarteten operativen Cashflows (EBITDA) entscheidet, ob, nach Abzug von Steuerzahlungen und Gewinnausschüttungen, Gelder für Erweiterungsinvestitionen vorhanden sind – und nicht eine (kleine) Teilmenge von Zahlungsüberschüssen, gedacht in der Höhe von Abschreibungsbeträgen. Hat ein Unternehmer mehr Geld als die Abschreibungsgegenwerte verdient und übrig, kann und wird er weiter investieren, wenn er von der Wirtschaftlichkeit bzw. den sich bietenden Marktchancen überzeugt ist.

3.5.2.3 Finanzierung mittels direkter Pensionszusagen

Ein Unternehmen kann die Altersvorsorge seiner Mitarbeiter unterstützen, indem es Pensionszusagen macht. Im Falle einer solchen Zusage wird dem Mitarbeiter direkt vom Unternehmen eine Altersrente gezahlt, wenn dieser in den Ruhestand geht. Im Zeitpunkt der Zusage sowie in allen Folgejahren ist in der Bilanz des Unternehmens eine Pensionsrückstellung sukzessiv aufzubauen. Obwohl jede Pensionszusage einen vertraglich genau geregelten Lohn- bzw. Gehaltsbestandteil für einen Mitarbeiter darstellt, liegt eine Rückstellung vor: Die künftigen Auszah-

lungsverpflichtungen an ehemalige Mitarbeiter können bspw. bei vorzeitigem Tod oder Ausscheiden des Mitarbeiters aus dem Unternehmen geringer ausfallen als bei plangemäßer Beschäftigung. Zudem ist der Fall denkbar, dass das zur späteren Pensionszahlung verpflichtete Unternehmen insolvent wird. In diesem Fall, sofern keine weiteren Konzerngesellschaften verpflichtet werden können, leitet ein Pensionssicherungsverein die versprochenen Zahlungen an die Pensionäre weiter. Ein Ausfallrisiko für die Mitarbeiter besteht nicht. Auch das Steuerrecht verfolgt das Ziel, den Unternehmen Anreize zum Abschluss von Pensionszusagen für ihre Mitarbeiter zu verschaffen. Daher dürfen Zuführungen zu Pensionsrückstellungen (ZPR) die steuerliche Bemessungsgrundlage kürzen.

Rückstellungen sind eine beliebte Position der Praxis, die Höhe eines Jahresüberschusses gezielt zu regulieren und damit auch ein Mittel der stillen Selbstfinanzierung: Sie führen im Jahr ihrer Bildung analog zu Abschreibungen zu Aufwand, aber nicht zeitgleich zu einer Auszahlung. Über die Reduktion des Jahresüberschusses bzw. der Gewinnausschüttung wird verdientes Geld (sog. Rückstellungsgegenwerte) im Unternehmen gebunden. Besonders bedeutsam sind die Rückstellungen für Pensionsverpflichtungen, da zwischen dem Zeitpunkt der Zusage und dem Rentenzeitpunkt bei einzelnen Mitarbeitern eine Zeitspanne von mehreren Jahrzehnten liegen kann, was eine langfristig sichere Planung des Innenfinanzierungsvolumens ermöglicht. Allerdings ist zu bedenken, das der ersten Phase des Rückstellungsaufbaus (sog. Ansammlungsphase) eine Phase der Rentenzahlung (sog. Auszahlungsphase) folgt. Erst die Analyse der Zahlungseffekte beider Phasen erlaubt eine abschließende Würdigung, die anhand eines vereinfachten Beispiels erfolgen soll.

Beispiel zur Innenfinanzierung mittels Pensionsrückstellungen

Wir betrachten Mitarbeiter M, der in $t = 0$ in das Unternehmen eintritt, in $t = 4$ eine Pensionszusage erhält und in $t = 7$ in den Ruhestand geht. Ab $t = 8$ erhält er bis $t = 12$ eine Renten-

Abb. 3.4 Zeitlicher Ablauf zur Bildung und Auflösung einer Pensionsrückstellung

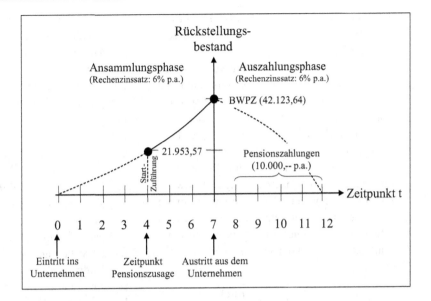

zahlung von jeweils 10.000,-GE. Abb. 3.4 verdeutlicht den zeitlichen Ablauf.

Bei der Berechnung der Rückstellungsentwicklung geht der Gesetzgeber von folgender Fiktion aus: Es wird unterstellt, dass durch die Buchung von Sozialaufwand bzw. von Zuführungen zu Pensionsrückstellungen (ZPR) verdientes Geld im Unternehmensbereich gebunden bleibt. Diese Rückstellungsgegenwerte wird das Unternehmen temporär in eine verzinsliche Geldanlage (hier zu einem Anlagezinssatz von 6 % p.a.) reinvestieren. Als Folge davon wird das Unternehmen Zinserträge erzielen, die es, zusammen mit den jährlich sich kumulierenden Rückstellungsgegenwerten, zur späteren Pensionsfinanzierung verwenden kann. Damit die Zinserträge im Unternehmensbereich verbleiben, verlangt der Gesetzgeber eine analoge Zinsaufwandsbuchung. Mit dieser Aufwandsbuchung wird sichergestellt, dass keine Erhöhung des Jahresüberschusses und damit keine zusätzliche Gewinnausschüttung aus dem Unternehmen stattfindet. Die Berechnung dieses Zinsaufwandes, der Teil des Sozialaufwandes (ZPR) ist, erfolgt nach § 6a EStG zu einem Rechenzinssatz von 6 % p.a., der auch im Beispiel Anwendung findet. In unserem Beispiel wird auf eine Integration biometrischer Daten (bspw. Sterbewahrschein-

lichkeiten) auf die Rückstellungskalkulation verzichtet.

Wir starten die Berechnung in der Auszahlungsphase und fragen, welchen Barwert (BWPZ) sämtliche zu leistenden Pensionszahlungen (PZ) zum Austrittszeitpunkt von M (hier: t = 7) haben. Dazu haben wir die fünf Zahlungen von je 10.000,- abzuzinsen. Da die jährliche Zahlung im Zeitablauf konstant bleibt und im Beispiel am Ende eines Jahres anfällt, können wir den nachschüssigen Rentenbarwertfaktor (RBF) mit T = 5 (Anzahl der Zahlungen bzw. der Jahre, in denen die Zahlungen zu leisten sind) und i = 0,06 (Rechenzinssatz 6 % laut Steuerrecht) nutzen und erhalten:

$$BWPZ = PZ \cdot \frac{(1+i)^T - 1}{i \cdot (1+i)^T}$$
$$= PZ \cdot RBF\left[i;T\right]$$
$$= 10.000 \cdot \frac{(1,06)^5 - 1}{0,06 \cdot (1,06)^5} \approx 42.123,64 \quad (3.49)$$

Dem Unternehmen muss es folglich gelingen, rund 42.124,- GE zum Austrittszeitpunkt für den Mitarbeiter anzusparen, damit es in den folgenden fünf Jahren (t = 8 bis t = 12) die vereinbarten Pensionen unter Berücksichtigung einer zwischenzeitlichen Verzinsung von 6 % p.a. an M entrichten kann. Das sich mit diesem anzusammelnden „Geldsack" in t = 7 tatsächlich die Pensionen finanzieren lassen, bestätigt Tab. 3.27.

Der für t = 7 berechnete Barwert kann als das „Sparziel" des Unternehmens am Ende der Ansammlungsphase interpretiert werden. Entsprechend ist für diese Phase zu überlegen, welcher jährliche und hier im Beispiel konstante „Jahressparbetrag" (J) das Unternehmen für den Mitarbeiter M anzusammeln hat. Hierfür kann man den nachschüssigen Endwertfaktor (EWF) nutzen: Wenn ein Unternehmen am Ende eines jeden Jahres den Betrag J zum Jahreszinssatz i anlegt, führt dies nach einer Laufzeit von T Jahren zu einem Vermögensendwert (V_T) von:

$$V_T = J \cdot EWF[i;T] = J \cdot \frac{(1+i)^T - 1}{i} \quad (3.50)$$

Da der Vermögensendwert nichts anderes als der uns bereits bekannte Barwert der Pensionszahlungen darstellt (es gilt also : $V_T = BWPZ$), brauchen wir Gl. (3.50) nur nach

dem gesuchten Jahresbetrag J umstellen. Als Rechenzinssatz verwenden wir erneut 6 %. Die Anzahl der Ansparjahre ergibt sich aus der Differenz von Aus- und Eintrittstermin des betrachteten Mitarbeiters (im Beispiel ist damit T = 7). Wir erhalten für die Jahre t = 1 bis t = 7:

$$J = \frac{V_T}{EWF[i;T]} = \frac{42.123,64}{\dfrac{1,06^7 - 1}{0,06}} = 5.018,40 \quad (3.51)$$

Tab. 3.28 verdeutlicht die Richtigkeit der Berechnung.

Spalte [2] von Tab. 3.28 zeigt die errechneten Jahresbeträge (J), die wir über Nutzung des Endwertfaktors bestimmt haben. Spalte [4] zeigt den jeweiligen in Periode t erzielten Endwert unter Berücksichtigung einer Verzinsung von 6 %, die in Spalte [3] dargestellt ist. In t = 7 der Spalte [4] wird unser Barwert der künftigen Pensionszahlungen genau erreicht.

Bei unseren Überlegungen zur Ansammlungsphase haben wir bislang so getan, als

Tab. 3.27 Auszahlungsphase der Pensionsrückstellung für M

t =	Barwert der Pensionszahlungen (BWPZ) = anzusparende Geldanlage für M	Zinsen auf den Barwert der Vorperiode t−1 („Zinsanteil")	Vereinbarte Pensionszahlungen (PZ)	Veränderung des Barwertes der Pensionszahlungen („Tilgungsanteil")
[1]	[2]	[3] = [2] × 0,06	[4]	[5] = [4] − [3]
7	42.123,64	-	-	-
8	34.651,06	2527,42	10.000,00	7472,58
9	26.730,12	2079,06	10.000,00	7920,94
10	18.333,93	1603,81	10.000,00	8396,19
11	9433,96	1100,04	10.000,00	8899,96
12	0,00	566,04	10.000,00	9433,96

Tab. 3.28 Ansammlungsphase der Pensionsrückstellung für M

t =	Jahresbeträge bzw. „Sparraten"	Zinsen in t auf den Endwert per t-1 (Zinssatz: 6 %)	Endwert der Jahresbeträge per t inkl. Zinsen
[1]	[2]	[3] = [4] × 0,06	[4]
1	5018,40	0	5018,40
2	5018,40	301,10	10.337,90
3	5018,40	620,27	15.976,58
4	5018,40	958,59	21.953,57
5	5018,40	1317,21	28.289,19
6	5018,40	1697,35	35.004,94
7	5018,40	2100,30	42.123,64

wenn der Mitarbeiter bereits ab t = 1 eine Pensionszusage erhalten hätte. Faktisch erfolgt die Zusage erst in t = 4. Entsprechend erfolgt die Rückstellungsbildung in t = 4 mit einer einmaligen „Start-Zuführung". Die dann folgenden laufenden Sozialaufwendungen ab t = 5 weisen geringere Höhen auf.

Zu beachten ist, dass wir bisher eine Anspar- bzw. Geldanlagefiktion beschrieben haben. Sie gibt die Vorstellung des deutschen Gesetzgebers wieder, wie sich ein Unternehmen finanziell auf sein Pensionsversprechen in der Auszahlungsphase idealerweise vorbereiten sollte. Da das Unternehmen, folgt es dieser Fiktion, sowohl in der Ansammlungs- als auch in der Auszahlungsphase Zinserträge durch die Geldanlagefiktion erzielt, die unversteuert der Pensionsfinanzierung zur Verfügung stehen sollen, ist diesen Erträgen in allen Phasen ein entsprechender Zinsaufwand entgegenzustellen; ansonsten würden die Eigentümer die Zinserträge als Gewinnausschüttung fordern.

Die Bilanzierung der betrachteten Pensionszusage zeigt Tab. 3.29.

In Spalte [2] ist der jeweilige Wertansatz in der Bilanz (sog. Teilwert) dargestellt. Spalte [5] weist den Gesamtaufwand jeder Periode, die kompletten Zuführungen zu Pensionsrückstellungen (ZPR), aus, die sich aus einem

Spar- und einem Zinsanteil zusammensetzen. Für die Ansammlungsphase gilt:

In t = 4 ist der Gesamtaufwand gleich der „Start-Zuführung".

Von t = 5 bis t = 7 ergibt sich der Gesamtaufwand aus dem jeweiligen (konstanten) Jahresbetrag J (Spalte [3]) und den Zinsen (Spalte [4]) auf den Rückstellungsbestand der jeweiligen Vorperiode (Spalte [2]). Beides zusammen wird als Sozialaufwand bzw. als Zuführung zu Pensionsrückstellung (ZPR) gegen das Bestandskonto „Rückstellungen" gebucht. Die (nicht zahlungswirksamen) Zinsanteile sind, neben den Jahresbeträgen, auch Teil der Aufwandsbuchung, damit anfallende Zinserträge durch den Ansparvorgang vollständig im Unternehmen verbleiben, um die Finanzierung der Pensionszahlungen in der Auszahlungsphase zu gewährleisten.

Für die Auszahlungsphase ist Spalte [6] wie folgt zu interpretieren: Der Bestand an angesammelten Finanzmitteln einschließlich Zinserträgen wird von t = 8 bis t = 12 sukzessiv reduziert. Aus dem Unternehmen fließen jeweils 10.000 GE (Spalte [6]). Davon kommt ein Teil aus dem angesammelten Geldbestand. Der verbleibende Teil zur Finanzierung der Auszahlung von 10.000 GE in t wird erzielt durch den Zinsertrag, den der verbleibende Bestand an Geldanlage in t-1 generiert. Dieser

Tab. 3.29 Bilanzierung der Pensionsrückstellung von M

t	Pensionsrückstellung PR per t = Wertansatz in der Bilanz	Jahresbeträge in t („Sparanteil")	Laufender Zinsaufwand in t („Zinsanteil")	Sozialaufwand in t (ZPR)	Pensionszahlungen in t
[1]	[2]	[3]	[4]	[5] = [3] + [4]	[6]
4	21.953,57	21.953,57	-	21.953,57	-
5	28.289,19	5018,40	1317,21	6335,61	-
6	35.004,94	5018,40	1697,35	6715,75	-
7	42.123,64	5018,40	2100,30	7118,70	-
8	34.651,06[a]	-	2527,42	2527,42	10.000,00
9	26.730,12	-	2079,06	2079,06	10.000,00
10	18.333,93	-	1603,81	1603,81	10.000,00
11	9433,96	-	1100,04	1100,04	10.000,00
12	0,00	-	566,04	566,04	10.000,00

[a]Der Wert ergibt sich aus 42.123,64 × 1,06 (Anlage ein Jahr zu 6 % von t = 7 nach t = 8) abzüglich 10.000,- Pensionszahlung in t = 8!

Tab. 3.30 Idealtypische Innenfinanzierung durch Pensionsrückstellung

Zeitpunkt t =	4	5	6	7	8
GuV-Plan					
Operativer Cashflow = EBITDA	72.000	72.000	72.000	72.000	72.000
Kreditzinsen Darlehen	−30.000	−30.000	−30.000	−30.000	−30.000
Sozialaufwand (ZPR)	−21.954	−6336	−6716	−7119	−2527
Zinsertrag	0	1317	1697	2100	2527
Jahresüberschuss (JÜ)	20.046	36.982	36.982	36.982	42.000
Bilanzplan					
Aktiva ohne Geldanlage für M	1.200.000	1.200.000	1.200.000	1.200.000	1.200.000
Geldanlage für M	21.954	28.289	35.005	42.124	34.651
Summe Aktiva	1.221.954	1.228.289	1.235.005	1.242.124	1.234.651
Eigenkapital alt	700.000	700.000	700.000	700.000	700.000
+ Jahresüberschuss	20.046	36.982	36.982	36.982	42.000
− Ausschüttungen (in Höhe JÜ)	−20.046	−36.982	−36.982	−36.982	−42.000
= Eigenkapital neu	700.000	700.000	700.000	700.000	700.000
Darlehen	500.000	500.000	500.000	500.000	500.000
Pensionsrückstellung (PR)	21.954	28.289	35.005	42.124	34.651
Summe Passiva	1.221.954	1.228.289	1.235.005	1.242.124	1.234.651
Cashflow-Plan					
Operativer Cashflow (EBITDA)	72.000	72.000	72.000	72.000	72.000
Kreditzinsen Darlehen	−30.000	−30.000	−30.000	−30.000	−30.000
Zinsertrag	0	1317	1697	2100	2527
Ausschüttungen an EK-Geber	−20.046	−36.982	−36.982	−36.982	−42.000
Pensionszahlungen	0	0	0	0	−10.000
Veränderung Geldanlage für M	21.954	6336	6716	7119	−7473
Vergleich der Ausschüttungen an EK-Geber					
Ausschüttung mit PR	20.046	36.981	36.981	36.981	42.000
Ausschüttung ohne PR	42.000	42.000	42.000	42.000	42.000
Differenz der Ausschüttungen	−21.954	−5018	−5018	−5018	0

Zinsertrag ist damit für die Pensionsauszahlung sicherzustellen; er darf nicht den Jahresüberschuss erhöhen, da ihn dann die Eigentümer in Form einer Gewinnausschüttung verlangen könnten. Dies wird durch betragsgleiche Bilanzierung als Zinsaufwand (Spalte [4]) erreicht. Dieser Zinsaufwand ist, analog zur Ansammlungsphase, Teil der Aufwandsbuchung „Zuführung zu Pensionsrückstellungen" (Spalte [5]).

Integration des Beispiels in einen Jahresabschluss

Übertragen wir das Beispiel in eine integrierte Jahresabschlussplanung, bestehend aus einer Plan-GuV, einer Planbilanz sowie aus einer Cashflow-Planungsrechnung. Wir unterstellen in jeder Periode Vollausschüttung des Jahresüberschusses (JÜ) an die Eigenkapitalgeber. Wir neh-

men ferner an, dass das Unternehmen jede Periode einen operativen Cashflow vor Zinsen (EBITDA) von 72.000 GE erwirtschaftet. Für das Darlehen müssen 6 % Zinsen gezahlt werden. Sobald für das Unternehmen ein Geldbestand entsteht, kann dieser zu 6 % p.a. verzinslich angelegt werden.

Die Entwicklung der Sozialaufwendungen (ZPR) sowie der Pensionsrückstellungsbestände entsprechen denen der Tab. 3.30. In t = 4 fällt die „Startrückstellung" (21.954,-) an. Sie zeigt sich in allen drei Plänen: Sie ist Aufwand im GuV-Plan und in der Bilanz auf der Passivseite eingebucht. Im Cashflow-Plan sehen wir die Wirkung der Zuführung, wenn ein Unternehmen über ausreichend Zuführungsgegenwerte (Cashflows) verfügt: Die Aufwandsbuchung reduziert den Jahresüberschuss, der an die Eigenkapitalgeber ausgeschüttet wird. Der Geldbestand erhöht sich analog zum Rückstellungswert um 21.954 GE (positiver Finanzierungseffekt).

Ab t = 5 beginnen die für jedes Jahr kalkulierten Zuführungen (ZPR), die sich aus dem Jahresbetrag J und dem Zinsaufwand zusammensetzen. Der Zinsaufwand ist nicht zahlungswirksam. Ihm steht im Modell aber ein zahlungswirksamer Ertrag aus der Geldanlage in gleicher Höhe gegenüber. Dieser Ertrag wird zur späteren Pensionsfinanzierung benötigt. Folglich darf er nicht an die Eigenkapitalgeber ausgeschüttet werden. Durch die betragsgleiche Kalkulation eines Zinsaufwands wird dieses Ziel erreicht.

In t = 7 ist die Ansammlungsphase beendet. Wir sehen, dass das Unternehmen die Geldbestände zu 6 % anlegt und ab t = 5 darauf jeweils einen Zinsertrag erzielt, so dass der Geldbestand immer das Niveau der Rückstellung aufweist. Hierin erkennen wir den Finanzierungseffekt, der letztlich durch ausreichend hohe Cashflows aus dem operativen Geschäft entsteht. Die Erhöhung des Geldbestandes ist das Spiegelbild zu unseren Überlegungen bei der Konstruktion der Rückstellung in der Ansammlungsphase.

Ab t = 8 beginnt die Auszahlungsphase. Der Geldbestand reduziert sich analog dem Bilanzwert der Rückstellung (negativer Finanzierungseffekt). Zudem fallen weiterhin auf den verbleibenden Geldbestand Zinserträge an, denen ein betragsgleicher zahlungsunwirksamer Zinsaufwand gegenübersteht, um die Zinserträge vor einer Ausschüttung an die Eigenkapitalgeber zu schützen. Dies ist das Spiegelbild zur oben dargestellten Auszahlungsphase der Rückstellung. Würden wir die Entwicklung analog für t = 9 bis t = 12 weiter modellieren, wird der Geldbestand, der extra für die Finanzierung der Pensionszahlungen gebildet wurde, exakt aufgebraucht.

Betrachten wir abschließend die jeweils letzten drei Zeilen der Tab. 3.30, in der die Ausschüttungen an die Eigentümer (EK-Geber) für den Fall mit sowieso ohne Pensionsrückstellung (PR) wiedergegeben werden: Hätte das Unternehmen keine Pensionszusage gemacht, würden in allen Perioden die gleichen Gewinnausschüttungen (42.000,- GE) erzielt. Da das Unternehmen aber ab t = 4 eine Pensionsverpflichtung eingeht, sollte es zur späteren Erfüllung Gelder im Unternehmen binden

bzw. ansammeln. Bei gegebenem operativen Cashflow verbleibt c.p. damit zwangsläufig weniger Geld für die Eigentümer zum Ausschütten übrig. Wenn sich Geldanlagezinssatz und Rechenzinssatz zur Pensionskalkulation entsprechen, verzichten die Eigenkapitalgeber auf Ausschüttungen, die dem Barwert der Pensionszahlungen entsprechen. Dies bedeutet, dass sie durch Ausschüttungsreduktion die späteren Pensionszahlungen komplett finanzieren. Bei identischen Zinssätzen ist die Verschlechterung der Situation der Eigentümer mit Beginn der Auszahlungsphase beendet, da die Mittelbindung in Höhe der Jahresbeträge J entfällt und die Auszahlungen aus dem Geldbestand sowie zusätzlich durch die Zinserträge der Auszahlungsphase finanziert werden können. Ein operativ identisches Unternehmen, dass aber über keine Pensionsverpflichtungen verfügt, würde in der Ansammlungsphase höhere Zahlungen an die Eigentümer ermöglichen und daher auch als „wertvoller" aus Sicht der Gesellschafter gelten. Aus Sicht von angestellten Managern ist festzuhalten: Da das Unternehmen faktisch nicht zu einer finanziellen Vorsorge für die Auszahlungsphase gezwungen werden kann, können Manager die Thesaurierungswirkungen in der Ansammlungsphase alternativ zur Finanzierung anderer Investitionen nutzen. Erzielen sie dafür aber keine oder nur eine geringe Verzinsung, müssen sie ggf. Jahrzehnte später aus dem operativen Cashflow des aktuellen Geschäftsmodells weitere Gelder zur Pensionsfinanzierung entnehmen.

In der Praxis sehen die Ergebnis-, Bilanz- und Cashflowpläne natürlich anders aus: Neben Zuführungen zu Rückstellungen fallen in gleichen Perioden auch Pensionszahlungen an. Nehmen wir an, dass die Zuführungen auch zu einer Auszahlung an Pensionen in gleicher Höhe führen, kann sich keine Veränderung des Geldbestandes ergeben, da der vom Abfluss aus dem Unternehmen gehinderte Zuführungsgegenwert sofort wieder für Pensionen verwendet würde. Ein positiver Finanzierungseffekt tritt nicht ein, wenn sich Zuführungsgegenwerte und Pensionszahlungen die Waage halten. Sollten die Pensionszahlungen hingegen größer als die Zuführungsgegenwerte einer Periode sein, wäre der Finanzierungseffekt saldiert negativ: Ein Teil

der erforderlichen Geldmittel für Pensionen wäre
aus bisherigen Geldbeständen zu begleichen, aus
dem übrigen Cashflow zu finanzieren oder ggf.
sogar durch zusätzliche Kreditaufnahmen oder
Bareinlagen der Eigentümer zu decken. Diese Situation kann insbesondere dann ein ernstes Problem werden, wenn Unternehmen dauerhaft ihre
Fähigkeit verlieren, künftig entsprechende Zahlungsströme zu produzieren.

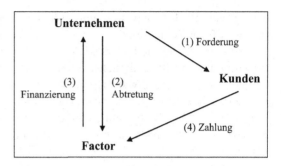

Abb. 3.5 Ablauf beim offenen Factoring

3.5.3 Finanzierung durch Vermögensumschichtung

3.5.3.1 Factoring

Unter Factoring versteht man den laufenden Verkauf
von kurzfristigen Forderungen aus Lieferungen und
Leistungen (Zielverkäufen) an einen sog. Factor (Fi-
nanzierungsinstitut). Durch den Verkauf der Forderungen erhält das Unternehmen i. d. R. sofort Finanzmittel (Finanzierungsfunktion des Factoring).
Damit eine derartige Finanzierung entstehen kann,
muss ein Lieferantenkredit des Unternehmens an
seine Kunden vorausgegangen sein (Gewährung
von Zahlungszielen). Aus Sicht des Unternehmens
findet durch Factoring eine Umschichtung im Umlaufvermögen statt, so dass man es auch als eine organisierte Sonderform der Finanzierung durch Veräußerung von Wirtschaftsgütern betrachten kann.

Den vorteilhaftesten Finanzierungseffekt für
das Unternehmen hat Factoring, wenn der Factor
die Forderungen sofort nach Rechnungsstellung
des Unternehmens an seine Kunden ankauft und
die Forderungen damit bis zu ihrer Fälligkeit be-
vorschusst. Hierfür hat das Unternehmen markt-
übliche Sollzinsen in Höhe eines Kontokorrent-
kredites an den Factor zu entrichten. Um sich
gegen mögliche Zahlungsminderungen (bspw.
Mängelrüge oder Kundenrabatte) abzusichern,
beläuft sich das Finanzierungsvolumen des Factors auf ca. 80 % des Rechnungsbetrages. Die
Differenz wird bis zur Zahlung der Kunden auf
einem Sperrkonto festgehalten und erst dann ggf.
an das Unternehmen weitergeleitet.

Durch den Ankauf der Forderungen findet
rechtlich eine sog. Abtretung von Forderungen
bzw. Zession nach § 398 BGB statt, woraus sich
zwei Factoringformen ergeben:

- **Offenes** bzw. notifiziertes **Factoring**: Das
Unternehmen informiert seine Kunden durch
entsprechenden Hinweis auf der Rechnung
über die Forderungsabtretung an einen Factor,
was den Regelfall in der Praxis darstellt. Die
Kunden des Unternehmens zahlen unmittelbar
an den Factor (vgl. Abb. 3.5).
- **Stilles** bzw. nicht notifiziertes **Factoring**: Die
Forderungsabtretung ist für die Kunden des
Unternehmens nicht erkennbar. Entsprechend
zahlen die Kunden zunächst die Forderungs-
beträge an das Unternehmen, das diese dann
an den Factor unverzüglich weiterzuleiten hat.

Neben der beschriebenen Finanzierungsfunktion kann ein Unternehmen auf zwei weitere
Funktionen eines Factors zurückgreifen:

- Dienstleistungsfunktion sowie
- Delcredere- bzw. Haftungsfunktion.

Die **Dienstleistungsfunktion** des Factors beinhaltet insbesondere die Übernahme der Debito-
renbuchhaltung, des Mahn- bzw. Inkassowesens
sowie der Bonitätsprüfung von Kunden des Unternehmens.

Wird vom Factor zusätzlich das Ausfallrisiko
der Forderungen für das Unternehmen übernommen, spricht man von sog. **echtem Factoring**.
Damit diese Delcredere- bzw. **Haftungsfunktion**
vom Factor getragen werden kann, muss das Unternehmen sämtliche Forderungsbestände an den
Factor abtreten, um dessen Ausfallrisiko insgesamt zu begrenzen. Für diese Risikoübernahme
erhebt der Factor eine sog. Delcredereprovision.
Kommt es dann zu einem definitiven Forderungs-

ausfall zulasten des Factors, verzichtet dieser bei einem echten Factoring auf Regressansprüche gegenüber dem Unternehmen. Wird dagegen die Haftungsfunktion ausgeschlossen (sog. **unechtes Factoring**), besteht für das Unternehmen grundsätzlich das Risiko, bereits geleistete Zahlungen des Factors aufgrund von Forderungsausfällen erstatten zu müssen. Aus diesem Grund wird hier nur das echte Factoring als eine geeignete Finanzierungsalternative interpretiert.

3.5.3.2 Asset Backed Securities

Eine Verwandtschaft zum Factoring besteht bei den Asset Backed Securities (kurz: ABS bzw. „durch Forderungen besicherte Wertpapiere"), die eine Variante des Forderungsverkaufs zwecks vorzeitiger Erlangung von Zahlungsmitteln darstellen.[12] Bei den Forderungen kann es sich um Kreditforderungen (wie es bspw. für Banken typisch ist) und/oder um Forderungen aus Lieferungen und Leistungen (wie sie bei Industrie- und sonstigen Dienstleistungsunternehmen vielfach vorliegen) handeln. Die Besonderheit bei ABS gegenüber dem Factoring besteht darin, dass

- die Forderungsbestände des Unternehmens (sog. Originator) zu einem „Forderungsportfolio" zusammengestellt und an eine sog. Zweckgesellschaft weiterverkauft werden,
- diese Zweckgesellschaft (auch: Special Purpose Vehicle) die Forderungsbestände in Wertpapiere verbrieft, sie am Kapitalmarkt emittiert und den erzielten Emissionserlös an das Unternehmen (den Originator) weiterleitet, wodurch für dieses der Finanzierungseffekt entsteht.

Folglich sind es letztlich die Erwerber der Wertpapiere, also der ABS, die dem Unternehmen die gewünschten Einzahlungen verschaffen. Hinsichtlich des Forderungsportfolios muss es sich aus Sicht der Zweckgesellschaft um homogene und gegenüber einer großen Vielzahl von Schuldnern bestehende Forderungen handeln, damit eine gewisse Risikodiversifikation stattfindet und negative Konsequenzen durch einzelne

Forderungsausfälle vermieden werden. Diese Diversifikation ist wichtig, um den erwarteten Geldeingang bei Fälligkeit der Forderungen besser prognostizieren zu können und für die Wertpapierkäufer eine gute Bonität zu sichern, von der u. a. auch die Stabilität der Wertpapierkurse abhängt.

Eine „ABS-Finanzierung" vollzieht sich in folgenden Schritten (vgl. Abb. 3.6):

- Das Forderungsportfolio wird regresslos an eine für diese Zwecke gegründete Gesellschaft verkauft (Zweckgesellschaft). Durch diesen Forderungsverkauf geht das Kreditrisiko, analog zum echten Factoring, auf die Zweckgesellschaft über. Die Zweckgesellschaft steht in der Regel rechtlich nicht in Verbindung zum Forderungsverkäufer (dem Unternehmen bzw. Originator). Das Unternehmen ist meistens verpflichtet, die Forderungsverwaltung sowie das Mahnwesen weiter zu führen, was es allerdings gesondert von der Zweckgesellschaft vergütet bekommt.
- Der Kaufpreis für das Forderungsportfolio wird dem erwarteten Ertragswert der Forderungen entsprechen, den die Zweckgesellschaft als Käufer an das Unternehmen zu zahlen hat. Der Ertragswert stellt analog zur Investitionsrechnung den Present Value aller künftig erwarteten Zahlungen aus dem Forderungsportfolio zum Abtretungszeitpunkt dar. Ggf. wird ein gesonderter Risikoabschlag vorgenommen, um mögliche Forderungsausfälle zu berücksichtigen. Alternativ oder ergänzend ist eine zusätzliche Stellung von Sicherheiten durch das Unternehmen möglich.
- Die Zweckgesellschaft finanziert den Kaufpreis aus dem Emissionserlös für die am Kapitalmarkt platzierten Wertpapiere, die in der Regel Schuldverschreibungen darstellen und vielfach in risikogestaffelten Wertpapiertranchen emittiert werden. Hierbei sind zusätzlich liquide Mittel von der Zweckgesellschaft vorzuhalten, um den Anleiheinhabern den Rückkauf der Wertpapiere zu garantieren.
- Die Anleiheinhaber (Wertpapierkäufer) erhalten ihre Zins- und Tilgungszahlungen aus dem Forderungsportfolio, wenn die dahinter-

---

[12]Neben dieser traditionellen Variante, die hier als sog. „True Sale" weiter beschrieben werden soll, existieren sog. synthetische Asset Backed Securities.

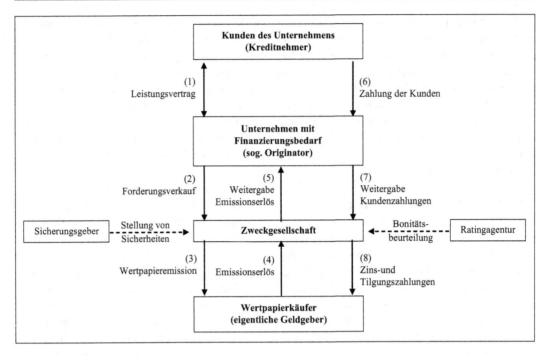

Abb. 3.6 Ablauf einer Finanzierung mittels Asset Backed Securities

stehenden Kunden ihre Verbindlichkeiten gegenüber dem Originator begleichen. Im Fall
von risikogestaffelten Wertpapiertranchen
erhält zunächst der Anleiheinhaber Zahlungen, der über die ranghöchste sog. Senior
Tranche verfügt. Der am wenigsten besicher-
ten Tranche (Junior Tranche oder First Loss
Piece) kommt die Rolle des „Erstverlustträ-
gers" zu, falls das Volumen der Kundenein-
zahlungen an den Originator nicht ausreichen
sollte, es also zu Forderungsausfällen aus der
ursprünglichen Leistungsbeziehung kommt.
Für diese Risikoübernahme bieten Junior
Tranchen eine höhere Verzinsung als die Senior Tranche.

In der Regel wird beim Forderungsverkauf
eine stille Zession vereinbart. Dies bedeutet, dass
der Kunde des Unternehmens seine Verbindlichkeit durch Zahlung an das Unternehmen begleichen wird und dass das Unternehmen den erhaltenen Geldbetrag weiter an die Zweckgesellschaft
zu leiten hat.

Da die wesentliche Sicherheit, die die Zweckgesellschaft den Wertpapierkäufern bietet, in der

Werthaltigkeit des Forderungsportfolios besteht,
erfolgt oftmals eine zusätzliche Sicherheitenstellung, damit die Emission der ABS bzw. der einzelnen Wertpapiertranchen ein gutes Rating erhält. Beispielsweise könnte die Zweckgesellschaft

- mehr Forderungen vom Originator erhalten,
  um ausfallende Forderungen zu ersetzen,
- auf einen bestimmten Prozentsatz der Forderungen eine Warenkreditversicherung abschließen oder
- Avalkredite in Form von Bürgschaften oder Garantien von einem Dritten (bspw. von der Hausbank des Originators) beschaffen, der bei auftretenden Verlusten zum Ausgleich verpflichtet ist.

ABS-Papiere lassen sich in drei Produktkate-
gorien differenzieren:

- Asset Backed Securities im engeren Sinn
  (Verbriefung von Forderungen aus Lieferungen und Leistungen sowie von Forderungen
  aus bislang unverbrieften Finanzierungsver-
  trägen wie Leasing, Kreditkartengeschäft oder
  Konsumentenkredite),

- Collateralized Debt Obligations (Verbriefung von nicht zweckgebundenen Forderungen aus Anleiheemissionen sowie aus klassischer Kreditvergabe) sowie
- Mortgage Backed Securities (Verbriefung von Forderungen aus Hypothekendarlehen, die Kredit nehmenden Unternehmen oder Privatpersonen von Banken angeboten wurden).

Neben der vorzeitigen Liquiditätsbeschaffung hat eine ABS-Finanzierung für das Unternehmen zusätzlich den Vorzug, dass die Bilanz, analog zum Factoring, um Forderungsbestände reduziert wird und die Bilanzstruktur positiv gestaltet werden kann. Aus beiden Vorteilen ergeben sich abgeleitet neue Spielräume, bspw.:

- Verlagerung des Forderungsausfalls auf die Zweckgesellschaft durch regresslosen Verkauf an diese,
- Nutzung der gewonnenen Liquidität für neue Investitionen oder zur verstärkten Kredittilgung, was zudem die Zinsbelastung verringern würde,
- Verbesserung der Bonitätsbeurteilung des Unternehmens durch Ratingagenturen, wodurch sich ggf. künftige Kreditaufnahmen leichter bzw. günstiger realisieren lassen sowie
- ggf. leichterer Kapitalmarktzugang als im Vergleich zu einer Emissionsplanung von klassischen Schuldverschreibungen, die mit hohen Transaktionskosten verbunden sind.

Für die Wertpapierkäufer, vorzugsweise Investmentgesellschaften und Versicherungsunternehmen, bieten Asset Backed Securities insbesondere gegenüber klassischen Schuldverschreibungen folgende mögliche Vorteile:

- Das verbriefte Forderungsportfolio kann zu Wertpapieren mit bester Bonität gestaltet werden und bietet vergleichbare Sicherheit für die Anleger wie bspw. Staatsanleihen bei meistens höherer Verzinsung.
- ABS-Emissionen können dank der Tranchenbildung den Bedürfnissen der Anleger bezüglich Laufzeit, Risiko und Rendite angepasst werden und sind insofern sehr flexibel gestalt-

bar, was auch ihre steigende Bedeutung in der amerikanischen bzw. deutschen Finanzierungspraxis seit den 1970er-bzw. den 1990er-Jahren mit erklärt.

Abschließend ist darauf hinzuweisen, dass ABS-Transaktionen durch eine recht hohe Informationsasymmetrie gekennzeichnet sind: Ein Originator kann die Qualität der an die Zweckgesellschaft abgetretenen Forderungen erheblich besser einschätzen als die Wertpapierkäufer. Da der Originator in der Regel an der Zweckgesellschaft beteiligt ist, kann es zur gezielten Abtretung von aus seiner Sicht riskanten Forderungen kommen. Zudem bezahlt er die Ratingagenturen, was zu unzutreffenden Bonitätsurteilen führen kann. Nicht zuletzt durch das „Wasserfallprinzip" bei der Verteilung der originären Kundenzahlungen an die Inhaber der ABS-Papiere und der Möglichkeit, mehrere Zweckgesellschaften hinter einander zu schalten („Aufbauen von Emissionsstufen"), wird das Instrument „ABS" gerade für nicht institutionelle Geldanleger intransparent und im Einzelfall sogar sehr gefährlich.

3.5.3.3 Weitere Maßnahmen der Vermögensumschichtung

Neben Factoring und ABS stehen Unternehmen weitere Möglichkeiten zur Vermögensumschichtung offen, die alle das Ziel haben, die Liquiditätslage zu optimieren:

- **Liquidation**: Veräußerung nicht (mehr) betriebsnotwendiger Wirtschaftsgüter des Anlage- und/oder Umlaufvermögens (auch: güterwirtschaftliche Liquidität). Das Niveau an erzielten Mittelzuflüssen ist u. a. abhängig von der Art des Vermögensgegenstandes, der Existenz von Sekundärmärkten sowie vom Zeithorizont des Unternehmens, innerhalb dessen eine Liquidation erfolgreich abgeschlossen sein soll. Eine Alternative zur Liquidation stellt die Beleihung von Wirtschaftsgütern dar (sog. verliehene Liquidität). Hierdurch erhält das Unternehmen neue Kredite. Eine gleichzeitige Veräußerung ist dann freilich nicht möglich.

- **Sale-and-Lease-Back**: Hierbei verkauft ein Unternehmen betriebsnotwendige Sachanlagen (bspw. Immobilien, Maschinen, Fuhrpark) an eine Leasinggesellschaft und mietet sie gleichzeitig gegen Zahlung laufender Leasingraten an. Durch den Verkauf erhält das Unternehmen Liquidität, kann aber dennoch die notwendigen Sachanlagen für den eigenen Leistungserstellungsprozess nutzen.
- **Reorganisation des Geschäftsmodells**: Reorganisationsmaßnahmen führen zu einer Veränderung in der Struktur des Leistungserstellungsprozesses in Unternehmen. Sie können eine Folge strategischer Überlegungen (bspw. Aufbau eines neuen Marktsegmentes, Änderung des Zuliefererkonzeptes, Verlagerung von Produktionsstandorten) oder durch kontinuierliche Verbesserungsprozesse innerhalb der gegenwärtigen Unternehmensstruktur (bspw. Ersatz einer Anlage durch ein technisch verbessertes Nachfolgemodell, Reduzierung der Durchlaufzeiten in der Fertigung, Fremdvergabe des Mahnwesens) bedingt sein. Bedenkt man, dass Unternehmen existieren, um mit ihren operativen Leistungen nachhaltig Einkommen zu erzielen, kann man diese Finanzierungsform als originäres bzw. unternehmenstypisches Mittel zur Realisierung von Einkommenszielen betrachten.

Zusammenfassung (zu Teil 3.5)

Innenfinanzierungsmaßnahmen lassen sich in Überschuss- sowie in Umschichtungsfinanzierung gliedern: Überschussfinanzierung knüpft im Kern an verdienten operativen Cashflows aus der laufenden Unternehmenstätigkeit an und versucht die Gesellschafter von einer 100 %igen Barentnahme abzuhalten. Daher beinhaltet die Überschussfinanzierung Maßnahmen, die Auszahlungen aus dem Unternehmensbereich verhindern sollen (Finanzierung durch Auszahlungsverhinderung). Die wichtigsten Maßnahmen zur Auszahlungsverhinderung stellen die Bildung von Gewinnrücklagen, das Ansetzen von Abschreibungen sowie das Zuführen von langfristigen Rückstellungen dar. Die Zweischneidigkeitswirkung von Pensionsrückstellungen (positiver Finanzierungseffekt in der Ansammlungsphase, negative Finanzierungseffekte in der Auszahlungsphase sowie endgültige Finanzierung durch die Eigentümer aufgrund Dividendenkürzung) wird durch ein Fallbeispiel verdeutlicht.

Die wichtigsten Maßnahmen der Umschichtungsfinanzierung stellen das echte Factoring bzw., als dessen modernere Kapitalmarktvariante, die Finanzierung mittels Asset Backed Securities dar. In beiden Fällen geht es um das Umwandeln von Forderungsbeständen in Geldmittel. Zudem kann man alle weiteren Maßnahmen der Vermögensumschichtung wie das Liquidieren nicht betriebsnotwendiger Vermögensgegenstände, Umstrukturierungsmaßnahmen, Working Capital-Management und ähnliches darunter subsumieren. In letzter Konsequenz kann man Innenfinanzierung als einen anderen Namen für all jenes Unternehmertum begreifen, bei dem es um das dauerhafte Realisieren von Einkommen für die Eigentümer und davon abgeleitet auch für alle weiteren Stakeholder geht.

3.6   Wiederholungsfragen

1. Welches Aussehen haben die idealtypischen Merkmale von Eigen- und Fremdkapital? Lösung Abschn. 3.2.
2. Was versteht man unter einer Kapitalerhöhung mittels Ausgabe junger Aktien? Lösung Abschn. 3.2.
3. Welche Schritte sind im Rahmen eines Going Public erforderlich? Lösung Abschn. 3.2.

4. Welche unverbrieften Darlehensformen gibt es? Lösung Abschn. 3.3.

5. Wie lässt sich rechnerisch ein Kreditkauf mit einem Leasingvertrag vergleichen? Lösung Abschn. 3.3.

6. Was versteht man unter einer Schuldverschreibung und welche Sonderformen existieren? Lösung Abschn. 3.3.

7. Welche Merkmale lassen sich für Mezzanine Finanzierungen aufführen? Lösung Abschn. 3.4.

8. Was unterscheidet eine Wandelanleihe von einer Optionsanleihe? Lösung Abschn. 3.4.

9. Für welche Unternehmen stellt Venture Capital eine Finanzierungsalternative dar und welche Komponenten beinhaltet die Vergütung für die Venture Capital-Geber? Lösung Abschn. 3.4.

10. Welche Formen des Crowdfunding lassen sich differenzieren? Lösung Abschn. 3.4.

11. Was versteht man unter offener und stiller Selbstfinanzierung? Lösung Abschn. 3.5.

12. Welche Bedeutung hat die Abschreibungsfinanzierung für eine Steigerung der Periodenkapazität? Lösung Abschn. 3.5.

13. Warum und für wen besitzt eine Finanzierung aus Pensionsrückstellungen einen positiven sowie einen negativen Finanzierungseffekt? Lösung Abschn. 3.5.

14. Welche Unterschiede bestehen zwischen Factoring und Asset Backed Securities (ABS)? Lösung Abschn. 3.5.

3.7 Aufgaben

Aufgabe 1

Die Klausur AG plant eine ordentliche Kapitalerhöhung durch Ausgabe junger Aktien. Folgende Daten sind Ihnen gegeben: Börsenkurs der Alt-Aktien vor Kapitalerhöhung: 300 GE/Aktie, Aktiennennwert: 50 GE/Aktie, Alt-Aktienanzahl: 13,5 Mio. Aktien, Emissionskurs: 200 GE/Aktie, Anzahl neuer Aktien: 4,5 Mio. Aktien, Anzahl Alt-Aktien eines einzelnen Altaktionärs: 600.000 Aktien.

Bestimmen Sie aus Sicht des Altaktionärs

- den Wert seines Aktiendepots nach Kapitalerhöhung, wenn dieser in vollem Umfang an der Kapitalerhöhung teilnimmt sowie

- die zu verkaufende Menge an Bezugsrechten, wenn er sich nur im Rahmen der sog. Operation Blanche bei der Kapitalerhöhung engagiert.

Aufgabe 2

Sie kaufen sich für private Zwecke am 01.01.01 ein Auto auf Kredit. Der Kaufpreis beträgt 30.000,- GE. Ihre Anzahlung beträgt 10.000,-. Der effektive Jahreszinssatz Ihrer Kreditbank ist 4 % p.a. Als monatliche Wunschrate haben Sie exakt 300,- GE festgelegt, die zum Ende eines jeden Monats fällig ist. Der Kredit wird für vier Jahre als Annuitätendarlehen vereinbart. Neben einer Kreditfinanzierung wird Ihnen ein Leasingvertrag ohne Optionen angeboten, wobei die Leasinglaufzeit ebenfalls vier Jahre beträgt. Experten sind der Ansicht, dass man für Ihr Auto nach vier Jahren noch 50 % des Kaufpreises auf dem Gebrauchtmarkt erhält. Es gelten die Annahmen eines vollkommenen Kapitalmarktes. Steuern sind nicht zu berücksichtigen.

Bestimmen Sie

- den Kreditrestbestand nach 48 Monaten für Ihren Wunschkredit mit einer Endwertüberlegung sowie
- jene monatliche Leasingrate, bei der Sie zwischen Kreditfinanzierung und Leasing indifferent wären.

Aufgabe 3

Sie wollen am 01.01.01 an der Börse eine Teilschuldverschreibung mit einem Nominalwert von 10.000,- GE und einer Restlaufzeit von exakt zwei Jahren erwerben. Der aktuelle Kurs beträgt 95 % und die garantierte Nominalverzinsung ist 5 % p.a. bei vierteljährlicher Zinszahlung eines jeden Jahres. Die aktuelle Marktrendite vergleichbarer Obligationen beträgt 7 % p.a.

Bestimmen Sie den effektiven Jahreszinssatz bei einer geplanten Haltedauer von zwei Jahren. Verwenden Sie als Probierzinssätze auf Quartalsbasis 1,25 % sowie 2,5 % pro Quartal.

Aufgabe 4
Ein Mitarbeiter erhält eine Pensionszusage. Erläutern Sie die Finanzierungseffekte in der Ansammlungs- sowie in der Auszahlungsphase falls das Unternehmen für den Mitarbeiter einen internen Ansparvorgang zur späteren Pensionsfinanzierung auslöst. Überlegen Sie, wie sich die Finanzierungseffekte verändern, falls im Unternehmen keine Ansparvorgänge zur Pensionsfinanzierung initiiert würden.

3.8   Lösungen

Aufgabe 1
Wenn der Altaktionär in vollem Umfang an der Kapitalerhöhung teilnimmt, wird über das Bezugsverhältnis BV die Anzahl neuer Aktien, die er erwerben darf, gesteuert. Dieses Verhältnis ergibt sich durch Division der Alt-Aktienanzahl (13.500.000 Aktien) durch die Anzahl neuer Aktien (4.500.000 Aktien). Es beträgt folglich 3:1. Der Altaktionär benötigt demnach drei Alt-Aktien um eine junge Aktie erwerben zu dürfen. Da er über insgesamt 600.000 Alt-Aktien verfügt, kann er sich im Umfang von 200.000 jungen Aktien an der Kapitalerhöhung beteiligen. Da das Management den Ausgabekurs für junge Aktien auf 200 GE/Aktie festgelegt hat, muss der Aktionär im Privatvermögen über 40 Mio. GE Geldmittel verfügen. Nach der Kapitalerhöhung besitzt er dann 800.000 Aktien. Da die jungen Aktien allerdings unterhalb des aktuellen Aktienkurses an der Börse ausgegeben werden, entsteht nach der Kapitalerhöhung zunächst ein geringerer Mischkurs. Dieser bestimmt sich als gewogener Mittelwert aus dem Wert des Eigenkapitals vor Kapitalerhöhung sowie dem durch die Kapitalerhöhung generiertem Emissionsvolumen dividiert durch die neue Aktienanzahl nach erfolgter Eigenfinanzierung:

$$K_m = \frac{a \cdot K_a + n \cdot K_n}{a+n}$$
$$= \frac{13.500.000 \cdot 300 + 4.500.000 \cdot 200}{13.500.000 + 4.500.000}$$
$$= 275 \, GE / Aktie \tag{3.52}$$

Wird der Mischkurs (275 GE/Aktie) mit der neuen Aktienanzahl des Altaktionärs (800.000

Aktien) multipliziert, ist der gesuchte Depotwert bestimmt: 220 Mio. GE.

Zum gleichen Ergebnis gelangt man, wenn man Börsenkurs und Alt-Aktienbestand vor Kapitalerhöhung miteinander multipliziert und sein Investitionsvolumen im Rahmen der Kapitalerhöhung (40 Mio. GE) addiert. Dies impliziert, dass die AG die Kapitalerhöhung für Investitionsprojekte nutzt, die aus Aktionärssicht zumindest einen Kapitalwert von Null versprechen.

Entscheidet sich der Alt-Aktionär für die sog. Operation Blanche, bestimmt man zunächst die Anzahl an neuen Aktien, die er erwerben kann ohne zusätzliches Privatvermögen investieren zu müssen. Hierfür gilt:

$$n_{OB} = \frac{b \cdot WB}{K_n + BV \cdot WB}$$
$$= \frac{600.000 \cdot 25}{200 + 3 \cdot 25} = 54.545 \tag{3.53}$$

Da der Aktionär 600.000 Altaktien hat, besitzt er auch 600.000 Bezugsrechte für den Erwerb junger Aktien zum Emissionspreis von je 200 GE/Aktie. Der rechnerische Wert eines Bezugsrechts (WB) ergibt sich aus der Differenz von Alt-Aktienkurs (300) und neuem Mischkurs (275). Für den Erwerb einer jungen Aktien benötigt man 3 Bezugsrechte. Daher benötigt der Aktionär 163.635 Rechte zum Erwerb von 54.545 neuen Aktien. Bei einem Emissionspreis von 200 GE/Aktie erfordert dies einen Geldeinsatz von 10.909.000,- GE. Diesen Mitteleinsatz generiert der Aktionär durch Verkauf seiner verbleibenden Bezugsrechte (436.365) im Rahmen des Bezugsrechtehandels für 25 GE/Recht, wodurch ein Erlös von 10,9 Mio. GE entsteht.

Aufgabe 2
Im Zeitpunkt t = 0 (01.01.01) entsteht die Kreditaufnahme als Saldo aus Kaufpreis und Anzahlung in Höhe von 20.000,- GE. Um die Restschuld nach genau 4 Jahren bzw. 48 Monaten zu bestimmen, lässt sich eine Endwertüberlegung nutzen, die zwei Fragen beantwortet:

- Angenommen, man hätte ein Darlehen mit Endwerttilgung vereinbart, wie viel müsste man dem Kreditgeber am Ende von 4 Jahren insgesamt zurückzahlen?

- Welchen Endwert hat der Kreditgeber nach Ablauf von 48 Monaten durch die monatliche Rate von 300,- GE bereits vom Kreditnehmer zurückerhalten?

Für die Beantwortung der ersten Frage wird der Kreditbetrag über 4 Jahre mit dem effektiven Jahreszinssatz aufgezinst. Der Endwert bzw. Future Value FV beträgt:

$$FV_T = 20.000 \cdot \left(1 + 0,04\right)^4 = 23.397,17 \quad (3.54)$$

Zur Lösung der zweiten Frage sind die 48 gezahlten Monatsraten mit einem monatlichen Endwertfaktor auf das Ende der 4 Kreditjahre aufzuzinsen. Für den Endwertfaktor EWF wird ein entsprechender effektiver Monatszinssatz benötigt, der sich mittels der Formel für belastungsäquivalente Zinssätze bestimmen lässt:

$$\left(1 + i_{Jahr}\right) = \left(1 + i_{Monat}\right)^{12} \text{ bzw.} = i_{Monat}$$

$$= \left(1 + i_{Jahr}\right)^{\frac{1}{12}} - 1 = 1,04^{\frac{1}{12}} - 1 = 0,003274 \quad (3.55)$$

Das Ergebnis von (3.55) wird in den Endwertfaktor übertragen und dieser mit der laufzeitkonstanten Monatsrate von 300,- GE multipliziert, um den Endwert der geleisteten Ratenzahlen zu bestimmen:

$$FV_T = 300 \cdot EWF\left[0,003274;48\right]$$

$$= 300 \cdot \frac{\left(1,003274\right)^{48} - 1}{0,003274} = 15.565,55 \quad (3.56)$$

Durch Differenzbildung von (3.54) mit (3.56) ist die Restschuld am Ende der Kreditlaufzeit bestimmt: 7831,62 GE.

Um jene monatliche Leasingrate zu bestimmen, bei der Sie zwischen einer Kreditfinanzierung und einem Leasingvertrag indifferent wären, setzen wir die finanziellen Folgen, berechnet auf Basis der Kapitalwertmethode, der beiden Finanzierungsformen gleich und bestimmen abschließend die gesuchte (kritische) Leasingrate. Dabei kann der Kapitalwert der Kreditfinanzierung, wie in Abschn. 3.3.3 erläutert wurde, unter der Fiktion der Eigenfinanzierung bestimmt werden. Im Falle des PKW-Kaufs steht Ihnen zudem nach 4 Jahren der

Liquidationserlös für das Fahrzeug zu. Entsprechend gilt:

$$KW_{Kauf} = -I_0 + L_T \cdot \left(1 + i_{Jahr}\right)^{-4}$$

$$= -30.000 + 15.000 \cdot 1,04^{-4}$$

$$= -17.177,94 \quad (3.57)$$

Für die Leasingvariante sind die noch zu bestimmenden monatlichen und laufzeitkonstanten Leasingraten LR mit einem auf Monatsdaten zu berechnenden Rentenbarwertfaktor RBF auf t = 0 zu diskontieren und zwecks Vergleichbarkeit mit dem Kreditkauf die Anzahlung als in t = 0 zu leistende Leasingsonderzahlung (LSZ) zu berücksichtigen:

$$KW_{Leasing} = -LSZ_0 - LR \cdot RBF\left[0,003274;48\right]$$

$$= -10.000 - LR \cdot \frac{\left(1,003274\right)^{48} - 1}{0,003274\left(1,003274\right)^{48}}$$

$$= -10.000 - LR \cdot 44,35 \quad (3.58)$$

Gleichsetzen von (3.57) und (3.58) sowie abschließendes Umstellen nach der gesuchten Leasingrate LR ergibt folgende Lösung:

$$LR = \frac{-7.177,94}{-44,35} = 161,84 \quad (3.59)$$

Aufgabe 3

Bei einer Schuldverschreibung mit vierteljährlicher Zinszahlung wird die jährliche Zinssumme (hier: 5 % auf 10.000,-) in vier gleich hohe Zahlungsbeträge (125,-) aufgeteilt und zum jeweiligen Quartalsende an den Inhaber der Schuldverschreibung überwiesen. Demnach existieren über die 2-jährige Haltedauer 9 Zahlungszeitpunkte:

- t = 0 (01.01.01): Kauf der Schuldverschreibung für 95 % des Nominalwertes: 9500,-.
- t = 1 bis t = 8 (31.03.01 bis 31.12.02): Laufende Zinszahlungen am Ende eines jeden Quartals in Höhe von jeweils 125,-.
- t = 8 (31.12.02): Rückzahlung des Nominalbetrages vom Schuldner: 10.000,-.

Auf der Grundlage dieser Zahlungsstruktur empfiehlt sich zunächst die Berechnung der Effektivverzinsung auf Quartalsbasis unter Einsatz der Internen

Zinssatz-Methode. Aus Investoren- bzw. Geldanle-
gersicht muss der erste bzw. zweite Probierzinssatz
zunächst zu einem positiven bzw. negativen Kapitalwert führen. Da die Quartalszinsen laufzeitkonstant
sind, kann zur schnelleren Berechnung der Rentenbarwertfaktor RBF genutzt werden.

Der Kapitalwert mit dem ersten Probierzinssatz $i_1 = 1,25\,\%$ ergibt sich dann wie folgt:

$$KW_1 = -9.500 + 125 \cdot RBF\left[0,0125;8\right]$$
$$+10.000 \cdot 1,0125^{-8} = +500 \qquad (3.60)$$

Da der gewählte Probierzinssatz deckungs-
gleich mit dem Nominalzinssatz ist, muss der
Present Value aller künftigen Zins- und Tilgungszahlungen exakt 10.000,- GE betragen. Durch
Saldierung mit der Investitionsauszahlung 9500,-
entsteht der positive Kapitalwert.

Für den Kapitalwert mit dem zweiten Probierzinssatz $i_2 = 2,5\,\%$ erhält man:

$$KW_2 = -9.500 + 125 \cdot RBF\left[0,025;8\right]$$
$$+10.000 \cdot 1,025^{-8} = -396,27 \qquad (3.61)$$

Unter Rückgriff auf die lineare Interpolationsformel aus Abschn. 2.6 erhalten wir:

$$i_{krit} = i_1 + \frac{KW_1 \cdot (i_2 - i_1)}{KW_1 - KW_2}$$
$$= 0,0125 + \frac{500 \cdot (0,025 - 0,0125)}{500 - (-396,27)}$$
$$= 0,019473 \qquad (3.62)$$

Der in (3.62) bestimmte Interne Zinssatz von
rund 1,94 % bezieht sich auf ein Quartal. Zwecks
guter Vergleichbarkeit mit anderen Geldanlagen
ist es in der Praxis üblich, diesen in einen belastungsäquivalenten Jahreszinssatz umzurechnen.
Hierfür gilt (Abschn. 3.3.2):

$$(1 + i_{Jahr}) = (1 + i_{Quartal})^4 \text{ bzw. } i_{Jahr}$$
$$= (1 + i_{Quartal})^4 - 1 = 1,019473^4 - 1$$
$$= 0,0802 \qquad (3.63)$$

Entsprechend (3.63) beträgt der effektive
Jahreszinssatz rund 8 % p.a., den Sie aus dem
Anleihekauf mit zweijähriger Restlaufzeit er-
zielen.

Aufgabe 4
Um die Finanzierungseffekte zu beschreiben,
sollte man ein Unternehmen in einer Gewinnsituation ohne künftiges Wachstum betrachten und
die monetären Folgen im Vergleich zu einer pen-
sionsfreien Firmenumwelt durchdenken: Wird
für einen Mitarbeiter ein interner Ansparvorgang
im Unternehmen ausgelöst, bewirkt dies ceteris
paribus in der Ansammlungsphase eine Reduktion der Gewinnausschüttung an die Eigentümer.
Hieraus resultiert im Unternehmen ein positiver
Finanzierungseffekt, da es zu einem sukzessiven
Anwachsen der Position „Geld und Geldanlage"
auf der Aktivseite der Bilanz kommt. In der folgenden Auszahlungsphase kann das Unternehmen unter Rückgriff auf diese Position die
Pensionszahlungen finanzieren (negativer Finanzierungseffekt, da die Geldbestände anfangen zu
sinken). Für die Eigentümer besteht in dieser
Phase diesbezüglich kein Grund für einen Ausschüttungsverzicht. Das Unternehmen kann die
angesparten Gelder zwischenzeitlich zur Finanzierung anderer Vorhaben verwenden.

Falls ein Unternehmen keinen expliziten Ansparvorgang für einen pensionsberechtigten Mitarbeiter initiiert, könnten die Eigentümer in der
Ansammlungsphase (trotz reduziertem Gewinnausweis) zunächst in unveränderter Höhe weiter
eine Gewinnausschüttung erhalten. Da es dadurch aber nicht zum Aufbau einer Aktivposition
„Geld und Geldanlage" kommt, sind die späteren
Pensionszahlungen ceteris paribus durch redu-
zierte Gewinnausschüttungen an die Eigentümer
zu finanzieren.

Werden Pensionszusagen zusätzlich zum Status quo gewährt, werden diese letztlich immer
von den Eigentümern durch zeitweise Ausschüttungsreduktion finanziert.

Literatur

Achleitner, A.-K., & Nathusius, E. (2004). *Venture Valua-
tion*. Stuttgart: Schäffer-Poeschel.
Becker, H. P., & Peppmeier, A. (2018). *Investition und Fi-
nanzierung* (8. Aufl.). Wiesbaden: Springer.
Bösch, M. (2019). *Finanzwirtschaft* (4. Aufl.). München:
Vahlen.

Brealey, R. A., Myers, S. C., & Allen, F. (2017). *Corporate finance* (12. Aufl.). New York: MacGraw-Hill.

Brealey, R. A., Myers, S. C., & Marcus, A. J. (2018). *Fundamentals of corporate finance* (9. Aufl.). New York: MacGraw-Hill.

Drukarczyk, J. (2003). *Finanzierung* (9. Aufl.). Stuttgart: UTB.

Drukarczyk, J., & Schüler, A. (2016). *Unternehmensbewertung* (7. Aufl.). München: Vahlen.

Kesten, R. (2015). *Finanzierung in Fällen und Lösungen.* Herne: NWB.

Müller, O. (2002). *Mezzanine Finance unter besonderer Berücksichtigung von private Mezzanine in der Schweiz und Europa.* Bamberg: Difo-Druck.

Nelles, M., & Klusemann, M. (2003). Die Bedeutung der Finanzierungsalternative Mezzanine-Capital im Kontext von Basel II für den Mittelstand. *Finanz Betrieb, 1*, 1–10.

Nittka, I. (2000). Informelles Venture Capital und Business Angels. *Finanz Betrieb, 4*, 253–262.

Peemöller, V. H., Geiger, T., & Barchet, H. (2001). Bewertung von Early-Stage-Investments im Rahmen der Venture Capital-Finanzierung. *Finanz Betrieb, 5*, 334–344.

Perridon, L., Steiner, M., & Rathgeber, A. (2017). *Finanzwirtschaft der Unternehmung* (17. Aufl.). München: Vahlen.

Schmidt, R. H., & Terberger, E. (1997). *Grundzüge der Investitions- und Finanzierungstheorie* (4. Aufl.). Wiesbaden: Gabler.

Streit, B., Baar, S., & Hirschfeld, A. (2004). Einsatz von Mezzanine-Kapital zur Unternehmensfinanzierung im Mittelstand. *Buchführung Bilanz Kostenrechnung (BBK), 19*, 899–908.

Wöhe, G., Bilstein, J., Ernst, D., & Häcker, J. (2013). *Grundzüge der Unternehmensfinanzierung* (11. Aufl.). München: Vahlen.

Zantow, R., Dinauer, J., & Schäffler, C. (2016). *Finanzwirtschaft des Unternehmens* (4. Aufl.). Hallbergmoos: Pearson.

Finanzderivate

4

4.1 Überblick und Ziele derivativer Finanzinstrumente

Finanzderivate, ursprünglich als Finanzinnovationen bezeichnet, zeichnen sich im Wesentlichen dadurch aus, dass ihr Preis bzw. ihre Wertentwicklung mittel- oder unmittelbar vom Preis eines zugrunde liegenden Basiswertes (sog. Underlyer) abhängt (derivativ = abgeleitet). Entsprechend steigt oder sinkt der Derivatepreis, wenn sich der Preis des Basiswertes verändert.

Mögliche Basiswerte sind Aktien, Aktienindizes (bspw. DAX), Devisen (fremde Währungen), Zinstitel (Anleihen), Zinsindizes (bspw. REX), Edelmetalle (bspw. Gold) sowie Waren (bspw. landwirtschaftliche Erzeugnisse wie Weizen oder Bodenschätze wie Öl).

Abb. 4.1 gibt einen Überblick über die Grundformen.

Termingeschäfte sind dadurch charakterisiert, dass Vertragspartner bereits heute definitiv vereinbaren, welches Finanzinstrument in der Zukunft der eine Vertragspartner zu liefern und welchen Preis der andere Partner dafür zu zahlen hat. Insofern kann man sagen, dass bereits heute alle entscheidenden Vertragsparameter bzw. alle Rechte und Pflichten zwischen Käufer und Verkäufer eines Derivats feststehen.

Sind beide Vertragspartner (also Käufer und Verkäufer des Derivats) zur Leistungserfüllung aus dem Termingeschäft verpflichtet, spricht man von einem sog. **unbedingten Termingeschäft**: In einem bereits heute abgeschlossenen Vertrag werden die Bedingungen der künftigen Vertragserfüllung fest in einer Weise vereinbart, dass aus dem Recht des einen Vertragspartners analog die Verpflichtung des anderen Partners resultiert. Dieses **symmetrische Vertragsverhältnis** hat zur Folge, dass finanzielle Vorteile des einen zulasten des anderen Vertragspartners gehen.

Beispiel für ein unbedingtes Termingeschäft

Am 01.01. vereinbart ein Industrieunternehmen mit einer Bank als unbedingtes Termingeschäft: In sechs Monaten verkauft das Unternehmen an die Bank 1 Mio. USD (Recht des Unternehmens) und bekommt im Gegenzug am 30.06. von der Bank 1,2 Mio. EUR

© Springer Fachmedien Wiesbaden GmbH, ein Teil von Springer Nature 2020
R. Kesten, *Finanzwirtschaft klipp & klar*, WiWi klipp & klar,
https://doi.org/10.1007/978-3-658-29828-9_4

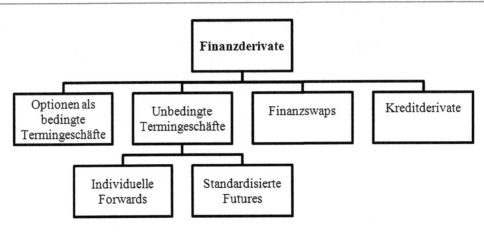

Abb. 4.1 Finanzderivate im Überblick

(Verpflichtung der Bank). Damit wissen beide Seiten bereits heute, was Ende Juni jeweils an den anderen Partner zu leisten ist. Am 30.06. hat nun das Unternehmen die Verpflichtung, der Bank 1 Mio. USD zu liefern, was aus Bankensicht einem Rechtsanspruch auf USD-Belieferung gleichkommt. Insgesamt liegt damit ein symmetrisches Rechte-Pflichten-Verhältnis zwischen den beiden Vertragspartnern vor. Der Gegenwert der an die Bank zu liefernden 1 Mio. USD betrage aufgrund von zwischenzeitlich eingetretenen Wechselkursänderungen am 30.06. 1,5 Mio. EUR. Das deutsche Unternehmen muss nun 1 Mio. USD an die Bank liefern und erhält den vereinbarten Gegenwert von 1,2 Mio. EUR. Ohne das unbedingte Termingeschäft hätte das Unternehmen einen um 0,3 Mio. EUR höheren Erlös aus dem direkten Umtausch der USD am Devisenmarkt erzielt. Aus Sicht der Bank ist dagegen ein Gewinn von 0,3 Mio. EUR entstanden: Für die 1 Mio. USD mussten nur 1,2 Mio. EUR hingegeben werden, obwohl die Dollar aktuell einen Marktwert von 1,5 Mio. EUR haben, den die Bank nun durch Veräußerung am Devisenmarkt realisieren kann. Würde sich der Gegenwert für 1 Mio. USD per 30.06. auf bspw. 1 Mio. EUR reduzieren, hätte das Unternehmen einen Vorteil erzielt. Dank des unbedingten Devisentermingeschäftes kann es unabhängig von der künftigen Wechselkursentwicklung stets mit einem Gegenwert von 1,2 Mio. EUR kalkulieren, was

die Planbarkeit von Ex- und Importaktivitäten mit anderen Währungsräumen erheblich verbessert.

Ein Devisentermingeschäft wird individuell zwischen zwei Vertragsseiten gestaltet, weshalb die Einbettung in einen organisierten Börsenhandel nicht möglich ist. Für diese außerbörsliche Abwicklung hat sich die Bezeichnung „Over The Counter" (OTC) bzw. OTC-Geschäft eingebürgert.

Als Oberbegriff für alle unbedingten und außerbörslichen Termingeschäfte hat sich der Ausdruck **Forward** etabliert.

Von den Forwards abzugrenzen sind die sog. **Futures** bzw. Financial Futures, die ebenfalls zur Gruppe der unbedingten Termingeschäfte gehören, aber als standardisierte Derivate im Rahmen eines Börsenhandels bereits seit 1848 in den USA organisiert sind.

Ist dagegen lediglich der Derivateverkäufer zur Leistungserfüllung verpflichtet, liegt ein sog. **bedingtes Termingeschäft** vor. Letzteres bedeutet aus Sicht des Derivatekäufers, dass dieser über ein Recht gegenüber dem Verkäufer verfügt, Vertragserfüllung zu verlangen falls er von seinem Recht Gebrauch macht. Wenn man ein Recht, aber keine Verpflichtung hat, etwas zu tun, spricht man von einer **Option**: Der Optionskäufer besitzt ein Wahlrecht, einen Basiswert zu bereits heute fixierten Bedingungen künftig zu erwerben oder zu veräußern. Entsprechend existieren aus Käufersicht sog. Kaufoptionen und sog. Verkaufsoptionen, die von einem Optionsverkäufer angeboten werden können. Für den Optionsverkäufer resultiert aus seiner eingegangenen Leistungsverpflichtung, dass er ggf. den Basiswert an den Optionskäufer liefern oder von ihm erwerben muss. Ob der Verkäufer der Option zu reagieren hat, hängt stets vom Verhalten des Optionskäufers ab, weshalb man ihn auch als sog. „Stillhalter" bezeichnet: Der Verkäufer kann nach Abschluss eines Optionsvertrages nur abwarten, aber nicht selbst bzw. unabhängig von einer Aktion des Käufers agieren.

Beispiel für ein bedingtes Termingeschäft

Ein deutsches Unternehmen erwartet in drei Monaten den Eingang eines Umsatzerlöses aus einem Exportgeschäft in Höhe von 1 Mio. USD. Es erwirbt von seiner Bank das Recht, Devisen in drei Monaten zum heute aktuellen Wechselkurs (bspw. 1,20 EUR/ USD) an diese zu verkaufen. Für dieses Verkaufsrecht muss das Unternehmen an die Bank eine sog. Optionsprämie zahlen (Kauf einer Verkaufsoption). Angenommen, der Wechselkurs steigt von heute 1,20 EUR/USD auf 1,50 EUR/USD in drei Monaten, so wird das Unternehmen das Recht auf Devisenverkauf an die Bank zu 1,20 EUR/USD nicht ausüben; denn ein Erlös in Höhe von 1,5 Mio. EUR durch Umtausch der erhaltenen 1 Mio. USD über den Devisen(kassa)markt ist größer als einer bei Ausübung der Verkaufsoption (1,2 Mio. EUR). Sinkt allerdings der Wechselkurs im Zeitablauf von heute 1,20 EUR/USD auf künftig 1,00 EUR/USD, ist die Ausübung der Verkaufsoption gegenüber der Bank sinnvoll: Ein Umtausch der erhaltenen 1 Mio. USD würde am Devisenmarkt nur zu einem Gegenwert in Höhe von 1 Mio. EUR führen; dagegen wäre die Bank als Optionsverkäufer verpflichtet, dem Unternehmen 1,2 Mio. EUR als Gegenleistung für die 1 Mio. USD zu zahlen. In dem letzteren Fall zeigt sich, dass die an die Bank heute zu entrichtende Optionsprämie vergleichbar ist mit einer Versicherungsprämie gegen negative Wechselkursentwicklungen aus Sicht des Exporteurs. Im Beispiel kann dieser nicht mehr als die gezahlte Prämie verlieren.

Unter einem **Finanzswap** versteht man den wechselseitigen Austausch von Zahlungsströmen zwischen zwei Vertragspartnern (to swap = tauschen), durch die insbesondere komparative Kostenvorteile genutzt werden, die sich vornehmlich durch unterschiedliche Bonitätseinschätzungen und abweichende Marktzugangsmöglichkeiten der beteiligten Swap-Partner ergeben. Analog zum Beispiel eines Devisentermingeschäftes handelt es sich bei Finanzswaps um unbedingte Derivategeschäfte mit symmetrischem Rechte-Pflichten-Verhältnis. Allerdings liegt kein Termingeschäft vor. Zu den Finanzswaps zählen Zins-, Währungs- und Kreditswaps. Ihnen allen ist gemeinsam, dass sie außerbörsliche Derivate darstellen, die individuell zwischen den Vertragspartnern vereinbart werden können. Die in der Praxis wichtigste Swapform ist die des Zinsswaps, bei denen es zum Tausch von Zinszahlungen kommt.

Beispiel für einen Zinsswap

Ein Unternehmen hat 10 Mio. GE noch für zwei Jahre zu einem variablen Zinssatz (bspw. EURIBOR) in Floating Rate Notes angelegt. Um künftig erwartete Zinssatzsenkungen auszuschließen, wird mit einer Bank ein zweijähriger Swapvertrag über 10 Mio. GE abgeschlossen, bei dem sich die Bank zur Zahlung fester Zinsen in Höhe von 4 % p.a. verpflichtet. Im Gegenzug leistet das Unternehmen die Zinszahlungen aus der EURIBOR-Geldanlage an die Bank weiter. Aus Sicht des Unternehmens werden variable in feste Zinszahlungen getauscht (sog. Kuponswap). Ist der EURIBOR-Zinssatz nach Abschluss des Vertrages bei 3 % p.a., so erzielt das Unternehmen einen Gewinn aus dem Swap. Steigt der EURIBOR allerdings auf bspw. 6 % p.a., dreht sich der anfängliche Vorteil in einen finanziellen Nachteil für das Unternehmen um. Bei der Bank ist es entsprechend umgekehrt;

ihre Bereitschaft zu diesem Finanzswap wird deshalb in der Erwartung künftig steigender Zinsen liegen.

Kreditderivate dienen der Weitergabe von Ausfallrisiken aus originären Kreditbeziehungen an Dritte. Hat bspw. eine Bank Finanzforderungen, bei denen sie Ausfälle erwartet, so kann sie im Falle eines Schadensereignisses (Credit Event) eine Ausgleichszahlung vom Derivatekontraktpartner verlangen. Hierfür hat sie vorab Prämien zu entrichten. Diese versicherungsähnliche Situation kann durch das Instrument Credit Default Swap realisiert werden, welches in den letzten Jahren eine erhebliche Bedeutung in der Kreditpraxis erlangt hat. In Abschn. 4.6 wird es, gemeinsam mit den Instrumenten Credit Linked Note sowie Total Return Swap, näher erörtert.

Wie die einleitenden Beispiele bereits vermuten lassen, sind Finanzierungsderivate flexibel einsetzbare Instrumente, die folgenden Zwecken dienen können:

- **Hedging**: Absicherung bestehender oder geplanter Vermögensgegenstände (bspw. Wertpapierdepots) gegen Marktrisiken.
- **Spekulation**: Gewinnerzielung aufgrund abweichender Markterwartungen und Realisation eines relativen großen Wertzuwachses des Derivates im Vergleich zu seinem Basiswert (bspw. Wertsteigerung einer Aktienoption im Vergleich zur Kursveränderung der der Option zugrunde liegenden Aktie).
- **Arbitrage**: Ausnutzen von Preisunterschieden zwischen verschiedenen Märkten und Produkten zu einem Zeitpunkt (bspw. Differenzen zwischen dem Markt des Basiswertes und dem Markt des damit korrespondierenden Derivates oder Konditionenvorteile durch Kooperation mit einem anderen Finanzpartner).

Aus Sicht von Unternehmen des Nicht-Finanzsektors hat das Hedging eine praktisch hohe Bedeutung. Der damit verbundene zentrale Vorteil von Derivaten besteht darin, dass ein Unternehmen bspw. seine Aktienbestände

gegen Kurssenkungen absichern oder seine variabel verzinsten Obligationen vor befürchteten Zinssatzsenkungen schützen kann, ohne die Wertpapiere verkaufen zu müssen. Das Unternehmen kann sich also ggf. umfangreiche Vermögensumschichtungen in der Bilanz sowie die damit verbundenen Transaktionskosten (teilweise) ersparen. Da zudem zum Zeitpunkt des Abschlusses eines Derivatekontraktes in der Regel ein schwebendes Geschäft vorliegt, bei dem keine Vertragspartei eine Leistung erbracht hat, werden Finanzierungsderivate vielfach auch als „bilanzunwirksame Geschäfte" bezeichnet.

4.2   Aktienoptionen

Allgemein versteht man unter einer Option einen Vertrag zwischen zwei Parteien (Käufer und Verkäufer einer Option), bei dem der Käufer (Optionsinhaber) gegen Zahlung eines Optionspreises (Optionsprämie) das Recht erwirbt,

- einen bestimmten Basiswert (sog. Underlyer, bspw. Aktie)
- in einer festgelegten Menge (Kontraktvolumen, bspw. 100 Aktien)
- innerhalb einer bestimmten Laufzeit bzw. zu einem festgelegten Termin (Optionslaufzeit bzw. Ausübungstermin)
- zu einem im Voraus vereinbarten Preis (Basis- oder Ausübungspreis)
- zu kaufen (Kaufoption bzw. Call) oder zu verkaufen (Verkaufsoption bzw. Put).

Da die Zeitpunkte von Vertragsabschluss (t = 0) und Erfüllung (t = T) auseinanderfallen, handelt es sich bei Optionen um Termingeschäfte. Sie sind jedoch bedingte Geschäfte, da der Käufer bzw. Inhaber einer Option lediglich das Recht, nicht aber eine Pflicht zur Erfüllung hat. Nimmt der Optionsinhaber sein Recht in Anspruch (auch als „Ausüben einer Option" bezeichnet), ist der Verkäufer verpflichtet, den Basiswert zum vereinbarten Basispreis zu liefern (Kaufoption) bzw. abzunehmen (Verkaufsoption). Für diese Verpflichtung erhält der Optionsverkäufer bereits in

Tab. 4.1 Die vier Grundpositionen bei Optionsverträgen

Vertragsparteien	Kaufoption (Call)	Verkaufsoption (Put)
Käufer (Long-Position)	Recht auf Kauf des Basiswertes zum in t = 0 festgelegten Basispreis sog. Long Call	Recht auf Verkauf des Basiswertes zum in t = 0 festgelegten Basispreis sog. Long Put
Verkäufer (Short-Position)	Pflicht, den Basiswert zum in t = 0 festgelegten Basispreis zu verkaufen sog. Short Call	Pflicht, den Basiswert zum in t = 0 festgelegten Basispreis zu kaufen sog. Short Put

t = 0 vom Optionskäufer die Optionsprämie. Darf der Optionsinhaber während der gesamten Optionslaufzeit sein Recht wahrnehmen, spricht man von einer „amerikanischen Option". Besteht das Ausübungsrecht lediglich am Ende der Optionslaufzeit, also lediglich zu einem vorab festgelegten Ausübungstermin, liegt eine „europäische Option" vor.

Grundpositionen von Optionskontrakten
Insgesamt können vier Grundpositionen im Rahmen von Optionsverträgen unterschieden werden (Tab. 4.1):

- **Long Call**: Dem Optionsinhaber ist es gestattet, den Basiswert (Aktie) zum vorab fixierten Basispreis zu erwerben, wenn er dies wünscht. Von dieser Möglichkeit wird der Inhaber dann Gebrauch machen, wenn er während der Optionslaufzeit einen Wertzuwachs des Basiswertes am Markt beobachtet (Erwartung steigender Kurse). Wird seine Erwartung enttäuscht, wird er die Option nicht ausüben bzw. verfallen lassen. Er erleidet dann einen (maximalen) Verlust in Höhe der in t = 0 an den Optionsverkäufer entrichteten Optionsprämie. Sollten sich seine Erwartungen jedoch erfüllen, wird sein Gewinn umso höher ausfallen, je stärker der Kursanstieg des Basiswertes ausfällt.
- **Short Call**: Damit ein Long Call gekauft werden kann, muss es einen Call-Verkäufer geben. Ein Verkäufer wird sich nur dann zu einem solchen Optionsangebot entschließen, wenn er über die künftige Wertentwicklung des Basiswertes eine andere Erwartung hat, d. h. er spekuliert auf künftig sinkende bzw. stagnierende Kurse. Für sein Optionsangebot verlangt er bei Vertragsabschluss die sog. Optionsprämie, die für ihn einen sicheren Erlös darstellt. Ob es bei diesem Überschuss am Ende der Optionslaufzeit bleibt, hängt von der künftigen Kursentwicklung ab: Im Falle einer positiven Kursbewegung muss er damit rechnen, dass der Optionskäufer seine Option ausübt. In diesem Fall ist der Verkäufer verpflichtet, den Basiswert zum vereinbarten Bezugspreis zu liefern bzw. an den Käufer zu verkaufen. In einer solchen Situation droht ihm ein Verlust, falls der Unterschied zwischen aktuellem (höheren) Kurs und Basispreis den Betrag der Optionsprämie übersteigt. Im Fall stagnierender oder sinkender Kurse wird der Optionsinhaber sein Ausübungsrecht verfallen lassen und der Optionsverkäufer erzielt in Höhe der Optionsprämie einen endgültigen Gewinn.
- **Long Put**: Dem Optionsinhaber ist es gestattet, den Basiswert (Aktie) zum vorab fixierten Basispreis zu verkaufen, wenn er dies wünscht. Von dieser Möglichkeit wird der Inhaber dann Gebrauch machen, wenn er während der Optionslaufzeit einen Wertverlust des Basiswertes am Markt beobachtet (Erwartung fallender Kurse). Wird seine Erwartung enttäuscht, wird er die Option nicht ausüben bzw. verfallen lassen. Er erleidet dann einen (maximalen) Verlust in Höhe der in t = 0 an den Optionsverkäufer entrichteten Optionsprämie. Sollten sich seine Erwartungen jedoch erfüllen, wird sein Gewinn umo höher ausfallen, je deutlicher der Kursrückgang des Basiswertes ausfällt.
- **Short Put**: Damit ein Long Put erworben werden kann, muss es einen Put-Verkäufer geben. Ein Verkäufer wird sich nur dann zu einem solchen Optionsangebot entschließen, wenn er über die künftige Wertentwicklung des Basiswertes eine andere Erwartung hat, d. h. er spekuliert auf künftig steigende bzw. stagnierende Kurse. Für sein Optionsangebot ver-

langt er bei Vertragsabschluss die sog. Optionsprämie, die für ihn einen sicheren Erlös darstellt. Ob es bei diesem Überschuss am Ende der Optionslaufzeit bleibt, hängt von der künftigen Kursentwicklung ab: Im Falle einer negativen Kursbewegung muss er damit rechnen, dass der Optionskäufer seine Option ausübt. In diesem Fall ist der Verkäufer verpflichtet, den Basiswert zum vereinbarten Bezugspreis vom Optionskäufer abzunehmen bzw. zu erwerben. In einer solchen Situation droht ihm ein Verlust, falls der Unterschied zwischen Basispreis und aktuellem (geringeren) Kurs den Betrag der Optionsprämie übersteigt. Im Fall stagnierender oder steigender Kurse wird der Optionsinhaber sein Verkaufsrecht verfallen lassen und der Optionsverkäufer erzielt in Höhe der Optionsprämie einen endgültigen Gewinn.

Zusammenfassend ist festzuhalten, dass der maximale Verlust (Gewinn) beim Optionskäufer (Optionsverkäufer) auf die Höhe der Optionsprämie bei beiden Optionsformen begrenzt ist. Dagegen bestehen recht umfangreiche Gewinnchancen (Verlustgefahren) beim Optionskäufer (Optionsverkäufer), wenn sich die Erwartungen des Inhabers der Option erfüllen sollten. Neben einem asymmetrischen Rechte-Pflichten-Verhältnis liegt demnach auch ein asymmetrisches Gewinn-Verlust-Verhältnis zwischen Käufer und Verkäufer von Optionskontrakten vor.

Anhand von Aktienoptionen, die in der Derivatepraxis eine hohe Popularität aufweisen, sollen die Grundpositionen bei Optionsgeschäften mittels zwei Beispielen anhand europäischer Kontrakte verdeutlicht werden.

Beispiel für eine Kaufoption auf Aktien (Call)

Ein Anleger verfügt über 20.000,- GE und möchte diese für drei Monate (t = T) riskant investieren, wobei er zwei Investitionsalternativen abwägt: Er könnte heute (t = 0) 1000 Aktien einer börsennotierten AG zum aktuellen Kurs von 20 GE/Aktie erwerben. Alternativ könnte er eine Kaufoption abschließen, mit der er das Recht erwirbt, Aktien der betrachte-

ten AG zum Basispreis von 15 GE/Aktie in t = T zu kaufen. Für dieses Recht ist in t = 0 eine Optionsprämie von 5 GE/Aktie zu zahlen. Folglich kann er 4000 Calls erwerben, die zum Bezug von 4000 Aktien berechtigen, wobei in der Praxis zumeist ein Optionskontrakt über mindestens 100 Aktien abgeschlossen wird. Das heißt, der betrachtete Anleger könnte in 40 Kontrakte investieren.

Seiner Ansicht nach bestehen gute Chancen auf einen kurzfristigen Kursanstieg. Allerdings kann die Aktie auch auf ihrem bisherigen Niveau verharren oder sogar sinken. Daher durchdenkt er drei Szenarien für den Aktienkurs in t = T: (a) Kurs von 15 GE/Aktie, (b) Kurs von 20 GE/Aktie sowie (c) Kurs von 25 GE/Aktie. Tab. 4.2 verdeutlicht den Sachverhalt, wobei wir Gebühren, Steuern, anfallende Finanzierungskosten für die Geldbeschaffung bzw. die Zeitpräferenz des Geldes vernachlässigen.

Entsprechend Tab. 4.2 würde das Szenario (c) dem Anleger sowohl beim Aktien- als auch beim Optionserwerb einen Gewinn bringen. Beim Aktienerwerb besteht der Gewinn (+5000,-) im Anstieg des Aktienwertes von insgesamt 20.000,- auf 25.000,-. Würde der Anleger aber einen Call in t = 0 erwerben, wird er einen vierfachen Gewinn (+20.000,-) machen: In t = 0 zahlt er 20.000,- an den Optionsverkäufer und übt in t = T seine Option auf Aktienbezug zum Preis von 15 GE/Aktie aus, die er dann zum aktuellen Kurs von 25 GE/Aktie gleich wieder verkauft. Hierdurch wächst in t = T sein Geldvermögen um 40.000,- und nach Abzug der Investitionsauszahlung (Optionsprämie) hat er einen endgültigen Überschuss von 20.000,- erzielt. Gegenüber dem Aktiendirektkauf ermöglicht der Kauf von Aktienoptionen einen sog. Hebeleffekt. Wie man aber ebenfalls anhand von 64 erkennen kann, dreht sich dieser Effekt bei fallenden Kursen in einen finanziellen Nachteil um: Sollte der Aktienkurs in t = T lediglich auf dem Niveau des Basispreises liegen (Szenario (a)), erleidet ein Inhaber von Aktien-Calls einen Totalverlust seines Investitionsbetrages. Für Aktienbesitzer fällt der Verlust geringer aus. Zudem kann ein

Tab. 4.2 Vergleich der Investitionsalternativen „Aktienkauf" und „Erwerb Kaufoption"

Zeitpunkte t	Aktienkurse in t	Handlungsalternativen: Investition von 20.000,- GE		
		Erwerb von Aktien	Erwerb von Kaufoptionen	
Entscheidungszeitpunkt t = 0	20 GE/Aktie	Kauf von 1000 Aktien	Kauf von 4000 Calls zu je 5 GE/Call (Basispreis: 15 GE/Aktie)	
Ausübungs- bzw. Verkaufstermin t = T	Kursszenarien	Gewinn/Verlust-Situation bei		
		Aktienverkauf	Ausübung der Option	Verzicht auf Optionsausübung
	(a) 15 GE/ Aktie	– 5000,-	– 20.000,-	– 20.000,-
	(b) 20 GE/ Aktie	+/– 0,-	+/– 0,-	– 20.000,-
	(c) 25 GE/ Aktie	+ 5000,-	+ 20.000,-	– 20.000,-

Aktienbesitzer seinen Verkauf verschieben und auf steigende Kurse warten. Ein Optionsinhaber müsste erst zum Basispreis Aktien kaufen, um analog zum Aktienbesitzer von ggf. künftig wieder steigenden Kursen profitieren zu können. Dies würde aber eine zusätzliche Investitionsauszahlung erfordern (im Beispiel 60.000,-), so dass einem insgesamt investierten Geldbetrag von 80.000,- ein aktueller Aktiengegenwert in t = T von nur 60.000,- (vgl. Szenario (a)) gegenüberstehen würden. Daher wird in einer solchen Situation, die bei unveränderter Verlustsituation einen zusätzlichen Mittelzufluss voraussetzt, auf die Optionsausübung verzichtet, was den Totalverlust definitiv werden lässt.

In der Abb. 4.2 wird das Cash-Flow-Profil eines einzelnen Calls aus Sicht des Optionskäufers in Abhängigkeit des Aktienkurses anhand der Beispieldaten dargestellt.

Spiegelbildlich stellt sich für die betrachtete Kaufoption die Situation aus Sicht des Verkäufers dar (vgl. Abb. 4.3): Sein Gewinn ist nach oben auf die erhaltene Optionsprämie limitiert. Im Falle eines Kursanstiegs der Aktie über den vereinbarten Basispreis würde sein endgültiger Überschuss sukzessiv reduziert und kann negativ werden. Sollte der Aktienkurs am Ausübungstag bspw. bei 20 GE/Aktie oder darüber liegen, müsste der Stillhalter zum aktuellen Kurs Aktien beschaffen und zu 15 GE/Aktie an den Optionsinhaber weiterleiten.

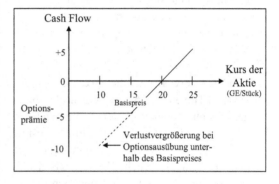

Abb. 4.2 Cash-Flow-Profil im Beispiel für einen Call aus Käufersicht

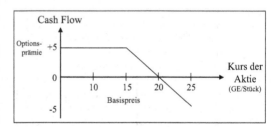

Abb. 4.3 Cash-Flow-Profil im Beispiel für einen Call aus Verkäufersicht

Beispiel für eine Verkaufsoption auf Aktien (Put)

Ein Anleger besitzt 1000 Aktien an einer börsennotierten AG. Der aktuelle Aktienkurs sei 28 GE/Aktie. Der Anleger befürchtet in den nächsten drei Monaten einen Kursrückgang und möchte sich vor diesem Risiko schützen.

Entsprechend erwirbt er heute (t = 0) zehn Ver-
kaufsoptionskontrakte (sog. Puts) mit einer
dreimonatigen Laufzeit, wobei ein Kontrakt
das Verkaufsrecht von 100 Aktien beinhaltet.
Die Option darf nur bei Laufzeitende ausgeübt
werden (sog. europäische Option). Den Verkaufsoptionen liegt ein Basispreis für die Aktie
(Underlyer) von 27,50 GE/Aktie zugrunde. Als
Optionsprämie hat er in t = 0 100,- GE pro
Put-Kontrakt bzw. 1000,- GE für die gesamte
Kurssicherungsmaßnahme. Transaktionskosten
und Steuern werden vernachlässigt. In Abb. 4.4
wird der Aktiendepotwert des Anlegers (abzüglich der Auszahlung für die Absicherungsstrate-
gie) in Abhängigkeit vom Aktienkurs, der sich
in drei Monaten einstellen könnte, dargestellt.
Dabei wird sowohl der Depotwert mit als auch
ohne Hedgingmaßnahme verdeutlicht.

Entsprechend Abb. 4.4 kann er sich einen
Mindestdepotwert im Falle sinkender Aktienkurse in Höhe von 26.500,- GE nach Abzug
der zu entrichtenden Optionsprämie sichern.
Würde der Aktienkurs in drei Monaten bspw.
bei 25 GE/Aktie liegen, wäre sein Depotwert
ohne Hedging lediglich 25.000,- GE. Dank
der Ausübung seiner Verkaufsoptionen verlas-

sen Aktien im Wert von 25.000,- GE sein Depot und er erhält eine Wertgutschrift in Höhe
des Basispreises je Aktie, insgesamt damit
27.500,- GE. Nach Abzug der bereits gezahlten Prämie von 1000,- GE hält er in t = T einen
Depotwert von 26.500,- GE. Im Vergleich zur
Situation ohne Absicherung hat er einen Ver-
mögensverlust von 1500,- GE verhindert.

Anders stellt sich der Sachverhalt dar für
künftige Aktienkurse, die über 26,50 GE/Ak-
tie liegen: Angenommen, der künftige Kurs
wäre 30 GE/Aktie. Falls die Verlaufsoption
vom Anleger ausgeübt würde, tauscht er
30.000,- GE für eine Gegenleistung von
27.500,- GE ein. Abzüglich der gezahlten Optionsprämie an den Optionsverkäufer würde
er wieder über einen Depotwert von 26.500,-
GE verfügen. Verzichtet er auf eine Ausübung,
hat er dagegen einen Depotwert (abzüglich
Optionsprämie) von 29.000,- GE erzielt.

Verkaufsoptionen sind aus Sicht von Opti-
onskäufern, die zum Zeitpunkt des Options-
kaufs über Wertpapierbestände verfügen, als
Versicherungen gegen künftige Kursverluste
interpretierbar. Analog zu einem Call (Kaufoption) ist es auch bei Puts üblich, die options-

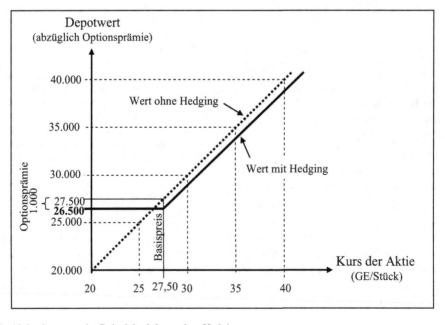

Abb. 4.4 Aktiendepotwert im Beispiel mit bzw. ohne Hedging

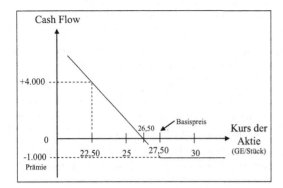

Abb. 4.5 Cash Flow-Profil einer Verkaufsoption aus Sicht des Optionskäufers

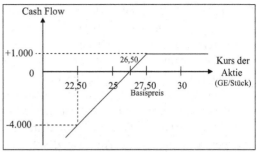

Abb. 4.6 Cash Flow-Profil einer Verkaufsoption aus Sicht des Optionsverkäufers

bedingten Cashflows bzw. Depotwertänderungen aus Käufersicht in Abhängigkeit zum Aktienkurs darzustellen (vgl. Abb. 4.5). Es zeigt sich, dass der Depotwert des Käufers bei ansteigenden Kursen maximal um 1000,- GE (also in Höhe der entrichteten Optionsprämie) abnehmen kann. Anders dagegen bei fallenden Aktienkursen. Betrachten wir bspw. am Ende der Optionslaufzeit einen Aktienkurs von 22,50 GE/Aktie, so nimmt der Optionsinhaber seine Verkaufsmöglichkeit wahr: Er erhält den garantierten Basispreis (27,50 GE/Aktie) durch Verkauf seiner Aktien an den Optionsverkäufer zum aktuellen Kurs (22,50 GE/Aktie). Pro Aktie erzielt er einen Überschuss von 5 GE/Aktie, insgesamt also 5000,- GE. Nach Abzug der bereits gezahlten Optionsprämie wird sein Depotwert bzw. sein Geldvermögen letztlich um 4000,- GE erhöht. Im Beispiel besitzt der betrachtete Anleger bereits in t = 0 Aktien. Alternativ würde sich für einen Anleger ein Überschuss von 4000,- GE ergeben, wenn er erst am Ende der Optionslaufzeit Aktien der betrachteten AG für 22,50 GE/Aktie erwirbt und dann seine in t = 0 erworbene Verkaufsoption ausübt.

In Abb. 4.6 wird das Cashflow-Profil aus Sicht des Optionsverkäufers dargestellt: Es zeigt sich, dass der Stillhalter einen maximalen Überschuss in Höhe der an ihn fließenden Optionsprämie erzielen kann, sofern der Aktienkurs am Ende der Optionslaufzeit nicht unter den vereinbarten Basispreis (27,50 GE/Aktie) absinkt. Bei Kursen unter 26,50 GE/

Aktie würde er einen endgültigen Verlust aus der Transaktion erleiden.

Theoretisch kann der Käufer bzw. Verkäufer eines Puts einen maximalen Gewinn bzw. maximalen Verlust erleiden, wenn der Aktienkurs auf null absinkt. Mit den Beispieldaten würde sich ein Gewinn bzw. Verlust von 26.500,- GE ergeben. Aus Käufersicht entspricht dieser Gewinn zugleich seinem am Ende der Optionslaufzeit erreichbaren Depotwert.

Preisbildung von Aktienoptionen

Ein Optionskäufer erwirbt gegen Zahlung einer Optionsprämie ein Recht vom Optionsverkäufer. Dieser in einem Zeitpunkt zu entrichtende Marktpreis für eine Option (OP) besteht aus zwei Komponenten,

- dem sog. Inneren Wert (IW) sowie
- dem sog. Zeitwert (ZW).

$$OP = IW + ZW \qquad (4.1)$$

Betrachten wir vereinfacht eine Kaufoption, die je Call zum Kauf einer Aktie berechtigt, so gilt: Der **Innere Wert** (IW) zeigt an, um wie viel es aktuell günstiger ist, die Aktie per Kaufoption anstatt direkt über die Aktienbörse zu erwerben. Notiert eine Aktie bspw. zu einem Kurs (K) von 20 GE/Aktie und gilt als Basis- bzw. Ausübungspreis (A) für einen Call auf diese Aktie bspw. ein Betrag von 15 GE/Aktie, so kann ein Call-Inhaber durch Ausübung seines Rechtes einen Vorteil von 5 GE/Aktie erzielen. Würde die betrachtete Option zu einem geringeren Wert als 5 GE/Call notieren, bspw. bei 3 GE/Call, ergäbe sich ein sicherer

Gewinn von letztlich 2 GE/Aktie: Kauf des Calls (−3 GE), Ausübung des Rechts auf Aktienbezug zu 15 GE/Aktie (−15 GE) und sofortiger Aktienverkauf zum aktuellen Kurs (+20 GE). Da jeder Marktteilnehmer diese Arbitragemöglichkeit erkennt, kommt es solange zu einer verstärkten Nachfrage nach dem Call und damit zu einem Preisanstieg der Option, bis diese Wechselstrategie finanziell nicht mehr lohnt. Am Ende des Anpassungsprozesses wird der Optionspreis bei mindestens 5 GE/Call liegen. Weist die Option aktuell einen positiven Wert auf, gilt sie als „in the money" („im Geld"). Würde dagegen der aktuelle Aktienkurs nur 10 GE/Aktie betragen, wäre das Ausüben der betrachteten Kaufoption ökonomisch sinnlos: Niemand würde für ein Recht auf Aktienbezug einen Preis zahlen, wenn er bei Optionsausübung mehr für die Aktie (Ausübungspreis 15 GE/Aktie) als am Aktienmarkt (10 GE/Aktie) entrichten muss. Da die Option vom Inhaber nicht ausgeübt werden muss, wird er auf eine Ausübung verzichten. Der Preis der Option muss in einer solchen Situation Null sein; sie gilt als „out of the money" („aus dem Geld"). Folglich sind negative Optionspreise logisch ausgeschlossen und es gilt allgemein für den inneren Wert eines Calls (IW_C):

$$IW_C = K - A \text{ für } K > A, \text{ sonst: } 0 \qquad (4.2)$$

Spiegelbildlich ist für den Erwerb einer Verkaufsoption (Put) zu argumentieren: Wenn der Put das Recht beinhaltet, eine Aktie für 15 GE/Aktie verkaufen zu dürfen, macht dies für den Optionsinhaber nur dann Sinn, wenn man sie am Aktienmarkt aktuell günstiger beschaffen kann, bspw. für 10 GE/Aktie. In einer solchen Situation würde die Nachfrage nach dem Put mindestens auf ein Niveau ansteigen, bis die mit einer Verkaufsoption verknüpfte Wechselstrategie (Kauf eines Puts, günstiger Aktienkauf und vorteilhafterer Weiterverkauf an den Stillhalter) keinen Vorteil mehr in einem Zeitpunkt aufweisen würde. Sollte aber der Aktienkurs über dem Ausübungspreis (15 GE/Aktie) liegen, wird niemand sein Recht auf Aktienverkauf ausüben, da die Aktienbeschaffung teurer als der Erlös, den der Stillhalter bietet, kommt. Der Put wäre aktuell wertlos bzw. „out of the money". Damit gilt allgemein für den inneren Wert eines Puts (IW_P):

$$IW_P = A - K \text{ für } K < A, \text{ sonst : } 0 \qquad (4.3)$$

Neben den zu einem Zeitpunkt bestehende innere Wert tritt allerdings noch eine zeitliche Wertkomponente, der sog. **Zeitwert**: Aktien verändern ihre Kurse börsentäglich bzw. permanent. Daher kann nicht ausgeschlossen werden, dass sich der Aktienkurs innerhalb der noch verbleibenden Optionslaufzeit in einer Weise entwickelt, die positiv auf den aktuellen Optionspreis am Markt wirkt:

• Für eine Kaufoption signalisiert ein positiver Zeitwert die Chance bzw. die Erwartung der Marktteilnehmer, dass der Aktienkurs in der verbleibenden Restlaufzeit des Calls wieder bzw. weiter steigt.
• Für eine Verkaufsoption signalisiert ein positiver Zeitwert die Chance bzw. die Erwartung der Marktteilnehmer, dass der Aktienkurs in der verbleibenden Restlaufzeit des Calls wieder bzw. weiter sinkt.

Für diese Chance sind Optionskäufer bereit, einen Aufschlag auf den aktuellen inneren Wert zu zahlen. Gegen Ende der Restlaufzeit der Option bzw. am Verfallstag ist der Zeitwert null. Es lässt sich beobachten, dass der Zeitwert bei gegebener Optionslaufzeit dann am größten ist, wenn die Option „am Geld" („at the money") notiert. Dies ist dann der Fall, wenn der aktuelle Aktienkurs auf dem Niveau des Basispreises, zu dem die Option ausgeübt werden darf, notiert. Abb. 4.7 verdeutlicht das Zusammenwirken beider Wertkomponenten anhand eines Calls auf Aktien.

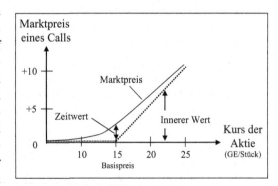

Abb. 4.7 Optionsprämie für einen Call und seine Wertkomponenten

Zusammenfassung (zu Teil 4.2)

Aktienoptionen zählen zu den sog. bedingten Termingeschäften und haben in der Derivatepraxis eine hohe Bedeutung. Es lassen sich grundsätzlich zwei Arten von Optionskontrakten aus Käufersicht unterscheiden: Besitzt ein Optionskäufer das Recht, Aktien in einem künftigen Zeitpunkt zu einem bereits heute vereinbarten Preis kaufen zu dürfen, liegt ein sog. Call vor. Ein Besitzer eines Calls erwartet steigende Aktienkurse. Besitzt ein Optionskäufer das Recht, Aktien in einem künftigen Zeitpunkt zu einem bereits heute vereinbarten Preis verkaufen zu dürfen, liegt ein sog. Put vor. Ein Besitzer eines Puts erwartet sinkende Aktienkurse. Die Funktionsweise beider Optionsarten wird anhand vereinfachter Beispielfälle erläutert.

Zudem werden die beiden Wert- bzw. Preiskomponenten von Aktienoptionen am Kapitalmarkt vorgestellt: Der Innere Wert ist entweder Null oder stellt die positive Differenz zwischen aktuellem Aktienkurs und Ausübungspreis der Option dar. Verbleibt zwischen dem an der Börse beobachtbaren Optionspreis und dem Inneren Wert eine Differenz, wird dies als Zeitwert bezeichnet: Optionen haben eine begrenzte Laufzeit und sind danach grundsätzlich wertlos. Wenn eine Option noch recht weit vom eigenen Laufzeitende entfernt ist, sind Investoren ggf. bereit über den Inneren Wert hinaus noch mehr für eine Option zu bieten, da sich die der Option zugrunde liegende Aktie dem Investoreninteresse entsprechend noch entwickeln kann. Der Zeitwert signalisiert also Chancen für den Investor auf noch möglichst günstige Aktienkursentwicklungen.

4.3   Forward Rate Agreement

Unter einem Forward Rate Agreement (FRA) versteht man ein Termingeschäft auf einen Zinssatz. Zwei Parteien legen zum heutigen Zeitpunkt (t = 0)

- einen Zinssatz (den sog. FRA-Satz) fest,
- der nach einer bestimmten Vorlaufperiode (von t = 0 bis t = 1)
- für die Dauer einer bestimmten Referenz- bzw. FRA-Periode (vovn t = 1 bis t = 2), in der der FRA-Satz garantiert wird,
- für einen im Voraus festgelegten Nominalbetrag gilt.

Die Länge der Referenzperiode wird meist gemeinsam mit dem FRA-Satz angegeben und in Monaten ausgedrückt. So zeigt bspw. die Angabe „FRA-Satz 6 × 12", ausgehend von t = 0, an, dass die Referenzperiode in sechs Monaten beginnt und nach zwölf Monaten endet. Forward Rate Agreements haben in der Regel eine maximale Gesamtlaufzeit von bis zu zwei Jahren. Bevorzugt werden aber vielfach Laufzeiten innerhalb eines Kalenderjahres. Abb. 4.8 verdeutlicht die zeitliche Struktur.

Bei der Festlegung des FRA-Satzes orientiert man sich an einem Referenzzinssatz am Markt (bspw. EURIBOR). Liegt am Ende der (t = 1) der dann geltende Referenzzinssatz über oder unter dem zuvor vereinbarten FRA-Satz, werden Zinsausgleichszahlungen fällig, die dem Barwert der Zinsdifferenzen über die vereinbarte FRA-Periode entsprechen. Sollte der Referenzzinssatz über dem FRA-Satz liegen, leistet der Verkäufer des FRA (bspw. eine Bank) die Ausgleichszahlung an den FRA-Käufer (bspw. ein Industrieunternehmen); ansonsten zahlt der Käufer an den Verkäufer des Agreements.

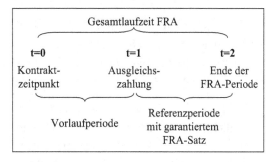

Abb. 4.8 Zeitliche Struktur eines Forward Rate Agreements (FRA)

Ein Unternehmen benötigt in sechs Monaten (t = 1) einen Kredit über 10 Mio. GE für eine sechsmonatige Laufzeit (t = 2). Als Kreditzinssatz würde der 6-Monats-EURIBOR in t = 1 vereinbart. Da mit kurzfristig steigenden Zinsen gerechnet wird, möchte sich das Unternehmen bereits heute (t = 0) absichern und damit das aktuell günstig erscheinende Zinsniveau „einfrieren". Daher kauft das Unternehmen ein Forward Rate Agreement „6 Monate gegen 12 Monate" (kurz: „FRA-Satz 6 × 12"). Als Festzinssatz wird der 6-Monats-EURIBOR (aktuell 4 % p.a.) zuzüglich eines Aufschlages von 0,25 % p.a. mit einem FRA-Verkäufer (bspw. Hausbank) vereinbart. Der FRA-Satz (i_{FRA}) beträgt damit 4,25 % p.a. Am sog. Fixingtag (t = 1), zu dem die Ausgleichszahlung berechnet wird, beträgt der EURIBOR (i_{EUR}), zu dem sich das Unternehmen verschulden könnte, für sechs Folgemonate 5 % p.a. Damit erhält das Unternehmen für die Referenzperiode (RP) von 6 Monaten bzw. von 180 Tagen vom FRA-Verkäufer die Zinssatzdifferenz von 0,75 % p.a. in t = 1 erstattet bzw. die Verteuerung der in t = 1 bestehenden Kreditkonditionen ausgeglichen. Die Ausgleichszahlung in t = 1 (A_1) stellt einen Barwert der Zinsdifferenz, bezogen auf das nominale Kontraktvolumen (K_0) von 10 Mio. GE, dar. Formal:

$$A_1 = \frac{\left(i_{EUR} - i_{FRA}\right) \cdot K_0 \cdot \dfrac{RP}{360}}{\left(1 + i_{EUR} \cdot \dfrac{RP}{360}\right)}$$

$$= \frac{+0,0075 \cdot 10.000.000 \cdot 0,5}{1,025} \approx 36.585,36\,\text{GE}$$

(4.4)

Entsprechend (4.4) würde das Unternehmen eine Zahlung zu Beginn der Referenzperiode in Höhe von rund 36.585,- GE von seiner Bank erhalten. Nimmt das Unternehmen nun wie geplant in t = 1 einen kurzfristigen Kredit über sechs Monate zum EURIBOR zuzüglich eines Aufschlags von 0,25 % p.a. auf, hat es in t = 2 5,25 % Zinsen für die Kreditdauer zu zahlen (mit den Beispieldaten: 262.500,-) und damit 50.000,- GE mehr als

bei einem EURIBOR-Niveau zum Kontraktzeitpunkt (t = 0). Die in t = 1 erhaltene Ausgleichszahlung kann das Unternehmen ebenfalls zum neuen EURIBOR (5 % p.a.) bis t = 2 anlegen und verfügt dann über einen Betrag von 37.500,- GE, mit dem es den aus der Kreditaufnahme resultierenden höheren Zinsaufwand teilweise kompensieren kann. Hätte das Unternehmen keinen Zuschlag beim Abschluss des FRA-Vertrages hinnehmen müssen, würden sich der höhere kreditbedingte Zinsaufwand sowie der Betrag aus der halbjährigen Anlage der Ausgleichszahlung genau entsprechen. Sollte jedoch der EURIBOR entgegen den Erwartungen des Unternehmens gesunken sein, wäre es selbst zu einer Ausgleichszahlung an die Bank verpflichtet gewesen (unbedingtes Termingeschäft). Allerdings hätte es bei der in t = 1 erfolgten Kreditaufnahme vom dann günstigeren Kreditzinssatz profitiert.

Neben der Absicherung künftig steigender Kreditzinsen kann ein FRA auch zur Absicherung von Geldanlagebeträgen gegen fallende Zinsen genutzt werden. So könnte bspw. ein Anleger, dem in naher Zukunft ein Geldbetrag aus einer fälligen Anlage zufließt, die Konditionen für eine ggf. geplante Reinvestition bereits im Voraus festlegen und sich so vor künftig sinkenden Zinserträgen schützen. Da Forward Rate Agreements als außerbörsliche Geschäfte abgeschlossen werden, lassen sie sich flexibel auf die individuellen Erwartungen der Parteien zuschneiden. Als nachteilig kann sich die bereits heute vorgenommene Fixierung eines Zinsniveaus herausstellen, da besondere Gewinnchancen (bewusst) ausgeschlossen sind.

Zusammenfassung (zu Teil 4.3)

Unter einem Forward Rate Agreement versteht man ein unbedingtes Termingeschäft, bei dem bereits heute ein auf die Zukunft anzuwendender Zinssatz für einen festgelegten künftigen Zeitraum (FRA-Periode) und einen fest vereinbarten Nominalbetrag für alle Vertragspartner verbindlich ist. Hierdurch kann ein Unternehmen, das bspw. in einigen Monaten einen Kredit aufnehmen möchte und einen Anstieg der Kreditzinsen befürchtet, das aktuell als geringer empfundene Zinsniveau „einfrieren". Umgekehrt kann ein Unternehmen, das über eine Geldanlage (bspw. über eine Anleihe des Bundes) verfügt und künftig sinkende Zinsen befürchtet, das aktuell als höher empfundene Zinsniveau konservieren. Die Funktionsweise, insbesondere die Berechnung der Ausgleichszahlungen zu Beginn der FRA-Periode, wird an einem Beispiel verdeutlicht.

4.4 Financial Futures

Als unbedingte Termingeschäfte haben Futurekontrakte ihre Wurzeln im Handel mit landwirtschaftlichen Produkten und dienen dort vornehmlich der Absicherung von Preisrisiken: Bspw. kann ein Landwirt bereits im Februar eines Jahres eine bestimmte Weizenmenge zu einem festen Preis per Liefer- und Zahlungstermin im Juni des betrachteten Jahres an einen Abnehmer (bspw. Brothersteller) verkaufen. Dieses Termingeschäft sichert dem Landwirt bereits vor seiner Ernte einen Abnehmer zu einem gesicherten Verkaufspreis. Andererseits sichert sich der Weizenkäufer gegen ggf. bis zum Sommer steigende Preise ab, die sich bspw. als Folge eines witterungsbedingten Ernteverlustes ergeben könnten. Derartige Kontrakte werden seit 1848 an der Wa-

renterminbörse in Chicago standardisiert gehandelt. Mittlerweile erstrecken sich die Vertragsgegenstände auch auf finanzielle Vermögenswerte (insb. Aktienindizes, Staatsanleihen und Währungen), so dass man diesbezüglich von „Financial Futures" spricht. In Deutschland erfolgt der organisierte Handel mit Finanzterminkontrakten an der sog. EUREX. Im Rahmen eines Financial Futures verpflichten sich

- zwei Vertragsparteien
- eine bestimmte Menge (Kontraktgröße)
- eines zugrunde liegenden Vertragsgegenstandes (Basiswert bzw. Underlyer)
- zu einem im Voraus fixierten Preis (Zukunfts- bzw. Futurepreis)
- an einem festgelegten späteren Zeitpunkt (Termin bzw. Liefertag)
- abzunehmen (Käufer des Futures) oder zu liefern (Verkäufer des Futures).

Die Wirkungsweise von Financial Futures sei anhand von zwei standardisierten Konditionen verdeutlicht: Zum einen anhand des sog. Bund-Futures sowie zum anderen anhand des sog. DAX-Futures. Tab. 4.3 stellt einige wichtige Kontraktmerkmale dar.

Wie Tab. 4.3 zu entnehmen ist, kauft oder verkauft man entweder eine Staatsanleihe oder ein Aktienportfolio per Termin. Im Kontraktzeitpunkt selbst entsteht kein Kaufpreis für den Future an sich, da er auf aktuellen Marktkonditionen (Anleihekursen bzw. Indexständen) abgeschlossen wird und zunächst ein nicht zu bilanzierendes schwebendes Geschäft vorliegt. Allerdings kann ein solcher Terminvertrag zu einem Handelsobjekt werden, wenn eine der Vertragsparteien vorzeitig seine Kauf- oder

Tab. 4.3 Standardisierte Konditionen für einen Bund- und DAX-Future an der EUREX

Future-Arten	Bund-Future	DAX-Future
Basiswert	(synthetische) Bundesanleihe mit 6 % p.a. Nominalzinssatz und 10 Jahre Restlaufzeit	Deutscher Aktienindex (DAX)
Kontraktgröße	100.000,- EUR	25,- EUR/Indexpunkt x Indexstand
Preisnotierung	in % vom Nominalwert	in Indexpunkten
Preisintervall	minimale Variation des Handelskurses (sog. Tickgröße) 0,01 % von 100.000,- bzw. 10,- EUR	minimale Variation des Handelskurses (sog. Tickgröße) 0,5 Indexpunkte bzw. 12,50 EUR
Laufzeit	maximal 9 Monate	maximal 9 Monate

Verkaufspflicht weitergibt und dafür einen Preis verlangt. Dies unterscheidet Futures von individuell vereinbarten unbedingten Termingeschäften.

Beispiel zum Bund-Future

Ein Bund-Future basiert auf einer idealtypischen bzw. synthetischen Bundesanleihe mit standardisiertem Zinssatz (6 % p.a.) und gegebener Restlaufzeit (10 Jahre). Während echte Bundesanleihen mit zunehmender Entfernung von ihrem Emissionstermin eine abnehmende Laufzeit aufweisen, bleibt die Restlaufzeit der synthetischen Anleihe stets konstant. Entsprechend muss der Kurs dieser Anleihe aus aktuell bekannten Marktpreisen vergleichbarer Bundesanleihen rekonstruiert werden. Würde am Liefertag tatsächlich eine physische Belieferung ausgelöst, muss auf eine ähnliche Anleihe ausgewichen werden, für die ein besonderer Abrechnungspreis unter Einsatz sog. Konvertierungsfaktoren zu bestimmen wäre. In den meisten Fällen kommt es allerdings zu keiner Lieferung, da der ursprüngliche Futurekontrakt durch ein Gegengeschäft neutralisiert wird (sog. Glattstellungstransaktion): Ein früherer Kauf (Verkauf) per Termin wird durch einen späteren Verkauf (Kauf) per gleichem Termin aufgehoben bzw. storniert. Der Unterschied zwischen dem ursprünglich vereinbarten Terminkurs und dem Kurs, der zum Glattstellungszeitpunkt gilt, führt zu einem Gewinn oder zu einem Verlust. Dadurch wird ein „physical settlement" zu einem „cash settlement".

Unterstellen wir ein Unternehmen, das in t = 0 über eine Bundesanleihe im Nominalwert von 1 Mio. EUR verfügt und diese in zwei Monaten (t = 1) verkaufen möchte. In t = 0 ist der Anleihekurs 110 %. Der Futurepreis der synthetischen Anleihe sei 109,50 %. Das Unternehmen rechnet mit sinkenden Kursen, was gleichbedeutend ist mit einem Anstieg des allgemeinen Zinsniveaus: Wenn das Marktzinsniveau ansteigt, muss der Kurs bestehender Anleihen am Obligationenmarkt sinken, da sich die künftigen Zinszahlungen

klassischer Anleihen nicht ändern. Um dem erwarteten Kursverlust entgegenzuwirken, muss das Unternehmen per Termin (t = 1) Bund-Futures verkaufen. Da ein Future eine Kontraktgröße von 100.000,- EUR aufweist, verspricht das Unternehmen per t = 1 die Lieferung von zehn Kontrakten an den Futurepartner. Die Anzahl an zu erwerbenden Futurekontrakten, die erforderlich ist, um eine Anleihe abzusichern, wird **Hedge-Ratio** genannt. In t = 1 seien die Kurse der Anleihen tatsächlich gesunken: Die Bundesanleihe sei von 110 % auf 109 % gefallen und analog der Bund-Future auf 108,60 %. Damit ergibt sich für das Unternehmen in t = 1 folgende Situation:

Kursverlust der Bundesanleihe: 1 % bzw. Reduktion des Depotwertes bei Verkauf: 10.000,- EUR.

Kursverlust beim Future: 0,9 % bzw. Durchführung der sog. Glattstellungstransaktion: Da das Unternehmen zehn Kontrakte für 109,50 % verkauft hat, kauft es zehn Kontrakte preiswerter zu 108,60 % wieder zurück und erzielt einen Gewinn von 9000,- EUR.

Damit hat das Unternehmen den Verlust aus dem originären Verkauf seiner Bundesanleihe weitgehend kompensieren können (Hedging). Hätten sich die Erwartungen des Unternehmens nicht bestätigt (Fall steigender Kurse), wäre spiegelbildlich ein Verlust aus dem Futuregeschäft entstanden. Dafür hätte das Unternehmen aber einen Kursanstieg bei seiner Bundesanleihe erzielt und damit den Futureverlust kompensiert. Im Beispiel hatte das Unternehmen in t = 0 auf sinkende Anleihe- und damit auch auf sinkende Futurepreise gesetzt. Dies wird auch als **Short Future** bezeichnet und drückt, ähnlich zu Optionskontrakten, die Verkäuferposition aus.

Um in t = 0 zehn Vereinbarungen über einen Bund-Future verkaufen zu können, ist ein Futurekäufer erforderlich, der von einer gegenläufigen Kurs- bzw. Zinserwartung ausgeht: Der Käufer eines Bund-Futures setzt auf künftig steigende Kurse und Futurepreise bzw. auf ein Absinken des allgemeinen Zinsniveaus (sog. **Long Future**). Betrachten wir als Futurekäufer einen Spekulanten, der lediglich eine Wette auf steigende Anleihekurse eingehen möchte, so hätte sich seine Erwartung im Beispiel nicht erfüllt. Entweder muss er zum Futurepreis von 109,50 % die Bund-Futures abnehmen (falls die Lieferung des Basiswertes vom Futureverkäufer erfolgen würde, wovon im Beispiel nicht ausgegangen wird) oder sich glattstellen, indem er zehn Kontrakte zu 108,60 % verkauft. Die Glattstellung bzw. das Gegengeschäft führt stellvertretend zum Ende der Erfüllungspflicht aus dem Future. Da es aber eine Differenz zwischen Futurepreis und aktuellem Bund-Future-Kurs in t = 1 gibt, erleidet der Spekulant aus der Glattstellung spiegelbildlich zum oben betrachteten Unternehmen einen Verlust in identischer Höhe (ohne Beachtung von Transaktionskosten), wodurch der unbedingte Charakter dieses Termingeschäfts zum Ausdruck kommt.

Beispiel zum DAX-Future

Als Basiswert für einen DAX-Future fungiert der Deutsche Aktienindex (DAX). Da der DAX keine physische Größe, sondern einen Aktienkorb darstellt, ist, abweichend zum Bund-Future, eine Lieferung per Termin prinzipiell ausgeschlossen (reines „cash settlement"). Am Liefertag würde zwischen den Futureparteien lediglich ein Gewinn-Verlust-Ausgleich erfolgen.

Betrachten wir ein Unternehmen, das aktuell (t = 0) über ein Aktienportfolio verfügt, das sich aus Aktien, die im DAX notiert sind, zusammensetzt. Der DAX habe einen aktuellen Indexstand (DAX_0) von 6250 Punkten. Angenommen, das Aktienportfolio entspreche in seiner Zusammensetzung exakt der des DAX und habe einen Depotwert (W_0) in t = 0 von 312.500,- EUR. Das Unternehmen möchte sich in drei Monaten (t = 1) von seinem Aktienpaket trennen und das aktuelle Kursniveau „einfrieren", da es kurzfristig mit sinkenden Kursen rechnet. Unter diesen Annahmen gilt für die Anzahl (n) an abzuschließenden Futureverkaufskontrakten (Hedge-Ratio):

$$n = \frac{W_0}{25 \cdot DAX_0} \cdot \beta_0 = \frac{312.500}{256.250} \cdot 1$$
$$= 2 \text{ Kontrakte mit Verkaufspflicht in t} = 1 \quad (4.5)$$

Analog (4.5) führen zwei Kontrakte in t = 0 zum aktuellen Depotwert, da die Kontraktgröße eines DAX-Future stets dem 25fachen des Indexstandes entsprechen muss (vgl. nochmals 72). Erklärungsbedürftig ist der in (4.5) enthaltene sog. ß-Faktor (β_0). Dieser aus dem Capital Asset Pricing Model (CAPM) stammende dimensionslose Faktor misst – vereinfacht gesagt – den individuellen Risikobeitrag einer Aktie, die Bestandteil eines Aktiensegmentes (DAX) ist, zum bestehenden systematischen Risiko des gesamten Aktiensegmentes. Steigt der DAX bspw. um 1 %, so würde ein **ß-Faktor** einer einzelnen Aktie von über Eins bedeuten, dass diese Aktie in der Regel dann um mehr als 1 % zulegt und vice versa.[1] Weist eine Aktie bzw. ein individuelles Aktienpaket einen Faktor von exakt Eins auf, dann verhält es sich genauso wie der Aktienindex. Und das ist hier im Beispiel unterstellt. Angenommen, das Aktienpaket reduziert sich bis t = 1 analog zum DAX um 4 %, entsteht folgende Situation:

- Reduktion des Aktiendepotwertes um 4 % von 312.500,- auf 300.000,- EUR, was einen Verlust aus dem Aktienverkauf in Höhe von 12.500,- EUR bedeutet.
- Durch den Verkauf von zwei (n = 2) DAX-Futures zum Futurepreis („Terminindex" 6250 Punkte) und gleichzeitigem Kauf von zwei Kontrakten in t = 1 zu 6000 Punkten (Glattstellungstransaktion) erzielt das Unternehmen einen Gewinn in Höhe von 2 · 25 · (6250 − 6000) = 12.500, − EUR.

Ohne Glattstellung durch das Unternehmen hätte der Kontraktpartner (Futurekäufer) die Differenz zwischen dem in t = 0 verein-

---

[1]Das systematische Risiko stellt man sich am besten als Schwankungen der Aktienkurse aufgrund von allgemeinen Konjunktureinflüssen vor: Eine schlechte (gute) Konjunkturlage lässt die künftigen Gewinnaussichten und damit die Aktienkurse tendenziell sinken (steigen).

barten Futurepreis (je Kontrakt 25 EUR/ Punkt mal 6250 Punkte = 156.250,- EUR) und dem niedrigeren Abrechnungspreis in t = 1 (je Kontrakt 25 EUR/Punkt mal 6000 Punkte = 150.000,- EUR) zu begleichen. Bei zwei Kontrakten hätte der Käufer an das Unternehmen dann ebenfalls 12.500,- EUR zu zahlen.

Im Beispiel würde das Unternehmen den drohenden Verlust in seinem Aktiendepot aus dem Gewinn bei seiner sog. Short Future-Position exakt kompensieren. Eine exakte Kompensation ist aber in der Regel nicht zu erwarten. Dies liegt darin begründet, dass im Zeitpunkt t = 0 der DAX-Future i. d. R. einen anderen Punktestand (bspw. 6280 Punkte) aufweist als der DAX (bspw. 6250 Punkte). Dies ist eine Folge der sog. „Cost of Carry": Ein direkter Erwerb des DAX-Index (bspw. über einen Investmentfonds) würde für einen Anleger insb. Finanzierungskosten (Zinsen zur Finanzierung der Geldanlage) auslösen. Diese fallen beim DAX-Future nicht an und dienen zur Rechtfertigung einer höheren Preisnotierung gegenüber dem DAX. Allerdings könnten beim Direktkauf eines DAX-Index Dividenden anfallen, die ein Futurekontrakt nicht bieten kann, weshalb sich dessen Wert in t = 0 diesbezüglich reduzieren sollte. Nur wenn saldiert die Finanzierungskosten die Dividendenerträge übersteigen, dürfte in t = 0 der DAX-Future einen höheren Indexstand aufweisen als der DAX selbst. Analog gilt dies im Rahmen von BUND-Futures zu bedenken.

Der Abschluss eines Futures hat sowohl für den Käufer als auch den Verkäufer verpflichtenden Charakter. Beide Seiten müssen sich auf eine Erfüllung per Termin, die noch in der Zukunft liegt, verlassen können. Aus diesem Grund werden an den Futurebörsen sog. **Clearingstellen** zwischen die Futureparteien geschaltet. Diese Clearingstellen verlangen von den Marktpartnern die Hinterlegung von Bargeld bzw. von liquiden Wertpapieren (sog. Sicherheitsleistungen bzw. **Margins**), um das Ausfallrisiko für den jeweiligen Vertragspartner zu reduzieren:

- Zu Beginn des Futures erbringen beide Seiten eine sog. Initial Margin. Für einen Bund-Future liegt diese anfängliche Sicherheitsleistung bei etwa 0,5 % des Nominalwertes vom Kontraktvolumen (im obigen Beispiel zum Bund-Future wären dies 5000,- EUR je Kontraktpartner), mit der sich mögliche Verluste einer Partei abdecken lassen.
- Während der Futurelaufzeit können für eine Partei (rechnerische) Verluste aus dem Kontrakt entstehen. Sofern diese Verluste die Initial Margin aufzuzehren drohen, werden Nachzahlungsforderungen (Margin Calls bzw. Variation Margins) verlangt.
- Die Marginzahlungen von Futurekäufer und –verkäufer werden jeweils auf einem Konto festgehalten. Erzielt ein Kontoinhaber einen zwischenzeitlichen Gewinn aus der Vereinbarung, darf er diesen entnehmen, soweit die Initial Margin dadurch nicht verringert wird.

Im Kontraktzeitpunkt (t = 0) sind bis auf den recht begrenzten finanziellen Mitteleinsatz für die Initial Margin keine weiteren Zahlungen zu leisten. Dies führt zu einem sog. **Hebeleffekt**: Der Mitteleinsatz (bspw. 5000,- EUR für einen Bund-Future) steht in einem geringen Verhältnis zum Kontraktwert (im obigen Beispiel 1 Mio. EUR Nennwert) und macht Futures, deren Kontraktwert sich günstig entwickelt hat (bspw. Kursanstieg um 1 %), für Spekulanten attraktiv, da in kurzer Zeit eine hohe Rendite realisierbar ist (bspw. Anstieg des Kontraktwertes aus Käufersicht um 10.000,- EUR, dem lediglich 5000,- EUR Kapitaleinsatz gegenüberstehen). Freilich wäre einem am Hedging interessierten Unternehmen (Verkäufersicht) der relativ günstige Absicherungsweg über Financial Futures ohne die Motivation von Spekulanten verbaut. Zudem besteht ein weiterer Vorteil darin, seine Kursabsicherung nicht durch sofortigen Verkauf der Vermögenswerte (bspw. Bundesanleihen) vornehmen zu müssen, was die künftige Handlungsflexibilität (bspw. Planung von Reinvestitionsmaßnahmen) erhöht.

Zusammenfassung (zu Teil 4.4)

Financial Futures gehören zu den unbedingten Termingeschäften und haben ihren
Ursprung aus der Preisabsicherung für die
Erzeuger und Abnehmer von landwirtschaftlichen Produkten. Im Rahmen eines
Financial Futures verpflichten sich zwei
Vertragsparteien eine bestimmte Menge
eines zugrunde liegenden Vertragsgegenstandes (Basiswert) zu einem im Voraus fixierten Preis (Futurepreis) an einem festgelegten späteren Zeitpunkt abzunehmen
(Käufer des Futures) oder zu liefern (Verkäufer des Futures). Die Wirkungsweise
von Financial Futures wird anhand von
zwei standardisierten Konditionen (Bund-
sowie DAX-Futures) verdeutlicht.

4.5 Zinsswaps

Ein Zinsswap ist eine individuelle und damit außerbörsliche Vereinbarung zwischen zwei Vertragspartnern, Zinszahlungen bezogen auf einen
Kapitalbetrag in gleicher Währung für eine bestimmte Laufzeit zu tauschen. Ein Tausch der Kapitalbeträge erfolgt nicht. In den meisten Fällen
tauschen die Partner feste gegen variable Zinsen
(sog. Kuponswap) oder auch gelegentlich variable
Zinszahlungen mit unterschiedlichen Referenzzinssätzen und/oder abweichenden Zinssatz-
fristigkeiten (bspw. 6-Monats-LIBOR mit 12-Mo-
nats-EURIBOR; sog. Basisswap).

Erstes Beispiel

Ein Unternehmen hat Floating Rate Notes
emittiert, die noch eine Restlaufzeit von drei
Jahren besitzen. Der Nominalbetrag dieser
Schuldverschreibung sei 10 Mio. GE und ist
mit folgender variabler Zinssatzvereinbarung
gegenüber den Obligationären ausgestattet:
12-Monats-EURIBOR, Zinszahlung jährlich
am 30.06./01.07. Das Management erwartet
für die Restlaufzeit des Kredites einen Anstieg
des allgemeinen Zinsniveaus und möchte die

künftigen Zinszahlungen auf dem derzeit aktuellen Niveau von 6 % p.a. begrenzen. Das
Unternehmen möchte also variable in feste
Zinszahlungen tauschen und einen dafür
geeigneten Swap abschließen. Die festzule-
genden Vertragsparameter sind in Tab. 4.4 zusammengestellt.

Wie Tab. 4.4 zeigt, wird ein aktuell gültiger
Zinssatz (hier: 6 % p.a.) für die noch bestehende Restlaufzeit des Floaters fixiert. Um ein
Zinsänderungsrisiko für das Unternehmen
auszuschließen, wird der gleiche Nominalbetrag Gegenstand des Swapvertrages, wie auch
das Unternehmen nominales Fremdkapital
aufgenommen hat. Damit es zum Abschluss
eines solchen Vertrages kommt, muss das Unternehmen einen Vertragspartner finden, der
für die nächsten Perioden eher an ein rückläu-
figes Zinsniveau glaubt und deshalb mit einem
Gewinn aus dem Swapgeschäft rechnet: Der
Vertragspartner erhält künftig vom Unternehmen feste 6 % Zinsen auf 10 Mio. GE und
zahlt als Gegenleistung Zinsen in Höhe eines
ggf. sinkenden 12-Monats-EURIBOR-Zins-
satzes. Abb. 4.9 veranschaulicht die Transaktion.

Die Vorteile des betrachteten Zinsswaps
liegen in der Flexibilität, auf veränderte Zins-
satzerwartungen reagieren zu können, ohne
das neue Kreditverträge abgeschlossen werden müssen, die den geänderten Erwartungen
eher entsprechen und neue Transaktionskosten verursachen würden. So müsste das betrachtete Unternehmen anstelle eines Swapvertrages bspw. den emittierten Floater

Tab. 4.4 Vertragsparameter für einen Zinsswap in Form
eines Kuponswaps

Nominalbetrag des Swaps (= Nominalbetrag der Anleihe)	10 Mio. GE
Laufzeit des Swap (= Restlaufzeit der Anleihe)	3 Jahre
Referenzzinssatz (an dem sich die variablen Zinszahlungen orientieren sollen)	12-Monats-EURIBOR
Zinszahlungstermine (sog. Roll-Over-Termine für den Zinsaustausch beim Swap)	jährlich per 30.06./01.07
Festzinssatz (Swapsatz)	6 % p.a.

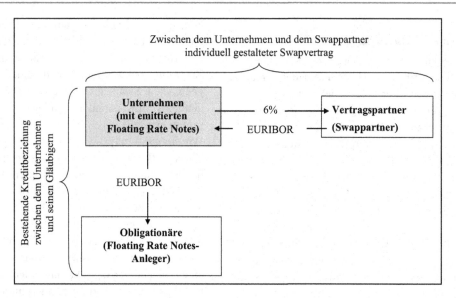

Abb. 4.9 Darstellung des Zins- bzw. Kuponswaps aus Unternehmenssicht

vorzeitig tilgen und eine neue klassische Obligation mit festen Zinszahlungen begeben.
Ggf. scheidet eine Kreditumstrukturierung
sogar aus, falls die Emissionsbedingungen des
bestehenden Floaters keine vorzeitige Kredittilgung erlauben.

Als Swappartner fungiert vielfach eine
Bank. Die Höhe des festen Zinssatzes (im Beispiel 6 %), den die Bank dem Unternehmen
anbietet, ist abhängig von der Swaplaufzeit
und dem variablen Geldmarktzins (EURI-
BOR). Bei normaler Zinsstruktur steigen die
Swap- bzw. Festzinssätze mit zunehmender
Laufzeit. Falls, wie hier im Beispiel, die Bank
der Empfänger fester Zinszahlungen ist (und
variable Zinsen entrichtet), berechnet sie dem
Unternehmen einen sog. Briefzinssatz. Zahlt
die Bank feste Zinsen (und erhält variable Zinsen), legt sie den sog. Geldzinssatz fest, der
unter dem Briefzinssatz liegt. Aus der Differenz beider Zinssätze ergibt sich ihre Gewinnmarge, wie die Fortführung des Beispiels zeigt.

Das betrachtete Unternehmen geht als Kreditnehmer bzw. Emittent von Floatern von
künftig steigenden Geldmarktzinssätzen aus,
was den Wunsch nach einer Festzinsvereinbarung mit dem Swappartner erklärt.

Betrachtet man die Bank nicht als Spekulant, der hier auf sinkende Zinssätze wettet,

sondern als reinen Finanzintermediär (Vermittler bzw. Makler), so wird sie ihrerseits
versuchen, EURIBOR-Zinsen von einem anderen (zweiten) Unternehmen zu beschaffen,
das diese variablen Zinsen gegen feste Zinsen
einzutauschen bereit ist, wobei sich die Kapitalbeträge entsprechen sollten. Dies gelingt
dann, wenn das zweite Unternehmen, in
Abb. 4.10 gedacht als ein Anleger in Floating
Rate Notes, von der Erwartung sinkender
Geldmarktzinsen ausgeht und damit aktuell
den Wunsch nach einer künftig festen Gutha-
benverzinsung hat. Aus der Differenz von ge-
währtem Geldzinssatz (für das zweite Unternehmen) und verlangtem Briefzinssatz (für
das erste Unternehmen) resultiert dann die sichere Gewinnmarge für die Bank.

Durch Integration eines zweiten Unternehmens, das als Geldanleger agiert, zeigt sich,
dass Zinsswaps auch zur Absicherung künftiger Ertrags- bzw. bestehender Forderungspo-
sitionen genutzt werden können (sog. Aktiv-
management). Dank der Swapvermittlung ist
ein Verkauf des Floaters sowie ein anschlie-
ßender Erwerb einer Festzinsanleihe nicht
erforderlich, so dass Transaktionskosten ein-
gespart werden. Zudem können Zinsswaps
verkauft werden, bspw. dann, wenn das
zweite Unternehmen seine Anleihe vor Ablauf

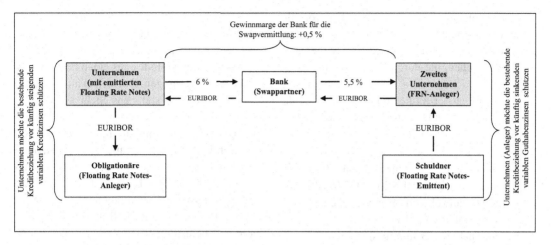

Abb. 4.10 Banken als Vermittler im Rahmen von Zinsswaps

der Swaplaufzeit veräußert, damit keinen Sicherungsbedarf mehr aufweist, und an seine Stelle ein anderer Investor in den Swapvertrag eintritt. Für den neuen Investor wäre ein bereits geschlossener Swapvertrag umso wertvoller, je stärker das Marktzinsniveau gegenüber dem Vertragszeitpunkt bereits gesunken ist, da der Swap ihm in seiner Restlaufzeit einen vergleichsweise höheren Festzinssatz garantiert. Der Verkaufspreis für den Swap an den neuen Investor müsste damit mindestens dem Barwert der Zinsdifferenzen entsprechen, die sich für die Restlaufzeit ergeben.

Zweites Beispiel

Swapverträge beruhen auf unterschiedlichen Erwartungen der Kontraktpartner. Zusätzlich kann bspw. der Fall vorliegen, dass beide Vertragsseiten für je 10 Jahre einen gleich hohen Kreditbedarf (z. B. 10 Mio. GE) haben, den sie zu unterschiedlichen Konditionen aufgrund abweichender Bonitätsbeurteilung bekommen können.

Unternehmen A rechnet tendenziell mit stabilen oder eher sinkenden Zinsniveaus, weshalb es einen variabel zu verzinsenden Kredit präferiert. Unternehmen B bevorzugt dagegen einen Kredit mit festen Zinszahlungen aufgrund gegenläufiger Erwartungen. Die Konditionen, zu denen sich beide Unternehmen verschulden können, sind Tab. 4.5 zu entnehmen.

Unternehmen B hat sowohl im Falle einer fest als auch im Falle einer variabel verzinsten Kreditaufnahme gegenüber A einen Zinskostennachteil, allerdings ist der Nachteil beim Festzinskredit um (2,5 % − 1 % =) 1,5 % größer. Anders formuliert: Wenn B die günstigeren Konditionen von A wollte (Vorteil aus Sicht B: 2,5 %), könnte B dem Unternehmen A zunächst nur die Kondition „EURIBOR + 1,5 %" anbieten (Nachteil aus Sicht A: 1 %). Zu einem Swapvertrag wird es deshalb nur dann kommen, wenn nach Saldierung von „Vorteil B" mit „Nachteil A" eine positive Differenz (im Beispiel: 1,5 %) verbleibt, um A zum Konditionentausch zu motivieren. Weil die Kreditkonditionen beider

Tab. 4.5 Gegenüberstellung der Konditionen von Unternehmen A und B

	Unternehmen A	Unternehmen B	Differenz
Interessenlage	variable Zinszahlungen	feste Zinszahlungen	(B − A)
Kredit mit festem Zinssatz	6 %	8,5 %	+2,5 %
Kredit mit variablem Zinssatz	EURIBOR + 0,5 %	EURIBOR + 1,5 %	+1 %

Unternehmen einen für beide Seiten vorteilhaften Zinstausch ermöglichen, kann man vom Ausnutzen sog. komparativer Kostenvorteile sprechen, die durch Kooperation entstehen.

Mit folgender Strategie könnten hier beide Unternehmen einen Zinskostenvorteil erzielen:

- Unternehmen A nimmt einen „Festzinssatzkredit" über 10 Mio. GE für 10 Jahre zu 6 % auf (obwohl A an variablen Kreditzinsen interessiert ist).
- Unternehmen B nimmt spiegelbildlich einen zinssatzvariablen Kredit über 10 Mio. GE für 10 Jahre zu den Konditionen „EURIBOR + 1,5 %" auf (obwohl B an festen Zinszahlungen interessiert ist).
- Abschluss eines Zinsswapvertrages über 10 Mio. GE für 10 Jahre, bei dem Unternehmen A dem Unternehmen B feste Zinssätze bzw. umgekehrt das Unternehmen B dem Unternehmen A variable Zinszahlungen in einer Weise anbietet, dass beide Seiten letztlich eine Zinsbelastung erzielen, die gegenüber einer Situation ohne Swapvereinbarung bzw. ohne Kooperation geringer ausfällt.

Der letzte Punkt der Strategie ist näher zu erläutern. Hierfür bietet es sich an, „Kooperationsgrenzen" aus Sicht des jeweiligen Unternehmens zu identifizieren:

Unternehmen A ist an einem zinsvariablen Kredit interessiert. Im Falle eines Kooperationsverzichts müsste A Kreditzinsen in Höhe von „EURIBOR + 0,5 %" aufbringen. Höhere Kreditzinsen würde A im Falle einer Kooperation mit B nicht akzeptieren. Wenn B entsprechend der Interessenlage des A nun einen zinsvariablen Kredit aufnimmt (obwohl B feste Zinsen wünscht), muss A an B den EURIBOR entrichten. Wenn A entsprechend der Interessenlage des B einen Festzinskredit aufnimmt, muss A zudem 6 % Kreditzinsen an seine Gläubiger zahlen. Da die Summe der Zinszahlungen an B und die

Festzinskreditgeber um 5,5 % über der Zinsbelastung für A im Falle eines Kooperationsverzichts liegen, wird A von B als Kompensationsleistung mindestens einen Festzinssatz von 5,5 % verlangen. Der von B an A zu zahlende feste Zins stellt aus Sicht von A eine „Preisuntergrenze" dar.

Betrachten wir nun die Interessenlage von B: Schließt B einen variabel zu verzinsenden Kredit mit seinen Gläubigen ab, so sind an diese „EURIBOR + 1,5 %" zu entrichten. Da A an variablen Zinszahlungen interessiert ist, erhält B von A den EURIBOR-Zinssatz, was die Zinsbelastung für B vorläufig auf 1,5 % reduziert. Allerdings muss B noch an A feste Zinsen aus dem Swap entrichten. B wäre maximal bereit, einen Zinssatz zu akzeptieren, der ihn mit dem Swap genauso gut stellt wie ohne Kooperation. Aus der Differenz der 8,5 %, die B bei einem Festkredit zu entrichten hätte, und den vorläufigen 1,5 % ergibt sich ein maximal an A zu zahlender Zins von 7 %, der für B gerade noch hinnehmbar wäre. Aus Sicht von B ist damit eine „Preisobergrenze" für die Zinszahlungen an A bestimmt.

Da A mindestens 5,5 % von B als festen Zins beim Swap verlangen muss und B an A maximal 7 % zu zahlen bereit sein wird, besteht ein „positiver Einigungsbereich" für beide Seiten. Wie dieser komparative Kostenvorteil zwischen A und B aufgeteilt wird, ist Ergebnis individueller Vertragsverhandlungen. Abb. 4.11 verdeutlicht den Sachverhalt grafisch.

Nehmen wir an, die Unternehmen einigen sich in der Weise, dass der von B an A zu zahlende feste Zinssatz 6,5 % beträgt, so zeigt Tab. 4.6 die durch die Kreditaufnahmen und den Swapvertrag erzielten Konditionen für beide Unternehmen (Zeile 6) gegenüber einer Situation, in der auf eine Kooperation verzichtet wird (Zeile 2). Am Ende haben beide Unternehmen einen swapbedingten Vorteil (Zeile 7) realisiert, wobei A von der Verteilung des komparativen Zinskostenvorteils annahmegemäß stärker profitiert.

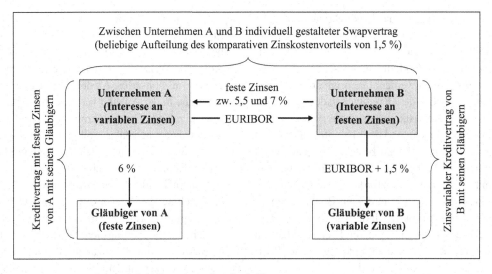

Abb. 4.11 Ausnutzung komparativer Kostenvorteile mittels Zinsswap

Tab. 4.6 Kooperationsvorteile von Unternehmen A und B im Beispiel

	Unternehmen	A	B
1	Interessenlage	variable Kreditzinsen	feste Kreditzinsen
2	Zinskonditionen ohne Swapvertrag	−EURIBOR − 0,5 %	−8,5 %
3	Zinszahlungen gegenüber eigenen Gläubigern	−6 %	−EURIBOR − 1,5 %
4	Zinszahlungen von A an B	−EURIBOR	+EURIBOR
5	Zinszahlungen von B an A	+6,5 %	−6,5 %
6	Zinskonditionen mit Swapvertrag (Saldo aus 3 bis 5)	−EURIBOR + 0,5 %	−8 %
7	Kooperationsvorteil (Vorteil von 6 gegenüber 2)	+1 %	+0,5 %

Zusammenfassung (zu Teil 4.5)

Zinsswaps stellen individuelle und damit außerbörsliche Vereinbarungen zwischen zwei Vertragspartnern dar, Zinszahlungen bezogen auf einen Kapitalbetrag in gleicher Währung für eine bestimmte Laufzeit zu tauschen. Ein Tausch der Kapitalbeträge selbst erfolgt nicht. In den meisten Fällen tauschen die Partner feste gegen variable Zinsen, da die Vertragspartner hinsichtlich der künftigen Zinsentwicklung unterschiedliche Erwartungen haben (Kuponswap). Die konkrete Funktionsweise wird anhand von zwei Beispielfällen verdeutlicht. Dabei wird auch das Ausnutzen von komparativen Kostenvorteilen deutlich, welches letztlich durch Kooperation von Unternehmen unterschiedlicher Interessenlagen entsteht.

4.6 Kreditderivate

In nahezu jeder Kreditbeziehung besteht für den Kreditgeber ein Ausfallrisiko. Von einem Kreditausfall (Credit Default) spricht man dann, wenn einer oder mehrere der folgenden Punkte vorliegen:

- Der Kreditnehmer ist mit seinen Zahlungsverpflichtungen erheblich (bspw. mehr als drei Monate) in Verzug.
- Beim Schuldner ist ein Insolvenzverfahren eröffnet.
- (Andere) Gläubiger haben der Verschiebung von fälligen Zins- und Tilgungszahlungen zugestimmt.
- Nach aktuellster Hochschätzung gilt es als unwahrscheinlich, dass der Kreditnehmer seinen Auszahlungsverpflichtungen noch in vollem Umfang nachkommen wird.

In solchen Fällen sind Kreditderivate nützliche versicherungsähnliche Instrumente, mittels derer die mit Finanzforderungen verbundenen Kreditrisiken auf andere Marktteilnehmer (sog. Sicherungsgeber) übertragen werden. Die originäre Kreditbeziehung zwischen dem Kreditgeber, der sich gegen das Kreditausfallrisiko abzusichern wünscht (sog. Sicherungsnehmer), und dem Kreditnehmer bleibt dabei jedoch unverändert bestehen. Verkauft wird lediglich das Ausfallrisiko an die Sicherungsgeber. Damit wird eine Finanzforderung aus Sicht des Kreditgebers weiterhin in dessen Bilanz aktiviert. Hauptnutznießer von Kreditderivaten sind naturgemäß die Geschäftsbanken, deren Kreditgeschäft im Falle von Kreditausfällen eine geringere Wirtschaftlichkeit aufweisen würde.

Die wichtigsten Kreditderivate der Finanzierungspraxis stellen der sog. **Credit Default Swap (CDS)**, das **Credit Linked Note** sowie der **Total Return Swap** dar. Diese drei Derivate lassen sich aus Sicht des Kreditgebers bzw. Sicherungsnehmers wie folgt charakterisieren:

- Bei einem **CDS** leistet der Sicherungsgeber bei Eintritt eines vorab definierten Schadensereignisses (Credit Event) einen finanziellen Ausgleich an den Sicherungsnehmer. Dafür erhält der Sicherungsgeber vorab eine laufende Prämie, deren Höhe u. a. von der Bonität des Schuldners, der Laufzeit der Vereinbarung und der Definition des Schadensereignisses abhängt. Ein CDS hat damit – ähnlich einer Option – den Charakter eines bedingten Termingeschäftes, weshalb man das Derivat manchmal auch Credit Default Option nennt.
- Ist der Sicherungsgeber eines CDS bei Schadenseintritt nicht in der Lage, den vereinbarten Ausgleich an den Sicherungsnehmer zu leisten, hätte der Sicherungsnehmer dennoch den Ausfall aus seiner Kreditbeziehung zu verkraften. Daher besteht für ihn beim Abschluss eines CDS-Kontraktes die Möglichkeit, sich bereits vorab den prognostizierten Gegenwert des maximalen Verlustes aus seiner Finanzforderung vom Sicherungsgeber auszahlen zu lassen, was einer Vorauszahlung einer potenziellen Versicherungsleistung vor Eintritt des Schadensfalles gleichkommt. Dies wird durch das Instrument **Credit Linked Note** realisiert: Der Sicherungsnehmer emittiert eine Anleihe (daher „Note"), die der Sicherungsgeber erwirbt. Auf diese Weise erzielt der Sicherungsnehmer einen Emissionserlös. An den Sicherungsgeber hat er die in der Anleihe verbrieften Kreditzinsen zu zahlen. Der Rückzahlungsbetrag ist – anders als bei normalen Anleihen – an ein definiertes Schadensereignis geknüpft und wird bei dessen Eintreten entsprechend gekürzt.
- Bei einem **Total Return Swap** tauschen Sicherungsnehmer und -geber die Zinsen und Wertveränderungen einer Finanzforderung aus. Dabei leitet der Sicherungsnehmer, der bspw. über eine Anleihe im Finanzanlagevermögen verfügt, die Zinserträge und Kurssteigerungen an den Sicherungsgeber weiter, während dieser wiederum einen von Anfang an vereinbarten (vielfach variablen) Zins sowie einen Ausgleich für ggf. auftretende Kursverluste an den Sicherungsnehmer zahlt. Die Swap-Vereinbarung endet nach Ablauf der festgelegten Laufzeit oder aber mit dem Eintreten des vereinbarten Schadensereignisses aus der Finanzforderung des Sicherungsnehmers.

Als das bedeutendste Kreditderivat gilt der **Credit Default Swap (CDS)**, so dass er im Folgenden näher betrachtet wird. Ein CDS bietet Schutz gegen einen möglichen Kreditausfall. Der CDS-Käufer erwirbt den Ausfallschutz (Sicherungsnehmer). Der Verkäufer des Ausfallschutzes (Sicherungsgeber) muss mit dem Käufer folgende Sachverhalte vertraglich festlegen:

- Referenzaktivum: Es ist zu klären, welche Finanzforderungen (Einzelforderung oder Forderungsportfolio) versichert werden sollen. Der Gesamtnennwert der Referenzaktiva wird als Nominalbetrag des CDS bezeichnet und stellt den Basiswert des Kreditderivats dar.
- Definition von Schadensereignissen (Credit Events): Das vertraglich zu fixierende Schadensereignis (bspw. Insolvenz, Zahlungsverzug, Nichteinhaltung von Kreditklauseln seitens des Referenzschuldners) sollte idealerweise objektiv messbar und von den Vertragsparteien nicht beeinflussbar sein.

- Leistungen des CDS-Verkäufers bzw. Ansprüche des CDS-Käufers: Sofern das definierte Schadensereignis, auf das sich das Ausfallrisiko bezieht, eintritt, ergeben sich die Leistungsalternativen „physische Lieferung" oder „Ausgleichszahlung". Beim Fall der physischen Lieferung verkauft der CDS-Käufer das Referenzaktivum an den Sicherungsgeber und erhält als Gegenleistung den Nominal- bzw. Nennwert. Die physische Lieferung von Finanzforderungen hat den Vorteil, dass zwischen den Kontraktpartnern kein Streit über die Bewertung der Referenzaktiva nach Eintritt des Schadensereignisses entstehen kann. Diesen Vorteil bietet eine Ausgleichszahlung (sog. Cash Settlement) nicht. Denn bei dieser erhält der Sicherungsnehmer vielfach eine Zahlung in Höhe der Differenz zwischen Nominalwert und dem (ggf. strittigen) Restwert des Referenzaktivums nach Eintritt des Schadensereignisses. Da die Restwertermittlung im Einzelfall problematisch ist und nicht immer durch eine vorab festgelegte Schiedsstelle (Calculation Agent) zur Zufriedenheit der Kontraktpartner gelöst werden kann, sehen CDS-Kontrakte auch alternativ einen fixen Ausgleichsbetrag vor, der bei Eintritt des Schadensereignisses fällig wird. Bei dieser Variante wird der Bewertungskonflikt in die Phase der Vertragsgestaltung zeitlich vorverlagert.

- Laufzeit der Vereinbarung: Im Kontrakt muss die Laufzeit des CDS festgelegt werden, die maximal der Laufzeit der zugrunde liegenden Referenzaktiva entsprechen kann. Tritt das definierte Schadensereignis mit den dadurch ausgelösten Leistungen des CDS-Verkäufers während der Laufzeit ein, wird die CDS-Vereinbarung vorzeitig beendet.

- Fixierung der CDS-Prämie für den Sicherungsgeber: Der CDS-Käufer erhält den Ausfallschutz. Dafür erhält der CDS-Verkäufer regelmäßige Prämienzahlungen, die als Prozentsatz des Nominalwertes des CDS vereinbart werden (sog. CDS-Prämie oder CDS-Spread). Sie erfolgen zumeist jährlich, halb- oder vierteljährlich bis zum Ende der CDS-Laufzeit bzw. bis zum Eintritt des Schadensereignisses. Auch einmalige Vorauszahlungen sind möglich.

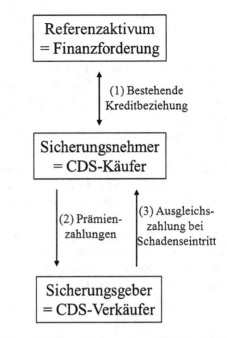

Abb. 4.12 Grundstruktur eines CDS-Kontraktes mit Ausgleichszahlung

Abb. 4.12 zeigt den prinzipiellen Ablauf für den Fall einer vereinbarten Ausgleichszahlung.

Besonders interessant ist die Frage, wie sich die zu leistenden CDS-Prämien, die bei Vertragsabschluss zu fixieren sind, bestimmen lassen. Ein weit verbreiteter Ansatz stellt das Gleichsetzen des zu erwartenden Present Value der Prämienzahlungen, die der Sicherungsnehmer zu entrichten hat (vgl. Punkt (2) in Abb. 4.12), mit dem Present Value der zu erwartenden Ausgleichszahlungen vom Sicherungsgeber (vgl. Punkt (3) in Abb. 4.12) dar. Zum Abzinsen wird ein risikoloser Basiszinssatz verwendet.

Beispiel zu den CDS-Prämienzahlungen

Zwei Kontraktpartner vereinbaren in t = 0 den Abschluss eines CDS. Als Referenzaktivum gilt eine neu emittierte Anleihe, die Unternehmen A im Finanzanlagevermögen hält. Als Schadensereignis sei die Einstellung der Zinszahlungen an A vereinbart. Der CDS sieht dann eine physische Lieferung an den Kontraktpartner B vor. Jede Teilschuldverschreibung der Anleihe weist einen Nennwert von 100 GE auf und damit auch der Nominalbetrag bzw. Basiswert eines CDS. Da die Laufzeit der Anleihe vier Jahre beträgt, endet der CDS ebenfalls in t = 4. Der Sicherungsnehmer (Unternehmen A) verpflichtet sich, während der CDS-Laufzeit jährlich nachschüssig eine CDS-Prämie (p) auf den Nominalbetrag zu zahlen. Für die Ermittlung der CDS-Prämie gilt es zunächst, die sog. bedingte Ausfallwahrscheinlichkeit (bA), die in der von Firma A gehaltenen Anleihe steckt, abzuschätzen. Bei börsennotierten Anleihen kann auf am Kapitalmarkt beobachtbare Daten (hier: Anleiherenditen) zurückgegriffen werden, indem der Risikozuschlag („Spread") der betrachteten Anleihe (RZ), der sich gegenüber risikolosen Schuldverschreibungen ergibt, ins Verhältnis zur ebenfalls abzuschätzenden Verlustquote im Schadensfall (VQ) gesetzt wird:

$$bA = \frac{RZ}{VQ} \qquad (4.6)$$

Hinter (4.6) steht damit die Idee, dass der Risikozuschlag beim Anleihezins der zusätzlichen Renditeforderung der Marktteilnehmer aufgrund erwarteter Verluste aus der Kreditbeziehung entspricht. Nehmen wir an, die hier betrachtete Anleihe weist gegenüber risikofreien Anleihen, die eine Rendite von 5 % p.a. bieten, einen „Spread" von 2 % p.a. auf. Das Unternehmen A schätzt die Verlustquote im Falle eines Kreditausfalls auf 50 %, da ein Teil der Finanzforderung durch Verwertung von Sicherheiten, die der originäre Kreditnehmer stellt, erfüllt wird. Die bedingte Ausfallwahrscheinlichkeit, die auch Ausfallintensität genannt wird, beträgt exakt 4 % p.a.

In Tab. 4.7 wird gezeigt, wie sich der Present Value der vom Unternehmen A (Sicherungsnehmer) zu leistenden Prämienzahlungen berechnet, wobei der CDS-Prämiensatz (p) laufzeitkonstant ist und zunächst noch die unbekannte bzw. von uns gesuchte Größe darstellt.

In Zeile [1] von Tab. 4.7 wird zunächst die sog. marginale Ausfallwahrscheinlichkeit einer Kreditperiode t berechnet. Sie ist das Produkt aus bedingter Ausfallwahrscheinlichkeit gemäß Formel (4.6) (hier: 4 % p.a.) und der sog. Überlebenswahrscheinlichkeit (ÜW) zum Ende der Vorperiode t-1. Die Überlebenswahrscheinlichkeit ergibt sich, wie Zeile [3] zeigt,

nach Abzug der in [2] per t kumulierten marginalen Ausfallwahrscheinlichkeiten. Alternativ kann diese mit Formel (4.7) errechnet werden:

$$\ddot{U}W_t = \left(1 - bA\right)^t \qquad (4.7)$$

Formel (4.7) stellt letztlich eine zeitliche Abfolge von bedingten Wahrscheinlichkeiten dar, die auf der Annahme basieren, dass bis Periode t kein Schadensereignis bzw. Kreditausfall eingetreten ist.

Immer dann, wenn das Schadensereignis noch nicht eingetreten ist, also der Kredit „überlebt" hat, sind Prämien zu zahlen. Daher stellt die Überlebenswahrscheinlichkeit auch zugleich die Wahrscheinlichkeit der Prämienzahlung dar. Da im Zeitablauf die (kumulierten) Ausfallwahrscheinlichkeiten steigen, sinkt analog die Wahrscheinlichkeit der Prämienzahlung mit zunehmender Kreditdauer. Dies hat im Beispiel zur Folge, dass für das erste Kreditjahr mit 96 %iger Eintrittswahrscheinlichkeit eine Prämie zu entrichten ist; im vierten Jahr dagegen nur noch mit knapp 85 %. Die Prämie wird als Prozentsatz auf den Anleihenennwert erhoben (vgl. Zeile [4] in Tab. 4.7) und ergibt abgezinst in t = 0 einen Present Value („Barwert") von rund 321,3 · p.

Ein rational handelnder Sicherungsnehmer wird nur dann diesen „Prämien-Present Value" zahlen, wenn dieser nicht größer ausfällt als der Wert der von ihm zu erwartenden Ausgleichszahlungen bei Eintritt des definierten Schadensereignisses. Der Present Value der Ausgleichszahlungen je „versicherter" Teilschuldverschreibung zeigt Tab. 4.8. Demnach ergibt sich die in jeder Periode zu erwartende Ausgleichszahlung aus der Multiplikation von periodenbezogenen marginalen Ausfallwahrscheinlichkeiten und dem „Verlustbetrag" je Teilschuldverschreibung, der aus dem Produkt von zu schätzender Verlustquote und dem Nennwert einer Teilschuldverschreibung resultiert (vgl. Zeile [3] der Tab. 4.8). Mit den Beispieldaten erhalten wir als Present Value in t = 0 rund 6,70 GE je 100 GE Nominalbetrag.

Abschließend sind die beiden Present Values aus Tab. 4.7 und 4.8 gleichzusetzen und nach der gesuchten CDS-Prämie (p) aufzulösen:

Tab. 4.7 Present Value der von Unternehmen A zu leistenden Prämienzahlungen

Nr.	Zeitpunkt t	0	1	2	3	4
[1]	Marginale Ausfallwahrscheinlichkeit	---	$0,04 \cdot 1 = 0,04$	$0,04 \cdot 0,96 = 0,0384$	$0,04 \cdot 0,9216 = 0,0369$	$0,04 \cdot 0,8846 = 0,0354$
[2]	Kumulierte marginale Ausfallwahrscheinlichkeit	0	0,04	$0,04 + 0,0384 = 0,0784$	$0,0784 + 0,037 = 0,1154$	$0,1154 + 0,0354 = 0,1508$
[3]	Überlebenswahrscheinlichkeit (ÜW)	1	$1 - 0,04 = 0,96$	$1 - 0,0784 = 0,9216$	$1 - 0,1154 = 0,8846$	$1 - 0,1508 = 0,8492$
[4]	Erwartete Prämienzahlung je 100 GE Nominalbetrag	---	$96 \cdot p$	$92,16 \cdot p$	$88,46 \cdot p$	$84,92 \cdot p$
[5]	Mit 5 % diskontierte erwartete Prämienzahlung je 100 GE Nominalbetrag	---	$91,43 \cdot p$	$83,59 \cdot p$	$76,42 \cdot p$	$69,86 \cdot p$
[6]	Present Value der Prämienzahlungen je 100 GE Nominalbetrag	$321,3 \cdot p$	---	---	---	---

Tab. 4.8 Present Value der von Unternehmen A zu erwartenden Ausgleichszahlung

Nr.	Zeitpunkt t	0	1	2	3	4
[1]	Marginale Ausfallwahrscheinlichkeit	---	$0,04 \cdot 1 = 0,04$	$0,04 \cdot 0,96 = 0,0384$	$0,04 \cdot 0,9216 = 0,0369$	$0,04 \cdot 0,8847 = 0,0354$
[2]	Verlustquote bei Kreditausfall	---	0,5	0,5	0,5	0,5
[3]	Erwartete Ausgleichszahlung je 100 GE Nominalbetrag	---	$0,04 \cdot 0,5 \cdot 100 = 2,00$	$0,0384 \cdot 0,5 \cdot 100 = 1,92$	$0,0369 \cdot 0,5 \cdot 100 = 1,85$	$0,0354 \cdot 0,5 \cdot 100 = 1,77$
[4]	Mit 5 % diskontierte erwartete Ausgleichszahlung je 100 GE Nominalbetrag	---	1,90	1,74	1,60	1,46
[5]	Present Value der Ausgleichszahlung je 100 GE Nominalbetrag	6,70	---	---	---	---

$$321{,}3 \cdot \overset{!}{p} = 6{,}70 \Rightarrow p = \frac{6{,}70}{321{,}3} \approx 0{,}0209 \ (4.8)$$

Der Sicherungsnehmer sollte im Beispiel also maximal 2,09 % p.a. an Prämie zahlen. Bei einer höheren Prämie wäre der Derivatekontrakt für ihn nicht mehr absolut vorteilhaft. Unterstellen wir, dass auch der Sicherungsgeber mit gleichen Annahmen rechnet, kann man den Prämiensatz als „fairen Marktpreis" interpretieren. Auf diesen Preis kommt man auch näherungsweise, wenn die laufzeitkonstante Ausfallintensität (4 %) mit der geschätzten Verlustquote im Falle des Kreditausfalls (50 %) multipliziert wird (2 %). Dies unterstellt, dass sich die CDS-Prämie letztlich am Risikozuschlag, den die betrachtete Anleihe bei den Zinsen gegenüber einer risikolosen Vergleichsanleihe bietet, orientiert.

Abschließend sei darauf hingewiesen, dass Credit Default Swaps (CDS) einer besonderen asymmetrischen Informationsverteilung zugunsten des Sicherungsnehmers unterliegen: Der Wert eines CDS hängt zentral von der Einflussgröße „Ausfallwahrscheinlichkeit des Kredites" ab. Die Hausbanken des Schuldners und ggf. die Ratingagenturen, die eine Bonitätseinstufung durchgeführt haben, besitzen bezüglich der Einschätzung der Ausfallrisiken einen Informationsvorsprung gegenüber allen übrigen Marktteilnehmern, was für diese zu einer besseren Wertprognose für einen CDS führt. Aufgrund der Informationsasymmetrie ist zu erwarten, dass bevorzugt die Kreditrisiken zum Verkauf angeboten werden, die überdurchschnittlich hoch sind, da die potenziellen Kontraktpartner die Ausfallwahrscheinlichkeiten nicht zutreffend beurteilen können. Es kommt aus deren Sicht zu einer „Negativauslese" (sog. adverse Selektion). Zudem hat der Kreditgeber, der das Ausfallrisiko über den CDS verkauft hat, möglicherweise kein Interesse mehr, Maßnahmen, die die Ausfallwahrscheinlichkeit verkleinern würden (bspw. Überwachung der gewährten Kreditlinien, regelmäßige Berichterstattung usw.), einzuleiten, da es für ihn keinen Anreiz mehr gibt, den möglichen Kreditausfall zu verhindern. Die

Gefahr einer „Verrohung der Sitten bzw. der Geschäftskultur" als denkbare Folge wird Moral Hazard genannt und stellt schon immer ein Grundproblem für Versicherungsgesellschaften dar. Betrachtet man die modelltheoretische Ableitung von CDS-Prämien, so muss man zugeben, dass die Bewertungsmethodik noch nicht so ausgefeilt und standardisiert ist wie bspw. die Ansätze zur Bewertung von Aktienoptionen. So basieren die in diesem Abschnitt gezeigten Berechnungen auf einer risikoneutralen Einstellung der CDS-Kontraktpartner.[2] In unserem Kulturkreis geht man dagegen eher von der Annahme der Risikoaversion aus, was bei positiven Zahlungsfolgen zu einer Reduktion von Present Values führt. Sicherungsnehmer unterliegen damit der Gefahr, überhöhte Preise für den Kreditausfallschutz zu entrichten. Aber auch die Sicherungsgeber müssen letztlich begreifen, dass sie aufgrund der Ungleichverteilung der Informationen über die Kreditbeziehung im Regelfall wohl mehr Risiken als „nur" das Ausfallrisiko tragen.

Zusammenfassung (zu Teil 4.6)
Kreditderivate sind versicherungsähnliche Instrumente, mittels derer die mit Finanzforderungen verbundenen Kreditrisiken auf andere Marktteilnehmer (sog. Sicherungsgeber) übertragen werden. Die originäre Kreditbeziehung zwischen dem Kreditgeber, der sich gegen das Kreditausfallrisiko abzusichern wünscht (sog. Sicherungsnehmer), und dem Kreditnehmer bleibt dabei jedoch unverändert bestehen. Verkauft wird lediglich das Ausfallrisiko an die Sicherungsgeber. Als die wichtigsten Kreditderivate in der Finanzierungspraxis gelten Credit Default Swap

---

[2] In unserem Kulturkreis geht man eher von der Annahme der Risikoaversion aus, was zu einer Reduktion von Present Values führt. Zur Bedeutung der Risikoeinstellung von Investoren, vgl. Kesten, R. (Investitionsrechnung 2011), S. 185–191.

(CDS), das Credit Linked Note sowie der Total Return Swap. Die Merkmale und die Funktionsweise eines CDS werden anhand eines Beispiels erläutert, dabei insbesondere die Bestimmung der CDS-Prämie illustriert, auf die derzeit noch bestehenden methodischen Defizite sowie auf das aus der Informationsasymmetrie resultierende Risiko für den Sicherungsgeber hingewiesen.

4.7   Wiederholungsfragen

1. Was versteht man unter derivativ und welche Gruppen von Finanzderivaten gibt es? Lösung Abschn. 4.1.
2. Welche Ziele lassen sich mit Derivaten verfolgen? Lösung Abschn. 4.1.
3. Welche Grundpositionen werden bei Aktienoptionen unterschieden? Lösung Abschn. 4.2.
4. Aus welchen Wertkomponenten besteht eine Option? Lösung Abschn. 4.2.
5. Aus welchen Perioden setzt sich die Gesamtlaufzeit eines Forward Rate Agreements zusammen? Lösung Abschn. 4.3.
6. Was unterscheidet einen Bund-Future von einem DAX-Future? Lösung Abschn. 4.4.
7. Welche Aufgabe kommt den Clearingstellen im Rahmen von Future-Vereinbarungen zu? Lösung Abschn. 4.4.
8. Was versteht man unter komparativen Kostenvorteilen im Rahmen von Swap-Verträgen? Lösung Abschn. 4.5.
9. Wie sieht die Grundstruktur eines Währungsswaps aus? Lösung Abschn. 4.5.
10. Welche Grundstruktur weist ein CDS-Kontrakt auf? Lösung Abschn. 4.6.

4.8   Aufgaben

Aufgabe 1
Student S erwirbt am 01.01.01 einen Call auf 100 Aktien der Klausur AG und zahlt als Optionsprämie 500,- GE. Die Calls kann er am 31.03.01 ausüben. Sie berechtigen zum Kauf der Aktien der Klausur AG zum Ausübungspreis von 40 GE/ Aktie. Aktuell notieren die Aktien zu 30 GE/Aktie an der Börse.

Erläutern Sie, warum am 01.01.01 Student S bereit ist, für den Call eine Prämie zu bezahlen und wie hoch am 31.03.01 sein Vermögenszuwachs ausfällt, falls der Aktienkurs der AG bei 50 GE/Aktie steht.

Aufgabe 2
Unternehmen U besitzt aktuell (t = 0) im Finanzanlagevermögen 100.000 Teilschuldverschreibungen einer Bundesanleihe mit einer Restlaufzeit von 10 Jahren, die jeweils einen Nominalbetrag von 100,- GE aufweisen und einen Nominalzinssatz von 6 % p.a. bei jährlicher Zinszahlung garantieren. Aktuell liegt das Marktzinsniveau vergleichbarer Anleihen ebenfalls bei 6 % p.a. Die Teilschuldverschreibungen sollen in der Folgeperiode (t = 1) verkauft werden. In dieser Folgeperiode erwartet das Unternehmen einen Anstieg des Marktzinsniveaus auf 8 % p.a.

Bestimmen Sie den fairen Marktpreis für eine Teilschuldverschreibung in t = 0 und t = 1, falls das Zinsniveau per t = 1 tatsächlich auf 8 % steigt.

Erläutern Sie, mit welchem Bund-Future-Kontrakt das Unternehmen seine aktuelle Vermögensposition absichern kann und skizzieren Sie den Ablauf der Hedgingaktion, wobei Sie unterstellen, dass der Kurs des Bund-Future aufgrund von „Cost of Carry" um −1 % vom aktuellen Kurs der von U gehaltenen Anleihe abweicht.

Aufgabe 3
Firma A zahlt aus einer Anleiheemission mit einem Volumen von 100 Mio. GE feste Zinsen in Höhe von 10 % jährlich. A möchte diese bestehende Festzinsvereinbarung für die nächsten 3 Jahre in eine variabel verzinste Verbindlichkeit umwandeln. Für einen variabel verzinsten Kredit mit einer Laufzeit von 3 Jahren würde A den Zinssatz „12-Monats-EURIBOR plus 1 %" zahlen.

Zudem existiert die Firma B, die noch weitere 3 Jahre Zinsen für einen variabel verzinsten Kredit mit einem Volumen von ebenfalls 100 Mio.

GE bei ihrer Hausbank zum Zinssatz „12-Monats-
EURIBOR plus 2 %" zu entrichten hat. B hat den
Wunsch, diese variable Verzinsung in eine feste,
also laufzeitkonstante Verzinsung umzuwandeln.
Für einen Festzinskredit mit einer Laufzeit von 3
Jahren würde B 12 % jährlich Zinsen zahlen. Bei
beiden Firmenkrediten erfolgt eine vollständige
Kredittilgung am Laufzeitende (Endfälligkeits-
darlehen).

Prüfen Sie, ob beide Firmen durch eine Swap-
Vereinbarung, entsprechend ihrer Interessenlage,
bessere Zinskonditionen für die nächsten 3 Jahre
erzielen können. Falls ja, unterstellen Sie, dass der
Vorteil in der Swap-Vereinbarung paritätisch zwischen beiden Firmen aufgeteilt wird.

4.9   Lösungen

Aufgabe 1
Am 01.01.01 weist der Call auf 100 Aktien der
Klausur AG einen inneren Wert von Null auf, da
der aktuelle Aktienkurs mit 30 GE/Aktie unterhalb des im Call garantierten Ausübungspreises
von 40 GE/Aktie liegt. Dies bedeutet, dass ein
Geldanleger zurzeit die 100 Aktien günstiger
durch einen Direktkauf an der Börse erwerben
kann als über die Kaufoption. Allein auf der
Grundlage des inneren Wertes würde niemand
bereit sein, für den Call einen Preis zu entrichten. Der Call ist damit „out of the money". Allerdings darf das Recht auf Aktienkauf erst am
31.03.01 ausgeübt werden. Zwischen Quartals-
anfang und Quartalsende kann der Aktienkurs
der Klausur AG noch über den Ausübungspreis
steigen. Für diese durch die Laufzeit der Option
entstehende Chance ist S bereit, einen Zeitwert
in Höhe von 500,- GE als Optionsprämie an den
Optionsanbieter (Stillhalter) zu zahlen.

Am 31.03.01 befindet sich der Aktienkurs annahmegemäß bei 50 GE/Aktie. Falls S den Call in
der Zwischenzeit nicht weiterverkauft hat, wird S
die Option auf Aktienbezug nun ausüben um einen
Vermögenszuwachs zu erzielen. Durch die Ausübung erwirbt S 100 Aktien zu 40 GE/Aktie vom
Verkäufer der Option und könnte die Aktien zeitgleich an der Börse für 50 GE/Aktie verkaufen. Pro
Aktie ist das ein Vorteil von 10 GE/Aktie bzw. von

insgesamt 1000,- GE. Nach Abzug der am 01.01.01
entrichteten Optionsprämie hätte S einen Gewinn
von 500,- GE erzielt (Zinsen zur Finanzierung der
Optionsprämie und Transaktionsgebühren seien
vernachlässigt). Freilich kann S die über den Call
erworbenen Aktien auch noch behalten und auf
weitere Kurssteigerungen hoffen.

Würde S die Option am 31.03.01 nicht ausüben, würde er für die am Jahresanfang gezahlte
Optionsprämie keine Gegenleistung erhalten und
hätte einen endgültigen Verlust von 500,- GE er-
litten. Daher kann es sinnvoll sein, auch bei geringeren Aktienkursen am 31.03.01 die Option
auszuüben. Dies hängt von den Erwartungen des
S über den weiteren künftigen Verlauf der Aktie
der Klausur AG ab.

Aufgabe 2
Unternehmen U verfügt in t = 0 über 100.000
Teilschuldverschreibungen, die insgesamt einen
Nominalwert von 10 Mio. GE aufweisen. Da der
garantierte Nominalzinssatz aktuell mit dem
Marktzinsniveau übereinstimmt, notieren diese
Schuldverschreibungen auch an der Börse zum
Kurs von 100 %. Da U mit steigenden Marktzinsen per t = 1 rechnet, die in der Anleihe garantierten Zinsen aber unverändert bleiben, würden potenzielle Anleger die Teilschuldverschreibungen
nur dann erwerben, wenn diese günstiger werden. Folglich rechnet U mit sinkenden Anleihekursen, die sich aus dem Present Value der künftigen Zahlungen nach t = 1 (diskontiert mit dem
höheren Marktzins) ergeben. Für den „fairen
Marktpreis" einer Teilschuldverschreibung ergibt
sich dann:

$$PV(t=1) = 6RBF[0,08;9] + 100 \cdot 1,08^{-9}$$
$$= 87,51 \tag{4.9}$$

Ohne Hedging droht dem Unternehmen damit
ein Verlust V von insgesamt:

$$V = (100 - 87,51) \cdot 100.000$$
$$= 1.249.000,- GE \tag{4.10}$$

Um diesen erwarteten Verlust auszugleichen,
erwirbt U in t = 0 100 Future-Kontrakte und setzt
auf sinkende Kurse. Dabei nimmt U eine Verkäuferposition für t = 1 ein (Short Future). In t = 1 ist
U daher zur Lieferung der in den 100 Kontrakten

spezifizierten Basiswerten an den Future-Partner verpflichtet (was nur durch ähnliche Anleihen zu realisieren wäre) oder führt eine Glattstellung durch: Der Bund-Futurekurs beträgt in t = 0 aufgrund von „Cost of Carry" lediglich 99 % und wäre in t = 1 mit dem Kassakurs der von U gehaltenen Anleihe identisch, da sie exakt dem Basiswert des Futures entspricht. U erzielt dadurch in t = 1 einen Erlös E aus dem Futuregeschäft von:

$$E = (99 - 87,51) \cdot 100.000$$
$$= 1.149.000,- GE \qquad (4.11)$$

Obwohl der erwartete Verlust aus (4.10) aufgrund des Anleiheverkaufs eingetreten ist, erzielt U eine Kompensation aus dem Future-Geschäft, die den entstandenen Verlust allerdings im Umfang von 100.000,- GE nicht völlig auszugleichen vermag.

Hätte sich die von U gehegte Erwartung steigender Zinsen am Anleihemarkt nicht erfüllt, wäre aus dem Erlös in (4.11) eine Auszahlungsverpflichtung entstanden. Allerdings hätte U in (4.10) spiegelbildlich einen Gewinn aus dem Verkauf der Teilschuldverschreibungen erzielt, da mit sinkendem Marktzinsniveau ein Anstieg der Anleihekurse verbunden ist.

Da U eine Verkäuferposition einnimmt, hat der erforderliche Kontraktpartner die Käuferposition inne. Dies bedeutet, dass sich der Käufer in t = 0 verpflichtet, für 99 % die 100 Future-Kontrakte in t = 1 abzunehmen. Da die Futurepreise analog den Anleihekursen in t = 1 auf 87,51 % gesunken sind, macht der Future-Käufer einen Verlust in betragsmäßig gleicher Höhe wie unter (4.11) ausgewiesen.

Aufgabe 3

Betrachten wir zunächst Firma A, die feste in variable Zinszahlungen zu tauschen wünscht: Firma A wäre maximal bereit, „12-Monats-EURIBOR plus 1 %" zu zahlen, da dies für sie auch ohne Kooperation realisierbar wäre. Dies stellt folglich die maximale Zahlungsbereitschaft an B dar. A muss aktuell 10 % an seine bestehenden Gläubiger entrichten und würde an B künftig den variablen Zins „12-Monats-EURIBOR" zahlen. Damit A nicht mehr als im Falle eines Kooperationsverzichts belastet wird, wird A von B mindestens 9 % an festen Zinsen im Rahmen einer Swap-Vereinbarung verlangen.

Was aber müsste B mindestens von A fordern, damit B sich auf einen Zins-Swap einlässt? B möchte feste Zinszahlungen, daher muss A den variablen Zins „12-Monats-EURIBOR" übernehmen bzw. ihn B erstatten. Diese Erstattung führt zu einer vorläufigen Zinsbelastung bei B in Höhe von 1,5 %, was dem Spread im EURIBOR-Kreditvertrag von B entspricht. Da B ohne Kooperation einen Festzinskredit für 12 % erhalten könnte, würde B bestenfalls noch eine Belastung mit weiteren 10,5 % durch einen Swap-Vertrag mit A akzeptieren.

Damit haben wir die Verhandlungsgrenzen aufgezeigt: A muss von B jährlich mindestens 9 % Zinsen fordern und B wäre bestenfalls bereit, an A jährlich 10,5 % zu überweisen. Dies stellt einen positiven Einigungsbereich dar, der zu einem Tausch der jeweils bestehenden Zinszahlungsverpflichtungen motivieren sollte. Bei einer paritätischen Aufteilung des Einigungsbereichs würde man demnach feste Zinszahlungen von B an A in Höhe von 9,75 % vertraglich in der Swap-Vereinbarung fixieren. Tab. 4.9 verdeut-

Tab. 4.9 Swap-Vereinbarung zwischen Firma A und B

	Firma A	Firma B
Zielsetzung der Firma	variable Zinsen	feste Zinsen
Zinsen in der Ausgangslage		
feste Zinsen	−10,00	
variable Zinsen		−EURIBOR-1,5
Ausgleichszahlungen (Zins-Swap)		
feste Zinsen	+9,75	−9,75
variable Zinsen	−EURIBOR	+EURIBOR
Zinsen dank Swapvereinbarung	−EURIBOR-0,25	−11,25
Zinsen ohne Swapvereinbarung	−EURIBOR-1	−12,00
Vorteil aus der Swap-Vereinbarung	+0,75	+0,75

licht die Situation, wobei die Vorzeichen in der Tabelle eine Belastung (−) bzw. eine Entlastung (+) von Zinszahlungen darstellen. A zahlt demnach künftig den variablen Zins „12-Monats-EURIBOR plus 0,25 %" und B den künftig festen Zinssatz von jährlich 11,25 %. Für beide stellt dies eine Konditionenverbesserung von 0,75 % dar im Vergleich zu einer Lösung ohne Kooperation.

Literatur

Bösch, M. (2014). *Derivate* (3. Aufl.). München: Vahlen.

Brealey, R. A., Myers, S. C., & Allen, F. (2017). *Corporate finance* (12. Aufl.). New York: MacGraw-Hill.

Franke, G., & Hax, H. (2004). *Finanzwirtschaft des Unternehmens und Kapitalmarkt* (5. Aufl.). Berlin: Springer.

Gräfer, H., Schiller, B., & Rösner, S. (2014). *Finanzierung* (8. Aufl.). Berlin: Erich-Schmidt.

Hull, J. C. (2015). *Optionen, Futures und andere Derivate* (9. Aufl.). Hallbergmoos: Pearson.

Kesten, R. (2015). *Finanzierung in Fällen und Lösungen.* Herne: NWB.

Perridon, L., Steiner, M., & Rathgeber, A. (2017). *Finanzwirtschaft der Unternehmung* (17. Aufl.). München: Vahlen.

Rudolph, B., & Schäfer, K. (2010). *Derivative Finanzmarktinstrumente* (2. Aufl.). Berlin/Heidelberg: Springer.

Schmidt, M. (2006). *Derivative Finanzinstrumente* (3. Aufl.). Stuttgart: Schäffer-Poeschel.

Zantow, R., Dinauer, J., & Schäffler, C. (2016). *Finanzwirtschaft des Unternehmens* (4. Aufl.). Hallbergmoos: Pearson.

Literatur

Achleitner, A.-K., & Nathusius, E. (2004). *Venture Valuation*. Stuttgart: Schäffer-Poeschel.

Becker, H. P., & Peppmeier, A. (2018). *Investition und Finanzierung* (8. Aufl.). Wiesbaden: Springer.

Bösch, M. (2014). *Derivate* (3. Aufl.). München: Vahlen.

Bösch, M. (2019). *Finanzwirtschaft* (4. Aufl.). München: Vahlen.

Brealey, R. A., Myers, S. C., & Allen, F. (2017). *Corporate finance* (12. Aufl.). New York: MacGraw-Hill.

Brealey, R. A., Myers, S. C., & Marcus, A. J. (2018). *Fundamentals of corporate finance* (9. Aufl.). New York: MacGraw-Hill.

Coenenberg, A. G., Haller, A., & Schultze, W. (2016). *Jahresabschluss und Jahresabschlussanalyse* (24. Aufl.). Stuttgart: Schäffer-Pöschel.

Drukarczyk, J. (2003). *Finanzierung* (9. Aufl.). Stuttgart: UTB.

Drukarczyk, J., & Schüler, A. (2016). *Unternehmensbewertung* (7. Aufl.). München: Vahlen.

Franke, G., & Hax, H. (2004). *Finanzwirtschaft des Unternehmens und Kapitalmarkt* (5. Aufl.). Berlin: Springer.

Götze, U. (2014). *Investitionsrechnung* (7. Aufl.). Berlin: Springer.

Gräfer, H., Schiller, B., & Rösner, S. (2014). *Finanzierung* (8. Aufl.). Berlin: Erich-Schmidt.

Hull, J. C. (2015). *Optionen, Futures und andere Derivate* (9. Aufl.). Hallbergmoos: Pearson.

Kesten, R. (2014). *Investitionsrechnung in Fällen und Lösungen* (2. Aufl.). Herne: NWB.

Kesten, R. (2015). *Finanzierung in Fällen und Lösungen*. Herne: NWB.

Kruschwitz, L. (2001). *Finanzmathematik* (3. Aufl.). München: Vahlen.

Kruschwitz, L. (2014). *Investitionsrechnung* (14. Aufl.). Berlin/Boston: Oldenburg.

Loderer, C. (2005). *Handbuch der Bewertung* (3. Aufl.). Zürich: Neue Zürcher Zeitung.

Lücke, W. (1991). *Investitionslexikon* (2. Aufl.). München: Vahlen.

Müller, O. (2002). *Mezzanine Finance unter besonderer Berücksichtigung von private Mezzanine in der Schweiz und Europa*. Bamberg: Difo-Druck.

Nelles, M., & Klusemann, M. (2003). Die Bedeutung der Finanzierungsalternative Mezzanine-Capital im Kontext von Basel II für den Mittelstand. *Finanz Betrieb, 1*, 1–10.

Nittka, I. (2000). Informelles venture capital und business angels. *Finanz Betrieb, 4*, 253–262.

Peemöller, V. H., Geiger, T., & Barchet, H. (2001). Bewertung von Early-Stage-Investments im Rahmen der Venture Capital-Finanzierung. *Finanz Betrieb, 5*, 334–344.

Perridon, L., Steiner, M., & Rathgeber, A. (2017). *Finanzwirtschaft der Unternehmung* (17. Aufl.). München: Vahlen.

Rudolph, B., & Schäfer, K. (2010). *Derivative Finanzmarktinstrumente* (2. Aufl.). Berlin/Heidelberg: Springer.

Schmidt, M. (2006). *Derivative Finanzinstrumente* (3. Aufl.). Stuttgart: Schäffer-Poeschel.

Schmidt, R. H., & Terberger, E. (1997). *Grundzüge der Investitions- und Finanzierungstheorie* (4. Aufl.). Wiesbaden: Gabler.

Schneider, D. (1981). *Geschichte betriebswirtschaftlicher Theorie*. München/Wien: Oldenburg.

Schneider, D. (1990). Unternehmensethik und Gewinnprinzip in der Betriebswirtschaftslehre. *Zeitschrift für betriebswirtschaftliche Forschung, 42*, 869–891.

Streit, B., Baar, S., & Hirschfeld, A. (2004). Einsatz von Mezzanine-Kapital zur Unternehmensfinanzierung im Mittelstand. *Buchführung Bilanz Kostenrechnung (BBK), 19*, 899–908.

Wöhe, G., Bilstein, J., Ernst, D., & Häcker, J. (2013). *Grundzüge der Unternehmensfinanzierung* (11. Aufl.). München: Vahlen.

Zantow, R., Dinauer, J., & Schäffler, C. (2016). *Finanzwirtschaft des Unternehmens* (4. Aufl.). Hallbergmoos: Pearson.

© Springer Fachmedien Wiesbaden GmbH, ein Teil von Springer Nature 2020
R. Kesten, *Finanzwirtschaft klipp & klar*, WiWi klipp & klar,
https://doi.org/10.1007/978-3-658-29828-9

Stichwortverzeichnis